BLITZKRIEGE
1939–1943

Adrian Gilbert

BLITZKRIEGE 1939–1943

Von der Invasion in Polen bis El Alamein

EDITION
ZEITGESCHICHTE

Fotonachweis:

The Robert Hunt Library: 11, 14, 15 (u.), 30, 32–33, 48, 49 (o.), 51, 59, 65, 68, 72, 79, 84, 90, 91 (u.), 92–93, 98, 100, 101, 102–103, 108, 136 (o.), 144, 145, 146 (beide), 179, 180, 182 (beide), 185 (re.) 186, 187 (o.), 199 (o.). 206, 212–213, 214, 231.

TRH Pictures: 6, 8, 9, 12, 13, 15 (o.), 16, 17, 18, 19, 20, 21 (beide), 22 (IWM), 24, 25, 27, 28–29, 32 (o.), 35, 36, 37, 39, 40, 41, 42, 43, 45, 49 (u.), 50, 52, 53, 54, 56, 57, 58, 60, 61, 62, 64–65, 66, 69, 70, 71 (IWM), 73, 75, 76–77, 78, 80, 81, 82–83, 86, 89 (u.), 89 (o.) (IWM), 94, 95, 97, 105, 106, 106–107, 110 (IWM), 112, 113, 114, 115 (IWM), 116 (IWM), 118, 119, 120, 121 (o.), 122, 123 (IWM), 124, 125, 126, 127 (IWM), 128, 128–129 (IWM), 130, 131 (IWM), 132 (beide), 133 (IWM), 134 (IWM), 135, 136–137, 138, 139, 140, 142, 143 (o.), 143 (u.) (IWM), 147, 148 (beide), 149 (beide), 150, 151 (o.) (IWM), 151 (u.), 152, 154 (US National Archives), 155, 156, 157, 158, 159, 160, 161, 162, 163, 165 (IWM), 166, 167, 168, 170–171, 171 (u.), 172 (o.), 173, 175 (IWM), 176 (IWM), 177 (IWM), 183, 184–185, 187 (u.), 188, 189, 190 (beide), 191, 192, 193, 194 (beide), 195, 196, 197, 198 (IWM), 199 (u.) (IWM), 201, 202 (o.), 202 (u.) (IWM), 203 (IWM), 204, 207 (IWM), 209, 210 (o), 211 (IWM), 213, 215 (Mitte re.), 216, 217, 218 (IWM), 219, 221, 222, 223, 224 (IWM), 225, 226 (u.), 227, 228, 229 (IWM), 230, 232, 232–233, 234 (IWM), 236 (beide), 237, 238 (IWM), 239 (o.) (IWM), 240 (IWM), 241 (u.), 242–243, 243, 244 (IWM), 245 (o.), 246 (u.) (IWM), 247 (IWM), 248, 249 (beide), 250 (IWM).

Grafiken:

Aerospace Publishing: 31, 34, 38, 91, 96, 102, 121 (u.), 169, 172 (u.), 174, 181 (o.), 208, 220.
Orbis Publishing: 26, 29, 44, 46, 55, 63, 71, 74, 76, 82, 87, 88, 92, 104, 111, 117, 164, 181 (u.), 184 (u.), 200, 210 (u.), 215 (o. und Mitte li.), 222 (u. li), 226 (o.), 233 (u.), 239 (u.), 241 (o.), 246 (o.).

Originaltitel „Campaigns of World War II: Germany's Lightning War",

Aus dem Englischen von DIE TEXTWERKSTATT, WIEN/Rudolf F. Kaspar, Sigurt Moor, Werner K. Müller
Umschlag von Joseph Koo'

This translation of Campaigns of World War II. Germany's Lightning War first published in 2001
is published by arrangement with Amber Books Ltd.
Printed in Austria

Inhalt

KAPITEL EINS

COUNTDOWN FÜR DEN KRIEG

Europa wurde in den 1930er Jahren von den Umtrieben Hitlers und Mussolinis beherrscht. Als die Macht der faschistischen Regierungen wuchs, begannen sie ihre Muskeln spielen zu lassen.

Als Adolf Hitler im Januar 1933 Kanzler wurde, versprach er den Deutschen, er würde die Erniedrigung des deutschen Volks durch den Vertrag von Versailles beseitigen und Deutschland wieder zu beherrschender Stellung in Europa führen. In Verletzung des Vertrags begann Hitler, die Streitkräfte gewaltig zu vergrößern und startete deren Wiederbewaffnung, wobei er sich auf die Produktion aggressiver Kriegsmittel konzentrierte: Panzer, Bomber und U-Boote.

Gestützt auf die wachsende Stärke der Wehrmacht, verfolgte Hitler ab 1936 eine immer kriegerischere Außenpolitik. Zwar gab es den Völkerbund, doch Hitler half die Weigerung oder Unfähigkeit anderer Großmächte, seine Gebietsansprüche einzubremsen. Die Sowjetunion und die USA waren nicht Mitglieder des Völkerbunds, und beide Staaten verfolgten eine Politik der Nichteinmischung in die Weltpolitik. Großbritannien und Frankreich waren die zwei Großmächte im Völkerbund, doch – geschwächt durch ihren Einsatz im Ersten Weltkrieg – fehlte beiden Staaten der Wille, entscheidend gegen Hitler vorzugehen.

Hitlers Außenpolitik war äußerst erfolgreich. 1936 besetzte Deutschland das entmilitarisierte Rheinland ohne Gegenwehr Frankreichs oder Englands. Er sandte deutsche Truppen wurden zur Unterstützung des Kampfes General Francos gegen die dortige Regierung nach Spanien. Der Spanische Bürgerkrieg (1936–1939) versorgte das deutsche Heer und die Luftwaffe mit wichtigen Erfahrungen in der modernen Kriegsführung. Im März 1938 marschierten deutsche Truppen in Österreich ein, das Teil des Deutschen Reichs wurde. Später im selben Jahr setzte Hitler die Tschechoslowakei unter Druck, das Sudetenland, in dem viele „Volksdeutsche" lebten, an das Deutsche Reich abzutreten.

München

Der britische Premierminister Neville Chamberlain fürchtete, die Krise in Zentraleuropa würde zu einem gesamteuropäischen Krieg führen, den England um jeden Preis vermeiden müsse. Im September 1938 versuchte er, Hitlers Forderungen zu beschwichtigen, indem er die tschechische Regierung darin bestärkte, die Grenzgebiete des Sudetenlands abzugeben. Am 29. September gab es in München eine Konferenz zur Lösung des Problems, an der Hitler, Chamberlain, der französische Premierminister Edouard Daladier und Benito Mussolini teilnahmen. Resultat des Treffens war das berüchtigte Münchener Abkommen, der erste Schritt zur Zerstörung des tschechoslowakischen Staats. Die Westmächte schrieben den Tschechen einfach vor, die deutsche Besetzung des Sudetenlands zu ak-

GEGENÜBER:
Ein deutscher Panzerkommandant überblickt aus dem Turm seines PzKpfw IV das Gelände. Die Vorläufer des Panzer IV waren mit einer 7,5-cm-Kanone bewaffnet und sollten bei Panzeroperationen, die von Panzern III angeführt wurden, Unterstützung leisten.

UNTEN:
Adolf Hitler, deutscher Kanzler, hetzt 1934 auf dem Nürnberger Parteitag die Massen auf. Ab 1939 war Hitler seiner Macht sicher genug, um einen europäischen Krieg zu riskieren.

zeptieren. Sollten sie sich weigern, so würden sie Deutschland allein gegenüberstehen.

Dass er England und Frankreich zu Konzessionen zwingen konnte, ermutigte Hitler, einen Schritt weiter zu gehen. Formell hatte er die Rückgabe von deutschsprechenden Mehrheiten bewohnter Gebiete ans Deutsche Reich verlangt, und dem stimmten England und Frankreich widerwillig zu. Im März 1939 aber nutzte Hitler die Aufteilung der Rest-Tschechoslowakei in einen tschechischen und einen slowakischen Teil aus. Der Slowakei wurde begrenzte Autonomie zugestanden, doch in Prag marschierten deutsche Truppen ein und errichteten das „Protektorat Böhmen und Mähren". Dies alarmierte die Westmächte endlich und öffnete ihnen die Augen über das wahre Ziel der Außenpolitik Hitlers: die Beherrschung Europas.

Chamberlain hoffte zwar noch auf Frieden, begann aber nun mit einer kräftigeren Politk, um Deutschland vor weiterer Aggression abzuschrecken. Hitler setzte Polen unter Druck, frühere deutsche Gebiete abzugeben, und am 31. März 1939 versprach England Polen bedingungslose Hilfe, sollte es von Deutschland angegriffen werden. Frankreich schloss sich dem bald an. Doch diese Westallianz mit Polen zügelte nicht, wie beabsichtigt, Hitlers Forderungen. Der deutsche Führer war überzeugt, England und Frankreich würden keinen Krieg riskieren, um Polen zu retten. Im April begannen seine Generäle, einen Invasionsplan zu entwerfen.

Die sowjetische Bedrohung

Das Hauptproblem war nach Hitlers Ansicht die Haltung der Sowjetunion. Er wusste, dass Stalin wegen der deutschen Expansion nach Osteuropa besorgt war und ein deutscher Einfall in Polen wahrscheinlich zu einer sowjetischen Intervention gegen Deutschland führen würde. Hitler unterdrückte seinen krankhaften Hass auf die Sowjetunion und wies seine Diplomaten an, einen Deal mit Stalin auszuhandeln, der Osteuropa in gegenseitig anerkannte Einflusssphären aufteilen würde. Am 23. August 1939 wurde der Nazi-Sowjet-Pakt in Moskau unterzeichnet. Eine Geheimklausel legte die Aufteilung Polens zwischen Deutschland und der Sowjetunion fest. Nun hatte Hitler freie Bahn.

Hitler stützte sich bei seiner Außenpolitik auf die deutschen Streitkräfte, deren Hauptelement das Heer war. Dieses war die stärkste Macht in Deutschland. Hitler misstraute ihm daher zutiefst und bemühte sich, sein Potenzial zu unabhängiger Aktion auf das Mindestmaß herabzusetzen. Seit seiner Machtergreifung 1933 hatte Hitler den politischen Einfluss des Hereres ständig ausgehöhlt. 1938 entließ er den Kriegsminister, Generalfeldmarschall Werner von Blomberg, wegen eines vorgeschobenen Sexskandals und löste das Kriegsministerium zugunsten des Oberkommandos der Wehrmacht (OKW) auf. Hitler war dessen Oberbefehlshaber. Obwohl das OKW für die Gesamtstreitkräfte zuständig war, erstatteten die Befehlshaber von Heer,

OBEN:
Der britische Premierminister Neville Chamberlain schwenkt den in München 1938 unterzeichneten Vertrag, von dem er hoffte, er würde „Frieden für unsere Zeit" bringen. Anstatt nach Erhalt des Sudetenlands die tschechische Souveränität zu respektieren, begann Hitler bald, die „Resttschechei" zu unterminieren.

Luftwaffe und Marine Hitler direkt Bericht und arbeiteten nicht an einer gemeinsamen Politik. Die Bildung des OKW war hauptsächlich ein Instrument für Hitler, die Kontrolle über seine Streitkräfte zu gewinnen.

Im Verlauf des Jahres 1938 wurden Generäle mit unabhängiger Geisteshaltung entlassen oder versetzt und durch gefügigere Kommandeure ersetzt. Zu letzteren zählten General Wilhelm Keitel, Stabschef des OKW, und General Alfred Jodl, Chef des Wehrmachtsführungsamtes. Beide waren von Hitler betört und folgten seinen Befehlen blind.

Hitlers Herrschaft über die Armee wurde durch drei weitere Faktoren erleichtert. Erstens befasste sich die Armee traditionell mit Taktik und operativer Strategie, kaum je mit großer Strategie und breiteren, internationalen Angelegenheiten. So begriffen die Generäle Hitlers Motive und Aktionen nur langsam. Zweitens beeinflusste die alte preußische Tradition der unbeirrbaren Loyalität zum Monarchen weiterhin das deutsche Offizierskorps. In der Weimarer Republik schworen die Soldaten dem Staat Treue. Ab 1934 jedoch legten sie einen Treueid direkt auf Hitler ab. Diese persönliche Bindung an den „Führer" sollte noch eine mächtige Herrschaft über das deutsche Offizierskorps ausüben, selbst als klar wurde, dass er Deutschland in den Untergang führte. Und schließlich schmeichelte Hitler schlau seinen höheren Offizieren und bestach sie durch Beförderungen und sogar mit Geldgeschenken und Landbesitz.

Die Organisation des Heeres

Das Heer hatte sein eigenes Oberkommando (*Oberkommando des Heeres* – OKH) mit Generaloberst Walther Brauchitsch als Oberbefehlshaber und General Franz Halder als Generalstabschef. Unterhalb des OKH gab es sechs Heeresgruppen für die verschiedenen „Wehrkreise". Sie waren für die Rekrutierung und Ausbildung des Heeres als Ganzem verantwortlich. Der Grundbaustein des deutschen Heeres war die Division, die neben ihrer Funktion als Organisationseinheit auch ein Gefühl der Solidarität erzeugen sollte und

RECHTS:
Der deutsche Panzer I (oder PzKpfw I) war bei Kriegsausbruch veraltet. Als erster in Massenproduktion hergestellter Panzer ging er 1934 in Dienst und war im Spanischen Bürgerkrieg im Einsatz. Er war nur dünn gepanzert und mit zwei 7,92-mm-Maschinengewehren bewaffnet. Trotzdem waren 1939 noch 1445 Panzer I in Dienst. Er wurde erst 1941 von Fronteinsätzen abgezogen.

oft eine stark regionale Identität hatte (ähnlich dem britischen Regimentssystem). Die verschiedenen Divisionen waren als Panzer-, leichte, motorisierte, Gebirgs- und Infanteriedivisionen definiert. Letztere bildeten den großen Hauptteil des Heeres. Am Vorabend der Invasion Polens konnte das deutsche Heer mehr als 100 aktive und Reservedivisionen von insgesamt 2,5 Millionen ausgebildeten Soldaten aufbieten.

1939 benutzte das deutsche Heer das „Wellen"-System zum Aufstellen und Entfalten seiner Divisionen. Die Divisionen jeder Welle besaßen verschiedene Größe, Ausrüstung, Qualität und Entfaltungspotenzial. Die 35 Divisionen der ersten Welle waren die größten (etwa 18.000 Mann) und am besten ausgerüsteten. Sie würden auch als Erste in den Kampf gehen. Die 16 Divisionen der zweiten Welle verfügten über etwa 15.000 Mann und wurden aus Reservisten gebildet. Die 21 Divisionen der dritten Welle bestanden aus Reservisten mit begrenzter Ausbildung oder älteren Männern. Ihnen fehlten volle Artillerieergänzung und andere Hilfsdienste. Die 14 Divisionen der vierten Welle wurden aus Verstärkungsbataillonen des regulären Heeres aufgestellt. Die Divisionen der dritten und vierten Welle sollten dem Hauptstoß als Verstärkungen folgen oder bei defensiven Hilfsoperationen eingesetzt werden.

Dass das Heer durch den Versailler Vertrag auf 100.000 Mann beschränkt gewesen war, hatte Vor- und Nachteile. Wegen der geringen Größe wurden nur die Besten rekrutiert, und die Männer der früheren *Reichswehr* fungierten nun als Ausbildungspersonal für die auf Hitlers Befehl hin stark vergrößerten Streitkräfte. Andererseits erzeugte die hastige Vergrößerung des Heeres ab 1934 Probleme, besonders bei der Ausrüstung der mechanisierten Truppen. Es gab nur wenig motorisierten Transport, und die Hauptmasse des Heeres blieb dadurch von Pferden abhängig.

Der Knappheit an Waffen und Ausrüstung musste durch den Einsatz erbeuteter Bestände begegnet werden. 1939 etwa lieferte die große Skoda-Waffenfabrik in der ehemaligen Tschechoslowakei Panzer für die neuen leichten Divisionen (die für den Feldzug von 1940 zu Panzerdivisionen aufgewertet wurden). Waffenbeschaffung war nie eine Stärke des deutschen Militärsystems. Es gab stets zu viele kleine, widerstreitende Projekte, die eine zu breite Skala von Ausrüstung herstellten. Dies beanspruchte das Versorgungssystem stark, das mit der Vielfalt von Waffen schwer fertig wurde.

Überlegene deutsche Ausbildung

Die wahre Stärke des deutschen Heers waren seine Mannschaften. Entgegen der alliierten Propaganda, der deutsche Soldat sei ein einfallsloser Halbautomat, der nur Befehle ausführe, war dieser ein sowohl disziplinierter als auch fantasievoller Soldat, fähig zu komplexen und improvisierten Operationen. Gestützt auf eine Kampftradtion, die in die Zeit Friedrichs des Großen zurückreichte, war der gemeine deutsche Soldat besser als all seine Gegner ausgebildet und verstand vor allem das „Führungsprinzip", das in den 1920ern Teil der deutschen Grundausbildung geworden war. Dieses System befähigte jeden Soldaten dazu, das Kommando einen oder zwei Dienstgrade über seinem eigenen zu übernehmen. Wurde der unmittelbare Kommandeur getötet oder kampfunfähig, so konnte der Soldat sein Kommando übernehmen und den Einsatz zu einem erfolgreichen Ende führen.

Auch vom Offizierskorps erwartete man ein hohes Maß an Initiative – in starkem Gegensatz zum in den polnischen, britischen und französischen Armeen vorherrschenden System. War ein gemeinsamer Plan gefasst, so erhielten die untergeordneten Offiziere eine große Entscheidungsfreiheit in der Ausführung. Tatsächlich erwartete man von untergeordneten Kommandeuren jederzeit Initiative zur Unterstützung des allgemeinen Ziels. Dieses „Auftragstaktik" genannte System persönlicher Initiative bildete in den Werken über das Konzept des Blitzkriegs einen wesentlichen Bestandteil.

Die Offiziere im Feld wurden durch ein vorzügliches Generalstabssystem unterstützt, das sicherstellte, dass die Armee als Ganze so effizient operierte, wie es die Umstände erlaubten. Der alte *Große Generalstab* der preußischen Armee bildete die Basis dieses Systems. Man schloss mit der Gründung der Kriegsakademie in Berlin 1935 an ihn an. Der Widerstreit im Westen zwischen Stabsoffizieren und Männern im Feld bestand in der deutschen Armee kaum, was eine bessere Zusammenarbeit zwischen beiden Parteien sicherte.

Eine schwierige Beziehung bestand zwischen dem Heer und den bewaffneten Einheiten der SS (die 1939 zur *Waffen-SS* wurden). Diese wurden von Heinrich Himmler als Leibgarde Hitlers gebildet, vergrößerten sich mit Fortschreiten des Kriegs dramatisch und wurden zu einem wichtigen Teil der deutschen Streitkräfte. Doch 1939 bestand die Waffen-SS aus wenigen Infanteriebataillonen, die neben Heereseinheiten operierten. Für das Heer war problematisch, dass die SS die Heeresdisziplin umgehen konnte, indem sie sich direkt an Himmler wandte. Auch gab es beim Heer Eifersucht, da es mit einer Konkurrenzorganisation operieren musste, die

UNTEN:
Tschechische Infanterie bei Manövern an der Grenze zu Deutschland. 1938 war die tschechische Armee gut ausgebildet und ausgerüstet. Sie stand hinter starken Grenzverteidigungsstellungen und hätte den deutschen Streitkräften ernste Probleme bereiten können.

RECHTS:
Ein SS-Mann steht nach der deutschen Machtübernahme in der „Resttschechei" im März 1939 an einer Straßenecke in Prag Wache. Dies war ein Wendepunkt in den internationalen Beziehungen in Europa, da die westlichen Alliierten nun widerwillig einzusehen begannen, dass ein Krieg wohl unvermeidlich sein würde.

bessere Waffen und Ausrüstung erhielt. Doch mit Fortschreiten des Kriegs arbeitete das Heer besser mit der Waffen-SS zusammen und respektierte deren Kampfqualitäten.

Die Rolle der Luftwaffe

Eine weitere organisatorische Schwierigkeit für das Heer war die Rolle, die die Luftwaffe bei Bodenoperationen spielte. Wegen des Einflusses Hermann Görings beim Aufstieg der Nazis in den 1930ern hatte die Luftwaffe innerhalb der Wehrmacht unverhältnismäßige Bedeutung erlangt. Sie war für alle Fallschirmjägertruppen zuständig und beherrschte den Großteil der Flugabwehr (später im Krieg würde sie sogar ihre eigenen Infanterie- und Panzerdivisionen bekommen). Obwohl sie an Kriegsschauplätzen nominell unter Heeresbefehl standen, entwickelten die Luftwaffenverbände ihre eigenen Befehlsketten und konnten sich auf Göring oder das Oberkommando der Luftwaffe berufen.

Die Luftwaffe war zwar als Organisation autonom, doch war sie eng mit der Ausführung von Bodeneinsätzen verbunden, was sich in den in Deutschland vor dem Krieg entwickelten Flugzeugen und den Taktiken der Luftwaffe spiegelte. Diese beruhten auf leichten und mittleren Bombern mit Unterstützung durch Jagdflugzeuge. Die Luftwaffe sollte Heeresoperationen auf taktischer Ebene unterstützen und durch Angriffe auf Städte unter der Zivilbevölkerung Furcht und Konfusion verbreiten. Die Luftwaffe entwickelte nie einen strategischen Langstreckenbomber wie die amerikanische B-17 oder die britische Lancaster, da sie vornehmlich die kurzen Entscheidungskriege führen sollte, die Hitler von seinen Kommandeuren verlangte.

In den 1930ern erhielt die Luftwaffe Prioriät in der Produktion. So konnte sie am Vorabend der Invasion Polens beeindruckende 2564 Einsatzflugzeuge aufbieten, darunter leichte und mittlere Bomber, Sturzbomber und Jäger. Göring sah seine Männer als Elitetruppe innerhalb der Wehrmacht, und die Besatzungen der Flugzeuge waren tatsächlich sehr gut ausgebildet und geführt. Moral und Motivation der Luftwaffe waren in den ersten Kriegsjahren sehr gut, auch weil die Crews wussten, dass ihre Flugzeuge denen der Gegner Deutschlands weit überlegen waren.

Die Theorie des Blitzkriegs

Zentral in Deutschlands Militärdoktrin war die enge Integration aller Waffengattungen, besonders der Luft- und Landstreitkräfte. Diese Kooperation bildete die Grundlage des „Blitzkriegs“, ein Begriff zur Beschreibung der sehr erfolgreichen Offensivtaktik, die die Wehrmacht in den ersten Jahren des Zweiten Weltkriegs anwandte. Die Wurzeln der Blitzkrieg-Philosophie reichen zum Ende des Ersten Weltkriegs zurück, als die deutsche Armee die Infiltrationstaktik zur Umgehung alliierter Stützpunkte einführte, um den Schwung des Vorstoßes zu erhalten.

Die Ausbildung in der Taktik des schnellen Anpralls wurde in den 1920ern unter Leitung General Hans von Seeckts, des Chefs der Heeresleitung der 100.000 Mann starken Reichswehr, weiterentwickelt. Strategisch weitsichtig betonte Seeckt die Rolle von Mobilität und Stoßaktion mit Motorfahrzeugen und sandte Panzer- und Fliegercrews (in Deutschland durch den Versailler Vertrag verboten) in die Sowjetunion, wo sie heimlich übten. Auf theoretischer Ebene wurden die Deutschen von zwei britischen Außenseiter-Militärtheoretikern beeinflusst, von Major-General J. F. C. Fuller und Basil Liddell-Hart, die für den Einsatz schneller motorisierter Kräfte zum tiefen Eindringen in und hinter feindliche Stellungen eintraten.

Der Blitzkrieg war mehr als bloß ein operationales System. Er war Teil einer weiteren Militärphilosophie und wollte die gesamte Widerstandsfähigkeit eines Feinds zerstören. Hitler benutzte das Wort 1935 in einer politischen Rede, und für die Nazis schloss ein Blitzkrieg Subversion auf feindlichem Gebiet vor dem Beginn offener Feindseligkeiten ein.

So nutzte man die großen deutsche Minderheiten in Polen und der Tschechoslowakei für subersive Aktivitäten, etwa Sabotage, um durch eine Kampagne von Lügen und Halbwahrheiten ein allgemeines Klima der Angst und Besorgnis zu erzeugen.

Die Deutschen hatten schon im Ersten Weltkrieg ausgiebig Angst als militärische Waffe eingesetzt, um die Zivilbevölkerung der vom ihnen besetzten Länder einzuschüchtern. Im Blitzkrieg wurde diese Politk der „Schrecklichkeit“ verkörpert. Städte wurden gezielt bombardiert und Flüchtlingskolonnen mit Maschinengewehren beschossen,

UNTEN:
Ein SA-Mann begleitet einen deutschen Polizisten durch die Straßen Berlins. Im Jahr 1939 hatte die Nazipartei bereits alle staatlichen deutschen Institutionen fest im Griff.

um die allgemeine Konfusion durch die Invasion zu steigern und die Bewegung feindlicher Truppen zu behindern. Schnelligkeit und Überraschung waren die beiden anderen Hauptfaktoren des Blitzkriegs. Für Überraschung sollte die Mobilisierung heimlich erfolgen. Kriegserklärungen waren wenn möglich zu vermeiden. Motorisierte Truppen – mit Panzern an der Spitze – sorgten für Schnelligkeit. Statt einleitendem Artilleriebeschuss vertraute man auf die direkte Unterstützung durch die Luftwaffe.

Diese Verbindung von Panzern und Luftmacht war für den taktischen Erfolg des Blitzkriegs entscheidend, erforderte aber auch gute Kommunikation und dynamische Führung. Dafür sorgten leichte Funkgeräte und eine neue Offiziersgeneration, die sich auf Panzerkriegsführung verstand. Auch die einzelnen Panzer erhielten Funk, sodass sie jederzeit in Kontakt miteinander und mit Kommandofahrzeugen standen. Funk ermöglichte es den Kommandeuren, direkt an die Frontlinie zu gehen. Dort konnten sie die tatsächli- che Lage einschätzen und doch mit anderen Einheiten und der rückwärtigen Kommandostelle in Verbindung bleiben. Es war kein Zufall, das der große Pionier der deutschen Panzerkräfte, General Heinz Guderian, seine Karriere als Nachrichtenoffizier begann.

UNTEN:
Nazianhänger salutieren auf einer Vorkriegsversammlung einer Prozession von Hakenkreuzfahnen. Die Nazipartei gestaltet solche Ereignisse theatralisch, für gewöhnlich mit dramatischer Beleuchtung, Musik und Gesang, um die Idee eines unter Hitler vereinten Deutschlands zu fördern.

OBEN:
Nazis beim Verbrennen „zersetzender“ Literatur (Berlin 1933).

Deutsche Planung

Der Polenfeldzug sollte der erste Test des Blitzkriegs sein. Das meist flache, offene Terrain Polens war ideal für motorisierte Kriegsführung, obwohl die Straßen im Allgemeinen schlecht waren und die großen Flüsse, die Polen durchqueren, Hindernisse darstellen konnten. Wichtiger aber war das Wetter: Im Oktober und November würde der Herbstregen viele ländliche Gebiete Polens in Schlammseen verwandeln. Dieser Schlamm (von den Polen *raputitsa* genannt) war besonders zäh und klebrig und würde Militäroperationen praktisch zum Stillstand bringen. Als Hitler daher dem OKH im April 1939 befahl, einen Angriffsplan auszuarbeiten, wussten die Generäle, dass die Invasion nicht später als Ende August starten dürfe. Versäumte man dieses Datum, so müsste man den Feldzug bis zum Frühling 1940 verschieben.

Die deutschen Planer hatten den geografischen Vorteil, dass 1939 Polen an drei Seiten von deutsch beherrschtem Gebiet praktisch umgeben war. Dies erlaubte ihnen, die Offensive an einer großen Reihe von Plätzen ihrer Wahl vom Stapel zu lassen, und zwang andererseits die Polen, ein lang gestrecktes Grenzgebiet zu verteidigen. Nur im Osten, wo ihr Land an die Sowjetunion stieß, fühlten sich die Polen vor einem Angriff sicher.

Im Sommer 1939 entwarf das OKH seinen Invasionsplan. Das für die Planung zuständige Team war der „Arbeitsstab Rundtstedt“, benannt nach seinem Leiter Generaloberst Gerd von Rundstedt, 1939 Deutschlands ranghöchster General. Rundstedt überließ allerdings die Detailarbeit zweien seiner brillantesten Stabsoffiziere, Generalmajor Erich von Manstein und Oberst Günther von Blumentritt.

UNTEN:
Eine Heinkel He 111 der deutschen Legion Condor bombardiert im Spanischen Bürgerkrieg republikanische Stellungen nahe Valencia.

OBEN:
In leichten PzKpfw II paradiert eine deutsche Panzereinheit nach der Invasion in der Resttschechoslowakei im März 1939 durch die Straßen Prags. Im Hintergrund sieht man den tschechischen Präsidentenpalast.

Manstein sollte 1940 noch eine Hauptrolle bei der Planung der Offensive gegen die westlichen Alliierten spielen, ehe er hohe Kommandostellen an der Ostfront übernahm.

„Fall Weiß“

Laut Plan musste Deutschland Polen rasch und entscheidend besiegen. Sollten England und Frankreich Polen zu Hilfe kommen, so mussten die Polen überwältigt sein, ehe die Alliierten vom Westen her offensive Operationen gegen Deutschland starten konnten. Die Gefahren eines Zweifrontenkriegs standen traditionell in den Gedanken aller deutscher Strategen an erster Stelle. Die Hauptmasse des deutschen Heeres (55 mittel- und hochwertige Divisionen) sollten gegen Polen eingesetzt werden, während Reserveformationen zur Bemannung der Verteidigungsanlagen der Siegfried-Linie gegen eine eventuelle alliierte Intervention im Westen dienten.

Fünf Panzerdivsionen (mit einer Nominalstärke von je 560 Tanks, im Einsatz aber meist etwa 300), vier leichte Divisionen (mit weniger Panzern, doch bald in volle Panzerdivisionen umgewandelt) und vier motorisierte Divisionen (Infanterieverbände mit voll motorisiertem Transport) würden die deutsche Invasion anführen. Diese Divisionen würden durch die Grenzverteidigung stoßen und dann tief ins Land rasen, um mit der Einkreisung der sich langsam bewegenden polnischen Armee zu beginnen.

Der deutsche Plan (Codename: Fall Weiß) sah die Vernichtung der Hauptmasse der polnischen Armee westlich der durch die Flüsse Narew, Weichsel und San gebildeten Linie durch konzentrische Angriffe zweier deutscher Heeresgruppen vor. Die Heeresgruppe Nord (General Fedor von Bock) bestand aus zwei Armeen. Die 3. Armee (Generalleutnant Georg von Küchler) führte acht Infanteriedivisionen, eine Panzerbrigade und eine Kavalleriebrigade ins Feld und stand in Ostpreußen. Die 4. Armee (General Günther Hans von Kluge) war in Pommern stationiert und umfasste vier Infanterie- und zwei motorisierte Divisionen sowie eine Panzerdivsion. Beide Armeen gemeinsam sollten den Polnischen Korridor beseitigen (der Pommern von Ostpreußen trennte) und dabei so viele polnische Truppen wie möglich einschließen. Zusätzlich sollte die 3. Armee vom Norden her auf Warschau vorrücken und den polnischen Verbänden den Rückzug aus dem Westen abschneiden.

Der Hauptstoß

Die Heeresgruppe Süd (Rundstedt) bestand aus dem größeren Teil der deutschen Streitmacht: drei in Schlesien, Böhmen und Teilen der Slowakei aufgestellten Armeen. Die 8. Armee (General Johannes Blaskowitz) umfasste fünf Infanteriedivisionen. Die 10. Armee (Generalleutnant Walther von Reichenau) bestand aus sechs Infanterie-, zwei Panzer-, zwei motorisierten und drei leichten Divisionen. Und die 14. Armee (General Wilhelm List) umfasste fünf Infanterie-, zwei Panzer- und eine leichte Division. Ihrer Größe entsprechend führte die 10. Armee den Hauptstoß direkt nach Warschau. Die beiden anderen Armee sollten ihre Flanken decken. Die motorisierten (und deshalb schnellen) Verbände der 14. Armee waren auch für die Umfassung der polnischen Truppen im Süden des Landes zuständig, ehe sie nordwärts zogen, um sich mit vorgerückten Teilen der 3. Armee, die von Ostpreußen aus südwärts zogen, zu verbinden.

Die Luftwaffe stellte zwei Luftflotten, je eine zur Unterstützung einer Heeresgruppe. Die Schneide der Luftoffensive stellten 897 Bomber und 426 Jäger sowie eine Vielfalt von Aufklärungs-, Bord-Boden-Verbindungs- und Transportflugzeugen dar. Die Luftwaffe sollte die polnischen Luftstreitkräfte zerstören, Straßen- und Eisenbahnverbindungen unterbrechen, Befehlsstände der polnischen Armee eliminieren und Terror unter der Bevölkerung verbreiten. Die deutsche Marine würde im Feldzug eine Nebenrolle spielen, konnte aber aufgrund ihrer großen Ressourcen ziemlich ungestört Küstenoperationen unterstützen.

Bei den polnischen Streitkräften dominierte die Armee, die auch in der polnischen Gesellschaft eine führende Rolle spielte (viele politische Führer waren höhere Heeresoffiziere). Unter dem Oberbefehl von Marschall Edward Smigly-Rydz bestand die polnische Armee in Friedenszeiten aus 30 regulären Infanteriedivisionen (sowie neun weiteren Reservedivisionen), elf Kavallerie- und zwei motorisierten Brigaden sowie einer Reihe von Artillerie,- Panzer-, Pionier- und Fernmeldeeinheiten. Sie umfasste etwa 280.000 Mann und konnte durch volle Mobilmachung um drei Millionen Reservisten aufgestockt werden. Während das deutsche System die rasche und fast heimliche Mobilmachung

UNTEN:
Deutsche Junkers Ju 87 Stukas (Sturzkampfflugzeuge). Die deutschen Streitkräfte benutzten Stukas als fliegende Artillerie zur direkten Unterstützung der Panzerdivisionen, die zu wenige schwere Kanonen zur Zerstörung feindlicher Stellungen besaßen.

ermöglichte, war die polnische langsam und schwerfällig – was die Deutschen bei Kriegsausbruch in Vorteil brachte.

Die polnischen Streitkräfte

Die Luftwaffe stand unter direktem Armeebefehl. Sie bestand aus 15 Jäger-, zwölf Aufklärer-/Bomber-, vier mittleren Bomber- und 12 Heeresverbindungsstaffeln. Insgesamt gab es 400 Flugzeuge, die meisten davon allerdings veraltete Modelle, die den modernen Maschinen der deutschen Luftwaffe keinen ernsthaften Widerstand leisten konnten. Auch die kleine polnische Marine war kein Gegner für ihren deutschen Gegenspieler. Sie bestand aus vier Zerstörern, fünf U-Booten und sechs Minenräumern.

Die Polen besaßen zwar eine militärische Tradition, doch ihre Generäle waren in den Feinheiten des Oberkommandos nicht versiert und verstanden die Gefahr, die die deutschen mechanisierten Verbände darstellten, nicht. Das polnische Heer bestand vor allem aus Infanterie und Kavallerie, obwohl es in den späten 1930ern Anstrengungen zur Modernisierung gegeben hatte. Priorität erhielten Flugabwehr- und Panzerabwehrkanonen, viele der letzteren motorisiert. Doch die 48 Artilleriegeschütze jeder Infanteriedivision waren gegen die Feuerkraft der ersten Welle der deutschen Infanteriedivisionen schwach. Die Deutschen hatten mehr Kanonen und schwerere Kaliber mit größerer Reichweite.

Polens Kavallerie war im Umbau von ihrer Rolle als berittene Infanterie-/Aufklärungsverbände zu einer motorisierten Truppe. 1939 war damit erst begonnen worden, und die Polen konnten nur wenige leichte TP-Tanks einsetzen. Der Großteil der kleinen Panzerwaffe Polens bestand aus hoffnungslos unterlegenen TK/TKS-Tanketts.

Auch auf dem entscheidenden Gebiet des Fernmeldewesens schnitten die Polen im Vergleich mit den Deutschen schlecht ab. Es

UNTEN:
Schwer beladene deutsche Soldaten marschieren wähend der „Anschluss“-Feiern durch eine österreichische Stadt. Obwohl die Panzer die Schneide der deutschen Blitzkrieg-Doktrin darstellten, bildete die Infanterie weiterhin das Rückgrat des deutschen Heeres.

LINKS:
Das polnische TKS-Tankett war mit nur zwei Mann besetzt und so leicht gepanzert, dass es von allem, das stärker als der Panzer I war, zerstört werden konnte. Es trug bloß ein 7,9-mm-Maschinengewehr.

wurde zwar ein Funksystem eingeführt, doch die Kommunikation innerhalb der Einheiten basierte auf Handsignalen und Meldegängern, und die zwischen den Divisionen und dem Oberkommando war von zivilen Telegrafen- und Telefonnetzen abhängig. Diese würden den kommenden Angriff nicht überstehen, sodass kleine Einheiten und größere Verbände schon nach wenigen Stunden isoliert waren und nicht in kohärenter Weise auf die Invasion reagieren konnten.

Ehe Hitler 1939 mit direkten Drohungen gegen Polen begann, hatten die beiden Staaten insgesamt gute Beziehungen. Für den polnischen Generalstab war der potenzielle Hauptfeind stets die Sowjetunion. So wurden erst ab März 1939 detaillierte Verteidigungspläne („Plan Z") zur Abwehr einer potenziellen deutschen Invasion entworfen. Der polnische Stab kannte die Materialüberlegenheit Deutschlands. Der Plan beruhte daher teilweise auf militärischer Hilfe aus dem Ausland.

Im Mai 1939 meinte Smigly-Rydz: „Dieser Plan ist ein defensiver. Er soll die Zerstörung unserer Kräfte vor dem Beginn der alliierten Offensive im Westen verhüten, indem er den Deutschen größtmögliche Verluste zufügt ... Ich muss bei Kriegsbeginn den Verlust bestimmter Teile polnischen Gebiets akzeptieren, die wir später wiedergewinnen werden." Doch sollte die alliierte Hilfe zu gering sein und zu spät kommen, um den Ausgang des Feldzugs zu beeinflussen.

Der Verteidigungsplan

Da die Westhälfte Polens bevölkerungsreicher und wirtschaftlich entwickelter war, beruhte der Plan auf der hartnäckigen Verteidigung dieser Gebiete. Aus rein militärischer Sicht hätten die Polen besser eine Verteidigung weiter im Landesinneren gewählt, doch politische Erwägungen diktierten eine Grenzverteidigung. Dabei spielte auch der Faktor eine Rolle, dass man Danzig und Teile des Polnischen Korridors verteidigen wollte. Nach Meinung der Führer Polens war es möglich, dass die Deutschen nur diese Grenzgebiete nahmen, um dann aus einer Position der Stärke heraus zu verhandeln. Daher wurden mehr polnische Truppen zur Grenze mit Deutschland verlegt. Im Nachhinein gesehen spielten all diese Maßnahmen bloß den deutschen Planern des OKH in die Hände. Je mehr polnische Truppen nahe der Grenze standen, desto leichter würden die Panzerkolonnen sie umgehen und umzingeln können.

Den Polnischen Korridor verteidigte die Pomorze-Armee (General W. Bortnowski) mit fünf Infanteriedivisionen und einer Kavalleriebrigade. Südlich davon stand die Poznan-Armee (General Tadeusz Kutrzeba) aus vier Infanteriedivisionen und zwei Kavalleriebrigaden. Unterstützt wurde sie von der Kutno-Gruppe aus zwei Reservedivisionen. Der deutschen Hauptstreitmacht in Schlesien standen die Lodz-Armee (General Juliusz Rommel) mit vier Infanteriedivisionen und zwei Kavalleriebrigaden und die Kraukauer Armee (General Antoni Szylling) mit sieben Infanteriedivisionen, einer Kavallerie- und einer motorisierten Brigade gegenüber. Die Südflanke deckten die Karpatische Armee (General Kazimierz Fabrycy) aus zwei Gebirgsbrigaden und die Tarnowo-Reservegruppe, die aus aus zwei Infanteriedivisionen bestand.

Entlang der Grenze zu Ostpreußen standen die Modlin-Armee (General Emil Przedrzymirski-Krukowicz) mit zwei Infanteriedivisionen und zwei Kavalleriebrigaden und weiter östlich die Narew-Gruppe (Generalmajor Czeslaw Mlot-Fijalkowski) mit zwei Infanteriedivisionen und einer Kavalleriebrigade. Ein Reserveverband für diese beiden Formationen war die Wyszkow-Gruppe (General Stanislaw Skwarczynski) mit drei Infanteriedivisionen. Die zentrale Reserve des polnischen Heeres stellte die Prußische Armee, die südlich von Warschau stand und die Lodz- und Kraukau-Armee stützte. Sie stand unter Befehl General Stefan Dab-Biernackis und umfasste acht Infanteriedivisionen, eine Kavallerie- und eine Panzerbrigade. Als Schutzschirm gegen die Sowjetunion im Osten stationierte die polnische Armee nur wenige unterbesetzte Einheiten und Milizen.

Der Krieg naht

Im Sommer 1939 verstärkte Hitler den deutschen Druck auf Polen. Goebbels' Propagandamaschinerie ritt giftige Attacken gegen die Polen. Sie konzentrierte sich auf Klagen über den polnischen Einfluss auf die 1920 als solche geschaffene „Freie Stadt“ Danzig, die von Deutschen bewohnt war, doch zum polnischen Zollgebiet gehörte. Die polnische Regierung war entschlossen, nicht dasselbe Schicksal wie die Tschechoslowakei zu erleiden, und wies alle deutschen Forderungen resolut zurück. Polen erklärte, dass jede direkte Einmischung des Deutschen Reiches in den Streit um Danzig als kriegerischer Akt angesehen werden würde.

UNTEN:
Britische Tanks in der Zwischenkriegszeit auf Manöver. So wie die Franzosen verstanden auch die Briten nicht, dass man Panzer en masse einsetzen musste. An Bewaffnung und Panzerung den neuesten deutschen Panzern unterlegen, waren britische und französische Tanks wie diese hier schlecht für den Kampf gerüstet.

LINKS
Erich von Manstein (Mitte, sitzend) war im Zweiten Weltkrieg wohl Deutschlands bester Stratege. Er war einer der Chefplaner des Polenfeldzugs und entwickelte den radikalen „Sichelschitt"-Plan, der hinter dem deutschen Erfolg 1940 in Westeuropa stand. Später spielte er bei der Wiederherstellung der deutschen Front nach dem Desaster von Stalingrad eine führende Rolle.

UNTEN:
Eine der Folgen des Hitler-Stalin-Pakts: Ein sowjetischer Offizier schreitet eine deutsche Ehrenwache ab.

Obwohl sie das wahre Wesen der Außenpolitik Hitlers erkannt hatten, hofften die Engländer und Franzosen weiterhin auf eine diplomatische Lösung der Krise. Doch ihre Vermittlungsversuche bestärkten nur Hitlers Glauben, die „Herren von München" würden wieder einen Krieg scheuen. Westliche Diplomaten versuchten die Sowjetunion auf ihre Seite zu bringen, doch Stalin war von den britischen und französischen Angeboten nicht beeindruckt und wandte sich Deutschland zu. Obwohl er Nazi-Deutschland misstraute, schienen ihm dessen Angebote – Herrschaft über die Osthälfte Polens und die rumänische Provinz Bessarabien, Ausdehnung seines Machtbereichs auf Estland und Lettland – die bessere Option.

Als Stichtag der Invasion wurde der 26. August festgesetzt. Doch einen Tag, ehe der Angriff beginnen sollte, erfuhr Hitler, dass Mussolini Deutschlands Krieg gegen Polen nicht unterstützen würde und die englisch-französische Allianz mit Polen formell garantiert und in London unterzeichnet worden sei. Dies war ein Fingerzeig, dass der Westen Polen zu Hilfe kommen werde. Hitler widerrief schwankend den Invasionsbefehl. Doch verlor er nur vorübergehend die Nerven. Als neues Angriffsdatum wurde der 1. September festgesetzt. Der Befehl wurde am 31. August bestätigt: Die Invasion Polens würde am folgenden Tag um 4.45 Uhr beginnen.

KAPITEL ZWEI

Die Zerstörung Polens

Die Polen wurden vom Hitler-Stalin-Pakt überrascht. Sie leisteten tapfer Widerstand, als die beiden Mächte ihr Land angriffen. Europa erlebte den ersten Blitzkrieg in voller Aktion.

Am 1. September bombardierten Flugzeuge der deutschen Luftwaffe um 4.40 Uhr Luftwaffenstützpunkte in Polen. Fünf Minuten später überschritten deutsche Bodentruppen die Grenze, während das alte deutsche Schlachtschiff *Schleswig-Holstein* aus den Nebeln auftauchte und die polnische Festung auf der Westerplatte beschoss. Der Zweite Weltkrieg hatte begonnen.

Das erste Verhängnis des Kriegs war schon am Vorabend geschehen, als als ein deutscher Konzentrationslagerhäftling bei einem inszenierten Angriff auf die deutsche Funkstation bei Gleiwitz nahe der polnischen Grenze von einem SS-Kommando ermordet wurde. Der von Gestapochef Reinhard Heydrich organisierte Überfall sollte eine Art Rechtfertigung für Hitlers Angriff auf Polen bieten.

Eine kleine Gruppe von SS-Männern in polnischen Armeeuniformen griff den isolierten Sender an, feuerte Schüsse in die Luft und übernahm seinen Betrieb. Personen, die den Funk hörten, vernahmen die Schüsse und eine Stimme, die auf Polnisch erklärte: „Männer Polens! Die Zeit für den Krieg zwischen Polen und Deutschland ist gekommen. Vereint euch und zerschmettert alle Deutschen, die sich eurem Krieg entgegenstellen!“ Um diese Farce komplett zu machen, wurde der unglückliche KZ-Häftling – den die SS mitgebracht und in Zivilkleidern als Funker ausstaffiert hatte – erschossen. Seine Leiche wurde zur späteren Besichtigung durch die Weltpresse zurückgelassen. Am nächsten Tag verkündete Hitler unter Berufung auf den Vorfall bei Gleiwitz den Kriegszustand zwischen Polen und Deutschland.

Das polnische Oberkommando hatte zwar am 30. August die Generalmobilmachung angeordnet, trotzdem kam die deutsche Invasion überraschend. Viele polnische Reservisten mussten erst ihre Einheiten erreichen, und viele dieser Verbände zogen erst zu ihrem Mobilisierungsgebiet, als der deutsche Wirbel losging. Die Eindringlinge fegten die polnischen Grenztruppen bald beiseite, und am Spätnachmittag des 1. September kamen sie erstmals mit vorwärtigen Elementen der polnischen Armee in Berührung.

Die Luftwaffe schlägt zu

Inzwischen hatte die deutsche Luftwaffe Ernst gemacht. Ihre erste Aufgabe war die Zerstörung der polnischen Luftwaffe am Boden. Alle Hauptbasen wurden schwer bombardiert, ebenso die Behelfsflugplätze in Gebieten, wo deutsche Vorstöße erwartet wurden. Einige polnische Flugzeuge konnten abheben, wurden aber abgeschossen oder aus den Operationsbereichen der Deutschen vertrieben. Die von den Polen eingesetzten alten Jäger waren den Messerschmitt Bf-109 der deutschen

GEGENÜBER:
Ein polnischer mittlerer PZL P.37B-Lós-B-Bomber steht neben einer Staffel von PZL P.11-Jägern auf der Rollbahn. Obwohl sie gegen die Luftwaffe Erfolge hatten, wurden viele polnische Flugzeuge von den Deutschen am Boden zerstört.

Luftwaffe hoffnungslos unterlegen. Deutsche Tiefflieger meldeten, das Feuer der polnischen leichten Luftabwehr und Handfeuerwaffen sei recht genau, doch in mittlerer und größer Höhe konnte die Luftwaffe ungestraft operieren.

Trotzdem wurde die polnische Luftwaffe am ersten Kampftag nicht zerstört und führte, so gut sie konnte, Einsätze durch. Die Verteidigung durch Jagdflugzeuge über Warschau setzte die Gegenwehr drei Tage lang fort, und Jägerpatrouillen flogen über Schlesien, Böhmen und Mähren, während gegen Ostpreußen ein Bombereinsatz geflogen wurde. Doch am 3. September hatte die polnische Luftwaffe als kohärente Kraft zu existieren aufgehört. Ab da hatte die deutsche Luftwaffe über ganz Polen praktisch freie Hand.

Als die polnische Luftwaffe erledigt war, konnte sich die deutsche Bodenzielen zuwenden. Besondere Aufmerksmakeit widmete sie Straßen- und Eisenbahnbrücken, Verladebahnhöfen und anderen Arten von Verbindungsstellen. Bomberwellen griffen Verwaltungs- und Industriezentren an, und die polnischen Truppen, die die deutsche Bodeninvasion abzuwehren versuchten, wurden ständig aus der Luft bombardiert. Auch zivile Ziele griff man an, und am ersten Kriegstag wurde Warschau schwer bombardiert. Zentral für die deutsche Blitzkrieg-Philosophie war die Verbreitung von Angst und Konfusion unter der Zivilbevölkerung, und die langen Flüchtlingskolonnen, die nach Zentralpolen strebten, waren für die Crews der Luftwaffe ein verlockendes Ziel (obwohl man fairerweise zugeben muss, dass es oft schwer war, zwischen Evakuierten und legitimen militärischen Zielen zu unterscheiden).

Die beiden Armeen der Heeresgruppe Nord fanden am frühen Morgen des 1. Sep-

LINKS:
Marschall Edward Smigly-Rydz, Oberbefehlshaber der polnischen Armee. Er war ein tapferer Soldat, doch kein Stratege. Er verteilte seine Kräfte zu nahe an der polnischen Grenze. Als Folge davon wurde der Großteil der polnischen Armee in der Eröffnungsphase des Kriegs überwältigt.

OBEN:
Männer der SS-Heimwehr Danzig treiben in der Freien Stadt Danzig „unerwünschte Personen" zusammen. Die SS hatte vor der Invasion heimlich Männer nach Danzig geschickt, die zur Einnahme von Schlüsselzielen bereitstanden, sobald der Krieg erklärt war.

tember ihr Einsatzgebiet in Nebel gehüllt. Dies half der Geheimhaltung, schuf aber auch anfängliche Konfusion. Einheiten feuerten aufeinander. Die 4. Armee zog von Pommern direkt ostwärts, um den Polnischen Korridor abzuschneiden, während die 3. Armee ihre Kräfte auf einen Angriff südwestwärts (um sich mit der 4. Armee im Korridor zu verbinden) und einen Vortsoß südwärts nach Warschau aufteilte. Weiter nördlich im Korridor nahm eine Infanteriebrigade ohne viel Widerstand Danzig. Polnische Stellungen entlang der Ostseeküste leisteten weiter Gegenwehr.

Schneller deutscher Erfolg

Angeführt von General Heinz Guderians XIX. Panzerkorps traf die 4. Armee am ersten Tag der Invasion auf nur begrenzten Widerstand. Das deutsche Kommando glaubte, die Polen würden sich über die Brade zurückziehen und eine Verteidigungslinie errichten, doch am 2. September querten die deutschen Panzer die Brade bei minimaler Gegenwehr. Das einzige Problem gab es, als den Panzern des XIX. Korps Treibstoff und Munition ausgingen und sie eine Weile hinter den Resten der polnischen Frontl festsaßen.

Der Vorstoß der Heeresgruppe Nord war fast wie ein Uhrwerk abgeschnurrt – eine Bestätigung der ausgezeichneten Arbeit des deutschen Stabs. Doch bei den Männern an der Front konnte die erstmalige Kampferfahrung Probleme verursachen. F. W. Mellenthin, damals Nachrichtenoffizier in General Hausers III. Korps in der 4. Armee, beschrieb einen solchen Vorfall:

Schon sehr früh im Feldzug lernte ich, wie „nervös" sogar eine gut ausgebildete Einheit unter Kriegsbedingungen sein kann. Ein Tiefflieger kreiste über der Korps-Gefechtskommandostelle, und jeder begann mit allem, das er in die Hand bekam, zu schießen. Ein Luftwaffe-Verbindungsoffizier rannte umher und versuchte, das Salvenfeuer zu stoppen. Er schrie, dies sei ein deutsches Kommandoflugzeug – einer der guten alten Fieseler Störche. Bald darauf landete die Maschine, und ihr entstieg der für unsere Unterstützung zuständige Luftwaffen-General. Er konnte über den Scherz nicht lachen.

Die überraschten Truppen der polnischen Pomorze-Armee konnten nur sporadischen Widerstand gegen den rastlosen deutschen Sturm leisten. Bei einem solchen Kampf (1. September) wurde eine Infanterieeinheit vom berittenen polnischen 18. Ulanenregiment angegriffen. Während des Kampfs fanden sich die Polen plötzlich von deutschen Panzerkampfwagen umfasst, die den polnischen Reitern schwere Verluste zufügten und sie zum ungeordneten Rückzug zwangen. Der polnische Kommandeur, Oberst Mastalerz, fiel.

Die deutsche Invasion in Polen begann am 1. September 1939. Neun Panzerdivisionen – darunter die 4. Panzerdivision – fegten in nur 18 Tagen quer durch Polen und stellten die Panzerfahrzeuge und zugleich die Taktik des Blitzkriegs zum ersten Mal auf die Probe.

Der Vorfall begründete die Legende von polnischen Lanzenreitern, die deutsche Panzer angriffen. Später gab es eine Reihe von Aktionen, bei denen berittene polnische Truppen gegen deutsche Infanterie kämpften. In anderen Fällen griffen deutsche Panzer polnische Kavallerieverbände an. Die Polen hatten zwar den Ruf sorgloser Tapferkeit, doch ihre Offiziere waren nicht so närrisch, bewusst Fleisch und Blut gegen harten Stahl einzusetzen. Doch angesichts des Wesens nationaler Klischees wurde die Geschichte bald weithin geglaubt.

Beherzte polnische Verteidigung

Der Vortsoß der deutschen 3. Armee nach Warschau wurde kurz durch Truppen der Modlin-Armee gestoppt, die Verteidigungsstellungen im Mlawa-Gebeit hielt. Die Polen hielten drei Tage lang stand, ehe ein deutsches Umfassungsmanöver den Rückzug südwärts erzwang. Die dem anderen Operationsgebiet – dem Zug westwärts in den Polnischen Korridor – zugewiesenen Truppen der 3. Armee trafen bei Graudenz, einer Stadt an der Weichsel, auf heftigen Widerstand. Weiter nördlich zerstörten die Polen bei Dirschau die Hauptbrücke über den Fluss. Doch die deutschen Streitkräfte hatten lange Erfahrung im Einsatz von Pontonbrücken, und die Weichsel wurde bei Mewe rasch überbrückt.

Am 3. September trafen sich die 3. und 4. Armee bei Neuenberg und schlossen die polnischen Kräfte im Norden des Korridors ein. Gleichzeitig drängten die Deutschen die Reste der desorganisierten Pomorze-Armee in Richtung Bromberg. Diese Stadt besaß einen großen deutschen Bevölkerungsanteil, und als die Nachricht über die Invasion die deutsche Gemeinde erreichte, gab es einen Aufstand. Polnische Truppen und Einwohner schlugen diesen blutig nieder, worüber in der deutschen Presse und im Rundfunk ausführlich berichtet wurde.

In diesem Feldzug tauchte die alte Feindseligkeit zwischen Polen und Deutschen wieder auf. Hitler und die Nazi-Propagandamaschinerie schürten sie. Eine Woche vor der Invasion hatte Hitler seinen höheren Generälen gepredigt, er werde SS-Einheiten nach Polen senden, „um gnadenlos alle Männer, Frauen und Kinder polnischer Rasse oder

Sprache zu töten". Hitlers Hass auf die slawischen Völker sollte im Osten noch für einen mit äußerster Härte geführten Krieg sorgen.

Am 4. und 5. September begannen sich die Reste der Pomorze-Armee General Bortnowskis in Richtung Warschau zurückzuziehen. Erstmals seit drei Tagen wurden die erschöpften polnischen Truppen nicht von den Deutschen bedrängt. Der Hauptteil der deutschen 4. Armee wurde nun ostwärts eingesetzt, anstatt den Polen entlang der Weichselniederungen zu folgen, drang hinter den vorrückenden Verbänden der 3. Armee in Ostpreußen ein und zog von Norden und Nordwesten her gegen Warschau.

General Rundstedts Heeresgruppe Süd war für die Vernichtung der polnischen Armeen an der schlesischen Grenze und die Einnahme Warschaus vom Süden her zuständig. Am Morgen des 1. September war der Himmel über Südpolen klar, und die deutschen Aufklärer konnten die langen deutschen Truppenkolonnen die Grenze überschreiten sehen. Im Zentrum war General Reichenaus 10. Armee, deren sieben Panzergrenadierdivisionen (gefolgt von sechs Infanteriedivisionen) sie zur stärksten der Polen angreifenden Armeen machten und ihre Hauptrolle beim deutschen Vorstoß auf Warschau spiegelten. Die linke Flanke der 10. Armee deckte die 8. Armee, deren Ziel die Einnahme von Lodz war. An der rechten Seite des deutschen Vorstoßes befand sich die 14. Armee, die die Südflanke der eindringenden Kräfte schützte und daneben Krakau und die Industriegebiete Galiziens überrennen sollte.

Anhaltender deutscher Erfolg

Vorausabteilungen der Heeresgruppe Süd drangen am ersten Tag der Feindselgkeiten bis zu 22 km tief in Polen ein. Unter den ersten Einheiten, die die Grenze überschritten, war

UNTEN:
Deutsche Truppen marschieren zu Beginn der Invasion in Polen ein. Obwohl dem polnischen Oberkommando klar war, dass ein Angriff drohte, waren die polnischen Grenztruppen überrascht, und die Deutschen konnten bei minimaler Gegenwehr in Polen einmarschieren.

OBEN:
Polnische Kavallerie kurz vor Kriegsausbruch bei Manövern. Die polnische Armee war in einem Prozess der Mechanisierung ihrer Kavallerie begriffen, als die Deutschen losschlugen. Doch der Großteil der Kavallerieeinheiten war immer noch beritten.

eine Aufklärungskompanie der 2. leichten Division (14. Armee) unter Hans von Luck. Er beschrieb, mit welcher Leichtigkeit die Deutschen in Polen eindrangen:

Wir fielen mit dem Aufklärungs-Panzerregiment ein. Die Grenze war von einem einzigen Zollbeamten besetzt. Als sich ihm einer unserer Soldaten näherte, öffnete der entsetzte Mann den Grenzbalken. Ohne Gegenwehr marschierten wir in Polen ein. Weit und breit war kein polnischer Soldat in Sicht, obwohl sie auf eine „Invasion" Deutschlands vorbereitet sein mussten.

Am folgenden Tag aber wuchs der Widerstand. Der deutsche Vormarsch wurde gebremst. Die polnische Armee hoffte, eine Verteidigungslinie entlang des Flusses Warta südwärts nach Tschenstochau zu errichten, doch die Überraschung und Stärke des deutschen Angriffs machte dies unmöglich. Am 3. September nahm die 10. Armee Tschenstochau, und mechanisierte deutsche Verbände sicherten Brückenköpfe über die Warta. Im Süden begann die deutsche 14. Armee ihren Zug auf Krakau, während Gebirgsverbände von den hohen Pässen der slowakischen Karpaten herabströmten und so vorwärtige polnische Einheiten, die Krakau verteidigten, umfassten.

Allgemeiner polnischer Rückzug

Im Wissen, dass die südliche und die nördliche Front völlig zusammenzubrechen drohten, gab das polnische Oberkommando am 5. September Befehl zum allgemeinen Rückzug zur Weichsel. Dies wurde am folgenden Tag abgeändert: Die neue Verteidigungslinie verlief von der Narew im Nordosten entlang der Weichsel und zurück entlang dem San. Marschall Smigly-Rydz musste einsehen, dass der Kampf um die Grenzen ein totales Desaster gewesen war. Seine einzige Hoffnung war, so viele Verbände wie möglich in die relative Sicherheit Ostpolens zurückzuziehen, ehe sie

von den deutschen Panzerkolonnen und der Luftwaffe Stück für Stück vernichtet wurden. Die ersten drei Kampftage waren für das polnische Oberkommando ein grässlicher Schlag gewesen. Hilfe durch die westlichen Alliierten Polens war nun noch wichtiger geworden, sollte der polnische Staat überleben.

Als die Welt vom deutschen Angriff auf Polen erfuhr, hofften die Franzosen weiterhin, durch Vermittlungen könnte eine Ausbreitung des Kriegs vermieden werden. Man bat sogar Mussolini, den Vorsitz einer internationalen Konferenz zu übernehmen. Die Briten aber sahen ein, dass dies Krieg bedeute, und am 1. und 2. September versuchte Premierminister Neville Chamberlain, die Entschlossenheit Frankreichs zu einem letzten Ultimatum an Deutschland zu stärken. Am Abend des 2. September wies Chamberlain unter dem Druck seiner eigenen Parlamentsabgeordneten den britischen Botschafter in Deutschland, Sir Henderson, an, Hitler am nächsten Morgen um 9 Uhr ein Ultimatum zu übergeben. Dieses verlangte die Einstellung der Feindseligkeiten und den Beginn des Rückzugs der deutschen Truppen um 11 Uhr am selben Morgen. Ansonsten würde England Deutschland den Krieg erklären.

Als Hendersons Erklärung Hitler übergeben wurde, saß dieser nach Augenzeugenberichten „wie versteinert“ da. Dann wandte er sich mit einem knappen „Was nun?“ zornig an seinen Außenminister von Ribbentrop. Doch die Würfel waren gefallen. Um 11 Uhr verkündete Chamberlain dem britischen Volk im Rundfunk die traurige Nachricht, dass sich Britannien mit Deutschland im Kriegszustand befinde. Noch am selben Tag erklärte auch Frankreich Deutschland den Krieg. Eine Gebietsstreitigkeit in Mitteleuropa hatte sich in einen europäischen Krieg verwandelt.

Im Mai 1939 hatte der französische Oberbefehlshaber, General Maurice Gamelin, das polnische Oberkommando informiert, die französische Armee würde im Fall eines deutschen Angriffs auf Polen spätestens 15 Tage nach Beginn ihrer Mobilisierung eine Offensive gegen Deutschland durchführen. Zum Unglück für die Polen wäre selbst dies zu spät gekommen, um wirklich zu helfen, so schnell geschah der deutsche Vorstoß auf ihr Gebiet.

Einfall in Deutschland

Als schwache Geste stießen französische Truppen am 7. September auf deutsches Gebiet im Saarland vor. Der Vormarsch geschah langsam und bedächtig. Opfer wurden vermieden, und die deutschen Grenztruppen zogen sich geordnet zurück. Die Franzosen rückten bis zum 12. September nur 7,5 km weit vor. Dann kam der Befehl zum Halten. Die Franzosen nahmen eine Verteidigungsstellung ein – am 4. Oktober zogen sie wieder ab. Dem polnischen Oberkommando war zwar klar, dass Hilfe von den Alliierten nicht in wenigen Tagen, sondern erst in etlichen Wochen kommen könne, die Inaktivität Englands und Frankreichs im September 1939 war aber doch eine bittere Pille.

Die Kriegserklärungen Englands und Frankreichs hatten jedoch Auswirkungen auf die künftige deutsche Strategie in Polen. Die Planer des OKH fürchteten einen alliierten Angriff im Westen und wollten daher keine großen Truppenzahlen tief in polnisches Ge-

UNTEN:
Ein Oberst des polnischen 7. Jäger-Regiments zu Pferde im Standard-Dienstanzug für Offiziere mit der traditionellen flachen, quadratischen czapka. *Das Regiment, dem er angehört, ist am Mützenband und den fähnchenförmigen Kragenabzeichen erkennbar. Er trägt den* Orden *Virtuti Militari, die höchste polnische Tapferkeitsauszeichnung.*

OBEN:
Ein deutscher Versorgungszug überquert einen Fluss in Polen. Das deutsche Heer besaß ausgezeichnete Pionierverbände, die im Überbrücken breiter Flüsse geübt waren. Für den Erfolg des deutschen Plans war Schnelligkeit entscheidend, daher musste Verzögerungen vorgebeugt werden.

biet schicken. Das OKH meinte, falls der alliierte Angriff Form annähme, müssten Deutschlands Eliteverbände möglichst rasch westwärts verlegt werden. Die deutschen Kommandeure im Feld dagegen wollten die Umfassung der polnischen Kräfte westlich Warschaus fortsetzen.

Gemäß dieser Vorstellung wollte General Bock, Kommandeur der Heeresgruppe Nord, die 4. Armee durch Ostpreußen an neuen Stellungen an der linken (östlichen) Flanke der 3. Armee neu verteilen, um die polnische Armee zu hindern, neue Verteidigungspositionen östlich Warschaus einzunehmen. Ein geistreicher Vorschlag, doch das OKH hielt ihn angesichts der neuen Gefahr im Rücken Deutschlands im Westen für zu riskant und erhob Einspruch. Es gab einen Kompromiss, und am 5. September erlaubte das OKH dem verstärkten XIX. Korps unter Führung Guderians einen Stoß durch Ostpreußen und Angriff auf die polnischen Kräfte hinter der Narew. Der Rest der 4. Armee würde die Polen weiterhin am rechten Weichselufer in Richtung Warschau zurückdrängen.

Guderians mächtige Armee

Guderian hatte nun vier mechanisierte Divisionen unter seinem direkten Befehl: die 3. und 4. Panzerdivision und die 2. und 20. Motorisierte Division. Dies war eine äußerst starke Streitmacht und noch effizienter dadurch, dass Bock Guderian taktisch und logistisch freie Hand ließ. Das XIX. Korps wurde nicht durch die langsamen Infanterie-Nachschublinien gehemmt und konnte als völlig unabhängige mechanisierte Armee handeln – die erste Streitmacht dieser Art in der Geschichte

der Kriegsführung. Für Guderian war sie die ideale Waffe, um den Schwung der deutschen Invasion aufrechtzuerhalten.

Die Heeresgruppe Süd hatte in den ersten zwei bis drei Tagen den Verteidigungskordon der polnischen Armee durchschlagen und ging nun an die Verwertung ihres Sieges. Im Zentrum des Vorstoßes rasten die mechanisierten Divisionen der 10. Armee den Infanterieverbänden voran und umgingen Stützpunkte und die Massen polnischer Infanterie, die in Richtung Warschau strömten. Zum Entsetzen des polnischen Oberkommandos befanden sich die deutschen Panzer ständig vor der polnischen Infanterie, sodass die polnischen Kommandeure nicht genug Zeit zur Neuordnung ihrer lädierten Truppen hatten.

Hinter oder manchmal neben den Panzern waren die Kampfpioniereinheiten für die Beseitigung von Hindernissen, Entschärfung von Sprengfallen und Brückenbau zuständig. Die Polen hatten erwartet, der deutsche Vormarsch würde durch die vielen breiten Flüsse des Landes verlangsamt werden, doch die deutschen Kampfpioniere waren Meister im Bau von Pontonbrücken. Paul Stresemann war Kampfpionier. Obwohl nur widerwillig Soldat, wurde er wegen seiner Erfahrung mit Konstruktionen Pionieroffizier, sodass er beim Vorstoß in vorderster Reihe stand, wenn Flüsse zu überqueren waren. Stresemann schildert seinen ersten Brückenbaueinsatz unter feindlichem Feuer:

Wir rannten mit unseren Schlauchbooten und Hölzern nach vorn, während alle Arten Granatfeuer auf uns prasselten. Es war entsetzlich, obwohl

LINKS:
Wegen der Knappheit an Tanks wurden im Polenfeldzug große Mengen von Panzern I eingesetzt. Dieses Exemplar ist ein Kommandofahrzeug. Es trägt zur Identifikation an der Seite ein weißes Kreuz (ein nur im Polenfeldzug verwendetes Symbol). Die Crew bestand aus drei Mann, der fixe Aufbau enthielt zwei Funkgeräte, einen Kartentisch und andere elektrische Ausrüstung. Der Panzer war mit einem 7,92-mm-MG34-Maschinengewehr bewaffnet.

RECHTS:
Polnische TP-Tanks rücken in Kolonne vor. Die Polen besaßen zu wenige dieser Panzer, und sie setzten sie auf dem Schlachtfeld nicht so wirkungsvoll ein wie die Deutschen die ihren.

unsere eigenen Leute auf die Polen, die gegenüber in einem Wald und in den Trümmern eines Dorfes verborgen waren, schossen. Der Staub von Explosionen flog über uns hinweg, als wir geradewegs in den Fluss liefen and begannen, die Laufflöße und Hölzer als Behelfsbrücke mit Seilen zusammenzubinden. Wir mussten unsere Infanterie hinüberschaffen und dann eine stärkere Brücke für die Panzer schlagen. Doch sobald wir in tieferes Wasser kamen, gerieten wir unter schreckliches Maschinengewehrfeuer. Der Mann neben mit wurde getötet. Ich sah ihn ins Wasser stürzen und wegtreiben, konnte aber nichts für ihn tun. Wir sprangen ins Wasser und klammerten uns an die Seiten der Schlauchboote. Manche davon wurden durchlöchert und damit wertlos. Ich weiß nicht, wie lange das dauerte, fürchtete mich aber so entsetzlich, dass ich kaum sprechen konnte. Der Lärm war schrecklich.

Ich glaube, unsere Stukas kümmerten sich um den Feind, denn das Feuer wurde schwächer. Schließlich kamen wir voran und konnten eine Brücke errichten. Die Infanteristen waren großartig und eilten hinüber, sobald das letzte Holz angebracht war. Erst jetzt konnte ich mich umblicken. Unser Kommandeur und etliche weitere Männer waren verschwunden. Diese Sturm-Überquerungen waren für die Pioniereinheiten immer sehr hart.

Am 5. September wurde die Pilica überquert, und die 10. Armee wandte sich nun in Richtung Warschau und der Weichsel. Zu diesem Zeitpunkt erfuhren die Deutschen, die polnische Armee versuche verzweifelt, eine neues Heer um Radom herum (genau südlich Warschaus) zu bilden. Dieses Heer wurde aus verschiedenen Quellen, darunter

aus Truppen der sich zurückziehenden Krakauer Armee und der Reserve, der Prußischen Gruppe, gesammelt.

Einkreisung bei Radom

Rundstedt wies General Reichenau, den Kommandeur der 10. Armee, an, die polnischen Kräfte bei Radom von Norden, Süden und Westen her zu umfassen. Reichenau wollte diese letzte größere Konzentration polnischer Truppen zwichen den Deutschen Hauptzielen Warschau und Weichsel vernichten. Drei Armeekorps (das IV., XIV. und XV.) wurden für den Kampf bestimmt, der am 8. September begann. Die Polen fochten entschlossen, doch die besser bewaffneten und ausgebildeten Deutschen rangen sie mit Hilfe ihrer Luftwaffe nieder. Am 11. September fiel Radom. 60.000 Polen wurden gefangen genommen (obwohl einige polnische Einheiten in nahe Waldgebiete ausbrechen konnten, wo sie noch einige Tage lang weiterkämpften).

Während der Kampf um Radom im Gang war, erreichten Panzerverbände der 10. Armee die Weichsel und sicherten am 8. September bei Pulawy und später bei Gora Kalwarja einen Brückenkopf. Die Hoffnung des polnischen Oberkommandos, an einem größeren Fluss eine Verteidigungslinie zu errichten, hatte sich wieder zerschlagen. Sobald die deutsche Infanterie zu den Panzern (die wegen Treibstoffmangels zeitweilig stillstanden) aufgeschlossen hatte, würden die Tanks Operationen östlich der Weichsel starten.

Die Ehre, Warschau als Erster zu erreichen, fiel General Reinhardts 4. Panzerdivision zu. Die Tanks trafen am 8. September an der Peripherie der polnischen Hauptstadt ein. Befehl für einen Angriff am folgenden Morgen um 7 Uhr wurde erteilt. Unterstützt von der

LINKS:
Eine deutsche Panzerkolonne hält kurz inmitten der Trümmer des Kriegs. Der vordere Tank ist ein PzKpfw I, bewaffnet mit nur zwei Maschinengewehren. Dahinter befinden sich PzKpfw II, die mit zwei am Turm montierten 2-cm-Kanonen und einem Maschinengewehr etwas stärker bewaffnet waren. Beide Panzer waren selbst für die Verhältnisse von 1939/40 unterbewaffnet, doch konnten sie den gegnerischen Verbänden, die vor allem aus Infanterie bestanden, schweren Schaden zufügen.

Divisionsartillerie zogen die Panzer in die Stadt, doch die polnische Gegenwehr war hart. Nach drei Stunden Kampf – wobei der Vorstoß völlig stockte – gab es Befehl zum Rückzug. Die Deutschen lernten die Gefahren des Einsatzes nicht unterstützter Panzerverbände in verbauten Gebieten kennen.

Polnische Gegenzüge

Im Süden nahm die 14. Armee am 6. September Krakau ein, und nach einer Neuordnung seiner mobilen Verbände stieß das mechanisierte XXII. Korps ostwärts über den Fluss Dunajec vor, um die ostwärts der Weichsel entfliehenden polnischen Einheiten abzuschneiden. Am 9. September wies das OKH das XXII. Korps (dem der Rest der 14. Armee folgte) an, durch die Verteidigungsstellungen am San zu brechen und nordwärts in Richtung Chelm zu ziehen, um zuletzt auf Guderians XIX. Korps zu treffen, das aus Ostpreußen südwärts stieß. So wären das XXII. und das XIX. Korps zwei Flügel einer Zange, die die polnische Armee östlich Warschaus umschlössen.

Die deutsche 8. Armee – an der nördlichen (linken) Flanke der 10. Armee – kam ebenfalls gut voran und näherte sich Lodz. Dadurch wurde ihre eigene linke Flanke gefährlich exponiert, besonders für die polnische Poznan-Armee (direkt im Norden). Deutsche Grenzeinheiten wurden mit dem Schutz der entblößten Flanke der 8. Armee betraut und später durch zwei Reserve-Infanteriedivisionen zur Gruppe Gienanth verstärkt. Doch weder das OKH noch die vorstoßenden Deutschen erkannten die potenzielle Gefahr durch die Poznan-Armee völlig.

Während die Kämpfe entlang der polnischen Grenze tobten, war nur die Poznan-Armee unter dem Kommando General Kutrzebas nicht voll beteiligt. Die Planer im OKH hatte entschieden, diese Streitmacht zu umgehen, um rasch ins Herz Polens einzudringen. Sobald den Polen die Art des deutschen Vorstoßes klar war, bat Kutrzeba das polnische Oberkommando um Erlaubnis, die 8. Armee, die unter seiner Südflanke ostwärts zog, anzugreifen. Man verweigerte es, da Marschall Smigly-Rydz so viele Truppen wie möglich hinter die Weichsel zurückbekommen wollte. Die Poznan-Armee begann daher einen langen Rückzug ostwärts gegen Warschau, wobei sie von der deutschen Luftwaffe angegriffen wurde, aber unbehelligt von deutschen Bodentruppen blieb. Inzwischen zogen sich auch Reste der Pomorze-Armee gegen Warschau zurück. Beide Armeen trafen beim Straßen- und Eisenbahnknotenpunkt Kutno, auf halbem Weg zwischen Posen und Warschau, aufeinander.

Am 8. September bat Kutrzeba wieder, die 8. Armee mit der Poznan- und Pomorze-Armee angreifen zu dürfen. Dies war ein großer, noch intakter Truppenkörper aus zehn Infanteriedivisionen und zweieinhalb Kavalleriedivisionen. Obwohl jeder Angriff den Rückzug ostwärts verzögern musste, war das polnische Oberkommando in einer verzweifelten Lage, da seine Truppen ständig von deutschen Panzern überrannt wurden. Ein großer Angriff konnte den Vorstoß der Heeresgruppe Süd allgemein verlangsamen und den polnischen Kräften Atem für Rückzug und Umgruppierung verschaffen. So erteilte man schließlich die Erlaubnis dazu.

RECHTS:
Die Junkers Ju 87 Stuka (eine Abkürzung für Sturzkampfbomber) war eine der effizientesten Kampfhilfen des Kriegs. Die Stuka war allerdings durch gegnerische Jagdflugzeuge verwundbar und erforderte Luftbeherrschung oder Beistand durch Jagdflugzeuge.

Die Gruppe Gienanth, ursprünglich für die Deckung der Flanke der 8. Armee verantwortlich, blieb wegen der Schnelligkeit des deutschen Hauptvorstoßes zurück. Als sich die 8. Armee der Bzura näherte, bestand ihr Flankenschutz vor allem aus der 30. Infanteriedivision, die über eine Front von 35 km verteilt war und keine koordinierte Verteidigung aufziehen konnte. Der polnische Angriff begann am 9. September südöstlich über der Bzura. Er war die einzige größere polnische Offensive des Feldzugs. Am folgenden Tag meldete die 30. Infanteriedivision dem Kommando der 8. Armee, sie werde angegriffen, erleide schwere Verluste und werde zurückgetrieben. Am 10. und 11. September tobte der Kampf an der Bzura mit großer Intensität. Zwar hatten die Polen die Deutschen zurücktreiben können, doch mangelte es ihnen an Verpflegung, Munition und anderem militärischen Nachschub. Ein an den Kämpfen beteiligter polnischer Offizier erklärte die Probleme, vor denen er und seine Männer standen:

Überall lagen tote Deutsche, auf der Straße und in den verminten Gebäuden. Ich befahl meinen Männern, die Karten- und Hosentaschen der Deutschen zu durchsuchen, um die Karten zu finden, die wir so verzweifelt brauchten. Schließlich wurde unser Suchen belohnt: Wir fanden eine Karte des Brochow-Sochaczew-Gebiets in der Tasche eines toten Unteroffiziers. Für uns war dies die wertvollste Beute des gesamten Kriegs.

Der polnische Gegenangriff über die Bzura hatte die 8. Armee überrascht, doch gab es keine Panik, und Befehle wurde erteilt, den polnischen Angriff zu bändigen. Im Hauptquartier der Heeresgruppe Süd sahen Rundstedt und sein Stabschef Manstein den Angriff weniger als Problem denn als Gelegenheit, den ursprünglichen Plan des OKH, die polnische Armee westlich der Weichsel zu vernich-

OBEN:
Eine deutsche 8,8-cm-Flugabwehrkanone feuert in Polen. Die Deutschen merkten bald, dass diese Hochgeschwindigkeitsgeschütze auch gegen Bodenziele sehr wirksam waren, besonders gegen Panzerfahrzeuge. Die Alliierten hatten bald großen Respekt vor der mächtigen „88er“.

ten, zu erfüllen. Etwa 170.000 polnische Soldaten waren nun um Kutno konzentriert. Konnten sie eingeschlossen und vernichtet werden, so verlöre die polnische Armee mit einem Schlag über ein Drittel ihrer Bodentruppen.

Deutsche Umgruppierung

Die Neuverteilung des deutschen Heers angesichts des polnischen Angriffs zeigte die meisterhafte Fähigkeit der deutschen Generalstabsoffiziere, große, komplexe Kräfte ökonomisch und schnell zu bewegen. Am 11. September erhielt General Blaskowitz die Leitung der Operation und Verbände der 10. Armee zu seiner Rechten und der 4. Armee, die aus dem Norden vorstießen. Die 8. Armee hatte ihre Größe praktisch über Nacht verdoppelt. Sechs Korps standen nun unter einem Kommando. Als Folge der kommenden Schlacht verringerte sich zeitweise der Druck auf die Polen in Warschau. Auch die deutschen Operationen an der Weichsel schwächten sich ab.

Am 12. September erfuhr General Kutrzeba, dass sich die Reste der Lodz-Armee in Richtung Modlin zurückzogen, und jede Hoffnung, sich mit ihren Truppen zu vereinigen, wurde unrealistisch. Noch bedenklicher waren die deutschen Manöver um Kutno, die die Polen einzuschließen drohten. Kutrzeba war in Gefahr, umzingelt zu werden. Am 12. September versuchten die Polen mit einer Offensive südostwärts auszubrechen. Die

UNTEN:
Deutsche Krad-Teams rücken auf einem schlammigen Weg in Polen vor. Das deutsche Heer machte besonders in den ersten Kriegsjahren viel von Motorrädern Gebrauch. Sie waren für Aufklärungs- und Kurierdienste sehr nützlich.

Deutschen verloren etwas an Boden, doch der Ring hielt, und am 15. September hatte sich der polnische Angriff erschöpft. Am selben Tag erhielt die 10. Armee Befehl, nordwärts westlich Warschaus vorzustoßen, um jeden Fluchtweg aus dem Kutno-Kessel in Richtung der Hauptstadt zu blockieren.

Am 16. September versuchten die Polen nochmals auszubrechen, diesmal nordostwärts, um die Weichsel zu überqueren und Modlin zu erreichen. Wieder scheiterte der Versuch. Die Polen erlitten schwere Verluste. Aufgrund der Kämpfe konnte die 8. Armee ihren Griff auf den Kutno-Kessel fester schließen, sodass die polnischen Kräfte auf immer kleinerem Gebiet zusammengedrängt waren, was sie äußerst anfällig für Luftangriffe machte. Am 17. September brach die Luftwaffe ihr Bombardement Warschaus ab und konzentrierte sich voll auf Kutno. Die dort gefangenen Polen erlitten schwere Verluste, als 328 Tonnen Bomben auf sie niedergingen.

Die polnische Verteidigung begann am 17. September zusammenzubrechen. Die Deutschen nahmen an diesem Tag 40.000 Mann gefangen. Die 10. Armee, die den Ausgang in Richtung Warschau bewachte, vereitelte einen letzten Ausbruchsversuch zweier polnischer Divisionen. Einzig Soldaten kleiner Einheiten entkamen. Die meisten davon schlüpften im Schutz des Kampinoska-Waldes durch. Die polnische Armee zerfiel immer mehr in kleine, isolierte Gruppen, die bestenfalls Guerillaoperationen durchführen konnten.

Respekt für die Polen

Obwohl Hitler seine Generäle gerügt hatte, als die Polen den Vorstoß gegen Warschau verlangsamen konnten, war die Schlacht von Bzura für das deutsche Oberkommando ein monumentaler Erfolg, der sogar Hannibals Sieg bei Cannae übertraf – den die preußischen Stabsoffizieren jahrzentelang als Bezugsgröße für militärischen Erfolg studiert hatten. Für den gemeinen deutschen Soldaten war es ein harter Kampf. Kurt Meyer, später General der Waffen-SS, damals noch ein untergeordneter Offizier der *SS Leibstandarte Adolf Hitler,* hatte in der 4. Panzerdivision gekämpft. Er zollte den polnischen Soldaten Respekt: „Es wäre unfair von uns, die Tapferkeit der polnischen Soldaten zu leugnen. Die Kämpfe an der Bzura wurden mutig und mit großer Kühnheit gefochten."

Während die Polen noch im Kutno-Kessel kämpften, griff das polnische Oberkommando

OBEN:
Deutsche Artillerie rückt ins Herzland Polens vor. Für das deutsche Heer waren Pferde während des gesamten Kriegs ein Transportmittel von entscheidender Bedeutung.

zu einem letzten Notbehelf: dem Rückzug aller Kräfte in den Südostens Polens, um einen „rumänischen Brückenkopf" zu bilden. Obwohl die deutsche 14. Armee direkt ostwärts gegen den Nordrand der Karpaten drückte, war Südostpolen das letzte Gebiet, wo an der Grenzregion zu Rumänien und Ungarn eine neue Widerstandsfront gebildet werden könnte.

An den nördlichen Schauplätzen begannen die polnische Modlin-Armee und die Narew-Gruppe in der Nacht des 9./10. September den Rückzug. Ihnen war die deutsche 3. Armee hart auf den Fersen. An der Ostflanke der 3. Armee nutzte Guderians XIX. Korps die sich zwischen den polnischen Formationen öffnende Lücke. Bei einem Gegenangriff erlitt die Narew-Gruppe schwere Verluste. Die zwei Panzer- und die zwei motorisierten Divisionen des XIX. Korps litten an Treibstoff- und Munitionsmangel, und die Abnutzung durch den Feldzug begann bei den Panzerfahrzeugen ihren Zoll zu fordern. Trotzdem besaß Guderians „Miniatur-Panzerarmee" noch genügend Feuerkraft und Mobilität, um praktisch alles, worauf sie traf, zu überwältigen.

Obwohl Guderian seine Panzer östlich des Bug gegen Brest-Litowsk einsetzen wollte, hatte das OKH gegen einen Einsatz der Panzertruppen so weit im Osten Vorbehalte. Nach dem ursprünglichen Plan sollte Guderian südwärts nach Siedice ziehen, doch als das OKH die polnische Absicht, einen „rumänischen Brückenkopf" zu bilden, erkannte, änderte es seine Ansicht. Nun durfte Guderian entlang des Ostufers des Bug südwärts ziehen, wodurch er schließlich diese letzte polnische Verteidigungslinie würde umfassen können.

Am 14. September erreichten Spitzeneinheiten der 10. Panzerdivision den Rand Brest-Litowsks, des östlichsten Ziels der Heeresgruppe Nord. Am nächsten Tag wurde die Stadt eingenommen, obwohl sich die polnischen Verteidiger in der so genannten „Zitadelle" verschanzten. Dort wehrten sie etliche Angriffe der 10. Panzer- und der 20. Motorisierten Infanteriedivision ab. Doch als die Polen am 17. September auszubrechen versuchten, nahmen die Deutschen die Zitadelle. Die 34. Panzerdivision zog in der Erwartung, sich mit Spitzenpanzereinheiten, die von der Heeresgruppe Süd nordöstlich zogen, zu verbinden, südwärts nach Wlodowa.

Die beiden großen Flügel, die die polnischen Kräfte östlich Warschaus einschlossen, trafen zwar nicht aufeinander, waren aber nur wenige Kilometer voneinander entfernt und hielten über Funk Kontakt – ein Beitrag eines Kommunikationsmittels, das für den Erfolg der deutschen mechanisierten Verbände so wichtig gewesen war. Die ursprüngliche Zangenbewegung gegen Warschau schloss sich, als Teile der beiden Heeresgruppen bei Gora Kalwarja am Weichsel-Brückenkopf genau südlich der polnischen Hauptstadt aufeinander trafen.

Die Rote Armee fällt ein

Am 17. September, als das XIX. Korps Brest-Litowsk sicherte, fiel die sowjetische Armee

RECHTS:
Der Panzer II. Er sollte eigentlich die Lücke vor der Einsatzreife der stärker bewaffneten und gepanzerten Panzer III und IV überbrücken, kam aber in Polen und Frankreich in großer Zahl zum Einsatz. Er trug als Hauptwaffe eine 37-mm-Kanone, daneben war er mit einem 7,92-mm-Maschinengewehr bestückt.

PzKpfw II
Deutschland

OBEN:
Deutsche Infanterie sucht während der schweren Kämpfe in den Ausläufern Warschaus hinter einem PzKpfw I Deckung. Die Panzer erwiesen sich im Straßenkampf als sehr verwundbar und wurden aus der polnischen Hauptstadt abgezogen.

in Polen ein. Dies kam nicht nur für die Polen, sondern auch für das deutsche Heer total überraschend, das nichts von der Geheimklausel des Hitler-Stalin-Pakts vom 23. August wusste, die im Fall von Feindseligkeiten die Aufteilung Polens unter den beiden Mächten vorsah.

Am 3. September hatte Außenminister Ribbentrop seinem sowjetischen Kollegen Molotow telegrafisch vorgeschlagen, die sowjetischen Truppen sollten in Polens Ostgebiete einfallen. Die Deutschen befürchteten, die Polen könnten im östlichen Teil, der unter sowjetischen Einfluss und so außer deutsche Kontrolle fallen würde, eine Art Verwaltung aufbauen. Die Sowjets kannten das Datum der deutschen Invasion nicht und wurden von der erstaunlichen Schnelligkeit des deutschen Unternehmens überrascht. Trotzdem wollte Stalin die Herschaft der Sowjetunion über Ostpolen sicherstellen, zumindet als Pufferzone zwischen dem deutsch besetzten Polen und der Sowjetunion. Molotow wurde angewiesen, Ribbentrop zu informieren, sowjetische Truppen würden die Grenze überschreiten, sobald genügend Kräfte einsetzbar seien – am 17. September 1939.

Sowjetische Gliederung

Die sowjetische Invasionsstreitmacht teilte sich in zwei „Fronten" (ähnlich den Heeresgruppen) mit mehr als 20 Infanterie- und 15 Kavalleriedivisionen und neun Panzerbrigaden. Die Weißrussische Front (bestehend aus vier kleinen Armeen) führte Heereskommandeur Kowalew. Sie sollte das polnische Gebiet von Brest-Litowsk nordwärts bis zur Grenze zu Litauen einnehmen. Die Ukrainische Front (drei kleine Armeen) von Heereskommandeur Timoschenko war für die Invasion der polnischen Gebiete südlich der Pripjet-Sümpfe zuständig. Ihr Hauptziel war Lwow. Die südlichste der Armeen der Ukrainischen Front (die 12.Armee) war gut mit mechanisierten Verbänden ausgestattet, um die polnischen Kräfte abzuschneiden, die sich südwärts nach Rumänien und Ungarn in Sicherheit zu bringen suchten.

Die polnischen Kräfte im Osten bestanden nur aus Milizen und Grenzwachen sowie

OBEN:
Eine Heinkel He 111 der Luftwaffe wirft ihre Bomben über Warschau ab. Ab dieser Phase konnten die Polen ihre Hauptstadt nicht gegen Luftangriffe verteidigen, und die Deutschen schlugen gnadenlos zu. Dies war im Zweiten Weltkrieg das erste Beispiel absichtlicher Angriffe auf die Zivilbevölkerung, was sich bald an anderen Schauplätzen wiederholen sollte.

einigen Reserve-Kavalleriebataillonen. Manche polnischen Truppen dachten zunächst, die Rote Armee käme ihnen zu Hilfe, besonders als die Sowjets den Kampf mit den Polen zu meiden schienen. Doch als die Rote Armee tiefer nach Polen eindrang – manche mechanisierte Spitzeneinheiten an den ersten beiden Tagen 100 km tief –, wurde die Lage klarer. Von der Roten Armee überrannte Einheiten wurden gefangen und rasch entwaffnet. Wehrten sich die Polen, so gab es Kampf.

Die sowjetische Invasion bekräftigte die ohnehin schon hoffnungslose Lage, der sich das polnische Oberkommando gegenübersah. Die Chance, irgendeine Art von Brückenkopf um Lwow zu bilden, wurde durch die drohende Ankunft sowjetischer Kräfte an seiner rechten Flanke unterminiert. Daher befahl das Oberkommando allen Truppen, sich den Weg entlang der deutschen Kräfte zurück nach Ungarn und Rumänien zu kämpfen, an allen sowjetischen Kräften aber vorbeizuschlüpfen, solang sie sich ihnen nicht in den Weg stellten. Am 17. September flohen der polnische Präsident und die Regierung gemeinsam mit Smigly-Rydz nach Rumänien. Die zuvor freundlichen Beziehungen zwischen den beiden Staaten hatten sie dazu ermutigt, doch am nächsten Tag wurden sie – als Folge starken diplomatischen Drucks der Deutschen auf Rumänien – festgenommen und tief ins Innere des Landes gebracht.

Deutsche Rückzugsprobleme

Die plötzliche Ankunft der ostwärts marschierenden Roten Armee brachte für das deutsche Heer bestimmte Probleme. Der Hitler-Stalin-Pakt legte die Teilung Polens entlang der Linie Narew–Weichsel–San fest, und die deutschen Truppen erhielten Befehl, sich langsam an diese Linie zurückzuziehen. Doch am 17. September kämpfte noch ein großer Teil des deutschen Heeres gegen polnische Widerstandsnester östlich dieser Linie, und ein Rückzug hätte den Polen ein Entkommen an die Zufluchtsstätten Ungarns und Rumäniens ermöglicht.

Auch hatten die Soldaten nun Probleme, Freund und Feind zu unterscheiden. Bei einer Reihe von Anlässen schossen deutsche und sowjetische Truppen aufeinander, was zu Toten führte. Doch waren dies relativ kleine Vorfälle, und der Großteil des deutschen Rückzugs vollzog sich in guter Ordnung. Es gab ein bestimmtes Maß an Verbrüderung zwischen deutschen und sowjetischen Truppen. Die Propagandaeinheiten beider Seiten zeichneten eine Reihe solcher Vorfälle auf. In Brest-Litowsk folgte am 22. September auf eine gemeinsame Parade deutscher und sowjetischer Panzerverbände ein Bankett, an dem die führenden Kommandeure beider Armeen, die Generäle Guderian und Kriwoschein, teilnahmen.

Die deutsche Entscheidung für den Rückzug war für die 14. Armee in Südpolen potenziell viel problematischer. Sie musste verhindern, dass polnische Truppen südwärts nach Ungarn und Rumänien strömten. Am 10. September hatten die Deutschen die alte Festungsstadt Przemysl eingeschlossen (sie hielt bis zum 15. stand), während der Hauptteil der 14. Armee weiter nach Lwow, dem letzten Brennpunkt polnischen Widerstands, drängte.

Am 12. September erreichte die deutsche 1. Gebirgsdivision die Stadt, doch der heftige Widerstand zwang die Deutschen zu einer regelrechten Belagerung. Am Tag darauf fochten sie einen harten Kampf um die Zboiska-Anhöhen, die oberhalb Lwows lagen, und am folgenden Tag war die Stadt eingeschlossen.

Die Belagerung war im Gange, als Rundstedt am 20. September der 14. Armee befahl, die Bezwingung Lwows der Roten Armee zu überlassen und westwärts abzuziehen. Doch die Garnison von Lwow fürchtete die Einnahme durch die Sowjets mehr und ergab sich den überraschten Deutschen noch vor deren Abzug.

Während die 14. Armee westwärts abzog, traf sie auf polnische Truppen, die in südliche Richtung unterwegs waren. Etliche Kämpfe folgten, doch eine große Zahl polnischer Truppen konnte die deutschen Soldaten umgehen und sich in Sicherheit bringen. Oberst A. T. Sawczynski (im Feldzug Artillerieoffizier und später Historiker der polnischen Armee) zufolge erreichten 60.000 Mann Ungarn, 30.000 gelangten nach Rumänien, und weiter im Norden erreichten 15.000 Mann Litauen an der Ostsee.

Viele dieser Männer gingen nach Frankreich, wo eine neue polnische Armee gebildet wurde. Sie hatten nicht nur einen Krieg, sondern ihr Land verloren und nahmen ihren Schmerz in ihr langes Exil mit. Oberstleutnant Gilewski, ein Regimentskommandeur der Podolska Ulanen-Brigade, beschrieb sein Eintreffen in Ungarn am 19. September:

Als wir an diesem Herbstmorgen auf unserem Weg in ein fremdes Land durch die schöne Berglandschaft ritten, war die Stimmung überwältigend. Mein stellvertretender Kommandeur, Major Starnawski, weinte. Stundenlang ritten wir, ohne auf eine Seele zu treffen. Hie und da gab es umgestürzte Autos und Kisten verbrannter Dokumente,

UNTEN:
Polnische Freiwillige stehen vor einer Barrikade, die sie als Teil der Verteidigungsstellungen Warschaus errichtet haben. Die Verteidiger Warschaus verlangsamten die Pläne des deutschen Heeres, doch Mangel an Nahrung, Wasser und anderer Versorgung zwang Polen am 27. September 1939 schließlich zur Kapitulation.

RECHTS:
Deutsche Soldaten entfernen polnische Straßenschilder, ein erster Schritt zur Zerstörung des gesamten polnischen Staates. Die Nazis beschlossen, Westpolen im Deutschen Reich aufgehen zu lassen. Der Rest wurde unter der Bezeichnung „Generalgouvernement Polen“ zur Kolonie.

während wir die Schlucht zum Wyszkowski-Pass hinaufritten. Der Regimentsadjutant kehrte auf dem Motorrad mit der Nachricht zurück, die Straße sei einige Kilometer voraus frei. Wir waren schon nah der Grenze, als wir auf eine Kolonne marschierender Männer und hunderter Fahrzeuge trafen. Einige Hügeln und Täler weiter sahen wir die Grenze. Ein ungarischer Major kam grüßend auf uns zu und bat die Ulanen, sich auf ungarischem Gebiet wie zu Hause zu fühlen.

Während sich die deutschen Kräfte in Ostpolen zurückzogen, bekamen die verbleibenden Gebiete polnischen Widerstands die ganze Macht der deutschen 3., 10. und 8. Armee zu spüren. Warschau, das durch dem Kutno-Kessel entkommene Truppen verstärkt worden war, blieb eine Herausforderung. Bis zum 15. September hatten die 10. Armee vom Süden her und die 3. Armee vom Norden her die polnische Hauptstadt umzingelt. Hitler und sein Oberkommando hatten Bedenken gegen einen totalen Angriff auf eine gut verteidigte Stellung, der unweigerlich schwere deutsche Verluste zur Folge haben würde. Am 16. September warf man über Warschau Flugblätter mit der Aufforderung zur Aufgabe ab, und ein Abgesandter des Stabs der 3. Armee forderte die Kapitulation der Stadt. Die Polen lehnten ab – die Deutschen verstärken den Granatenbeschuss und die Bombardierung.

Deutsche Pläne für Warschau

Während sich die Luftwaffe auf die Wasser- und Elektrizitätswerke konzentrierte, folgten einem langen Artilleriebeschuss durch die 3. und 10. Armee eine Reihe von Testangriffen der Infanterie, um Schwächen in der polnischen Verteidigung zu finden und auszunutzen. Unter Führung General J. Rommels, des ehemaligen Kommandeurs der Lodz-Armee, leisteten die Polen harten Widerstand, und die Deutschen kamen kaum voran. Die Polen verfügten über genügend Munition, und die zerstörten Stadtbereiche bildeten gute Verteidigungsstellungen, die sowohl mit regulären Soldaten wie auch mit beherzten lokalen Milizen bemannt waren.

Hitler traf am 22. September im Hauptquartier der 3. Armee ein und beobachtete den Beschuss von Praga, einer östlichen Vorstadt Warschaus. Hitler ärgerte sich über die Verzögerung bei der Einnahme der Stadt, lehnte aber einen Angriff von östlich der Weichsel her ab, um die Russen nicht zu provozieren. Neben dem Problem möglicher schwerer Verluste sollte dieses Gebiet nach dem Nazi-Sowjet-Pakt unter sowjetische Zuständigkeit fallen. Daher befahl er einen Angriff auf den Westteil Warschaus, was auch den Vorteil hätte, die Zivilbevölkerung nach Osten zu treiben, wo die sowjetischen Streitkräfte für sie verantwortlich wären.

Der Angriff wurde der 8. Armee übertragen, deren Truppen die Säuberung des Kutno-Kessels beendet hatten. Die Deutschen stellten sicher, dass keine Zivilisten aus der Stadt entkommen konnten, und vergrößerten so den Bedarf an Nahrung, die bekannterma-

UNTEN:
Ein polnisches Mädchen weint über dem Leichnam eines Verwandten. Die meisten Abteilungen der deutschen Streitkräfte und begleitenden Verwaltungsbeamten gingen mit großer Brutalität gegen die Zivilbevölkerung Polens vor.

UNTEN:
Dieser Unteroffizier vom Panzerregiment I trägt die spezielle schwarze Uniform der Panzertruppen. Seine Baskenmütze ist gepolstert und dient als Sturzhelm. Der schwarze Kragen mit dem silbernen Totenkopfabzeichen zeichneten diese Uniform aus, zudem war sie praktisch und bei den Panzertruppen beliebt. Die Männer trugen nur das Koppel mit angeschlaufter Pistolentasche, die gesamte übrige Ausrüstung war im Panzer selbst verstaut.

ßen knapp war. Die Luftwaffe bombardierte weiterhin Warschaus Filter- und Pumpanlagen und zerstörte die reguläre Wasserversorgung der Bevölkerung. Die Einwohner mussten daher das Wasser der Weichsel trinken, was eine Typhusepidemie möglich machte. Die Deutschen haten einen Großteil der Elektrizitätsversorgung unterbrochen und die Getreidemühlen der Stadt in Brand geschossen. Das Gespenst des Verhungerns bedrohte die Einwohner und Verteidiger.

Warschau kapituliert

Während die 3. Armee Warschau von Norden beschoss, eröffnete die 8. Armee am Morgen des 26. September ihren Angriff. Die deutsche Infanterie kam voran. Sie bahnte sich ihren Weg durch die äußeren Verteidigungsstellungen. Am Ende des Tages baten die Polen um Feuerpause und Waffenstillstand, doch die Deutschen verlangten die bedingungslose Kapitulation. Für General Rommel und seinen Stab war die Lage hoffnungslos, und um das Leiden der Zivilbevölkerung nicht zu verlängern, akzeptierten sie widerwilig die deutschen Bedingungen. Am 27. September um 14 Uhr endeten die Kämpfe. 140.000 polnische Soldaten in Warschau begannen ihre Waffen niederzulegen und sich zu ergeben. General Blaskowitz überließ den polnischen Verteidigern den ehrenvollen Abzug, als sie die Evakuierung der Stadt vorbereiteten.

Im Norden Warschaus leistete Modlin noch Widerstand. Die beim Angriff auf Warschau eingesetzte Artillerie wurde zur Zertrümmerung der Verteidigungsanlagen Modlins umgruppiert. Am 27. September begann der Angriff voll. Er durchdrang die polnische äußere Verteidigung. Modlins Garnison hatte kaum noch Wasser, und die Nahrungsvorräte gingen zu Ende. Der Garnisonskommandant, General Thommee, vereinbarte am 28. September einen Waffenstillstand. Am folgenden Tag ergaben sich die Polen.

Außer wenigen verstreuten polnischen Einheiten, die noch im stark bewaldeten Landesinneren Guerillaoperationen durchführten, blieben die Verteidigungsstellungen an der Ostsee das einzige Widerstandsgebiet. Die Polen kämpften trotz der Nachrichten über die Vernichtung der polnischen Streitkräfte im Süden bemerkenswert hartnäckig. Die Deutschen nahmen am 14. September Gdynia, den polnischen Haupthafen an der Ostsee, ein, doch konnte der Kommandant, Oberst Dabek, einen Teil der Garnison in neue Stellungen auf der Oxhoefter Ebene evakuieren. Die Luftwaffe flog am 16. und 17. schwere Angriffe und am 18./19. September den Hauptsturm. Die Polen wurden überrannt. Dabek tötete sich lieber als sich zu ergeben.

Die polnische Garnison auf der Halbinsel Hela – einer dünnen Landzunge, die sich in die Bucht von Danzig erstreckt – kam unter deutsches Feuer aus der Luft, vom Land und von der See her, ehe am 29. September ein Infanterie-Schlussangriff begann. Die Polen wurden die Halbinsel entlang zurück getrieben. Am 1. Oktober kapitulierte Konteradmiral Unrug vor den Deutschen. Abgesehen von kleineren Scharmützeln in der ersten Oktoberwoche markierte Hela für die Deutschen das Ende des Polenfeldzugs von 1939.

In 36 Tagen intensiven Kampfes war die polnische Armee als Kampftruppe vernichtet worden. 66.000 Mann fielen, 130.000 wurden verwundet. Die Deutschen behaupteten, fast 700.000 polnische Soldaten gefangen genommen zu haben, doch diese Zahl war sicher zu hoch. 400.000 ist wahrscheinlicher. Etwa 200.000 Polen gerieten in sowjetische Gefangenschaft, wo viele starben, doch andere konnten über den Nahen Osten entkommen (wo sie für die Briten kämpften). Etwa 100.000 polnische Soldaten waren dem deutsch-sowjetischen Netz schon im September 1939 durch Flucht nach Ungarn, Rumänien und Litauen entronnen.

Nach revidierten deutschen Zahlen fielen im Feldzug 10.600 Mann der eigenen Armee, 30.000 wurden verwundet und 3400 vermisst. Im September wurden 217 Panzer zerstört, doch die Abnutzung verringerte die Kampfstärke der mechanisierten Divisionen weiter. Das XIX. Korps, das gegen Ende Septmeber aus Ostpreußen abgezogen wurde, stand eine Zeit lang zur Überholung seiner lädierten Fahrzeuge, die aus Panzern, Panzerwagen und Lastern bestanden, völlig still. 285 Flugzeuge der Luftwaffe wurden zerstört, weitere 279 unreparierbar beschädigt. Polen verlor 284 Flugzeuge im Kampf, weitere 149 durch andere Ursachen.

Polen war im späten 18. Jahrhundert dreimal von Preußen, Österreich und Russland aufgeteilt worden. 1939 erlebte das Land die vierte Teilung. Zur Klärung der Details flog Ribbentrop nach Moskau. Am 28. September unterzeichnete er in Ergänzung des Deutsch-Sowjetischen Nichtangriffspakts vom 23. August den „Grenz- und Freundschaftsvertrag", in dem Deutschland die Aufnahme Litauens

OBEN:
Ein Beispiel der Nazibarbarei: 64 Polen werden kurz nach dem Ende des Polenfeldzugs von deutschen Soldaten summarisch erschossen. Trotz gegenteiliger Behauptungen war das deutsche Heer stark an der Ermordung polnischer Zivilisten beteiligt.

in den sowjetischen Einflussbereich akzeptierte, während es im Gegenzug seine Herrschaft über polnisches Gebiet weiter ostwärts bis an den Bug ausdehnte. Zwar wollten die Deutschen Zugang zu Öl, doch Stalin weigerte sich, das Gebiet östlich des San, das Lwow und die Ölfelder von Drogobycz und Borislav einschloss, abzutreten. Trotzdem waren beide Seiten allgemein mit dem Pakt zufrieden, und Stalin zögerte nicht, seine „Rechte" über die baltischen Staaten auszuüben, die unter den Druck sowjetischer Herrschaft gerieten. Schon vor der formellen Annektierung der baltischen Staaten im August 1940 forderte Stalin von Finnland territoriale Zugeständnisse entlang der finnisch-sowjetischen Grenze. Finnlands Weigerung führte am 30. November 1939 zum Krieg. Trotz schwerer Verluste der Roten Armee in der Anfangsphase mussten die Finnen im März 1940 einer Regelung zustimmen.

Misshandlung der Polen

Die alte Feindseligkeit der Deutschen und Russen gegen die Polen kam nun voll zum Tragen. Eines der Protokolle des neuen deutsch-sowjetischen Pakts besagte: „Beide Parteien werden in ihren Gebieten keine polnische Agitation dulden, die das Gebiet der anderen Partei betrifft. Sie werden in ihren Gebieten alle solchen Agitationsversuche unterdrücken und einander über geeignete Maßnahmen zu diesem Zweck informieren."

In den folgenden sechs Jahren sollte das polnische Volk schrecklich leiden. Deutsche wie sowjetische Behörden machten sich bewusst daran, die politische und soziale Elite der polnischen Gesellschaft auszurotten. Im Kielwasser des deutschen Heers begannen SS-Vernichtungstrupps mit summarischen Hinrichtungen von Personen, die als „unerwünscht" erklärt worden waren – bis zum 25. Oktober 1939 waren bereits 16.376 Polen von der deutschen Polizei und den Streitkräften ermordet worden. Die Menschen, die in Gebieten unter sowjetischer Herrschaft lebten, erfuhren eine ähnliche Behandlung. War der Polenfeldzug für die Wehrmacht ein Triumph, so bedeutete er für die Menschen in Polen den Beginn eines Lebens in der Hölle.

KAPITEL DREI

Vor dem Sturm

Der Krieg war für die westlichen Alliierten ein Tiefpunkt. Im „Sitzkrieg“ beobachteten beide Seiten einander hinter sorgfältig vorbereiteten Stellungen und warteten auf den nächsten Zug.

Während die deutsche 8. Armee noch den polnischen Gegenangriff an der Bzura zurückschlug, dachte Hitler schon an eine Kraftprobe mit Franzosen und Briten im Westen. Er teilte seinem militärischem Chefadjutanten, Oberst Schmundt, mit, die deutschen Streitkräfte würden unmittelbar nach Abschluss der Operationen in Polen für eine neue Offensive umgruppiert werden. Am 27. September berief er die kommandierenden Offiziere der drei Wehrmachtsteile in seine Kanzlei in Berlin. An erster Stelle unter den versammelten Offizieren standen der Heereschef, General Brauchitsch, und sein Generalstabschef, General Halder. Hitler erklärte, er wolle Frankreich angreifen. Der Hauptstoß der Invasion solle durch Belgien und Hollands Maastrichter „Appendix“ erfolgen. Ohne die Sache erst mit seinen Generälen zu diskutieren, wies Hitler sie knapp an, einen Invasionsplan auszuarbeiten.

Diese Ankündigung schlug bei Brauchitsch und Halder wie eine Bombe ein. Sie waren umsichtige Generäle der alten Schule und meinten, eine Offensive im Westen müsse bis 1942 warten, um den Erfolg sicherzustellen. Viele höhere Generäle im deutschen Heer teilten ihre Vorbehalte, doch Hitler war entschlossen, mit der Offensive zu beginnen, und wählte als Stichtag den 25. November (nur zwei Monate später). Die Generäle zögerten weiterhin, doch am 19. Oktober entwarf das OKH einen Invasionsplan mit dem Codenamen „Fall Gelb“.

Ein neuer Schlieffen-Plan

Der Schlieffen-Plan von 1914 hatte auf einem massiven Umfassungsmanöver durch Belgien beruht. Die Errichtung der Maginot-Linie durch Frankreich entlang der französisch-deutschen Grenze in den 30er-Jahren legte einen erneuten Vorstoß durch die weniger gut verteidigten Beneluxstaaten nahe. Vielleicht als Zeichen der Vorbehalte des deutschen Oberkommandos gegen das ganze Unternehmen sah der Plan nicht die große Vernichtungschlacht vor, an die Schlieffen gedacht hatte, sondern bestand stattdessen aus einem bescheidenen Einfall in Belgien in Richtung Gent, um die britische Expeditionary Force (BEF – Expeditionsstreitkräfte) vom Hauptteil der französischen Armee zu trennen und sich Stützpunkte an der belgischen Küste zu sichern, was Luft- und Marineoperationen gegen England erleichtern würde.

Der Hauptteil der deutschen mechanisierten Kräfte sollte am Nordflügel eingesetzt werden, Luftlandetruppen sollten Schlüsselziele vor dem deutschen Vorstoß sichern. General Bocks Heeresgruppe B war für den Hauptangriff zuständig. Unterstützen sollte sie

GEGENÜBER:

Ein Propagandabild aus einem deutschen Magazin, das die Leser von der Stärke des Westwalls, der „Siegfried-Linie“, überzeugen sollte. Die französischen Abwehranlagen der Maginot-Linie ähnelten der hier gezeigten Szene teilweise, doch der deutsche Westwall war an manchen Stellen nur halb fertig gestellt.

OBEN:
Das alliierte Kommando. Von links nach rechts: General Ironside, Winston Churchill, General Gamelin, General Gort und General Georges. Die englisch-französischen Beziehungen waren recht herzlich. Das Problem lag in der Kommunikation – beide Seiten kannten die Absichten der jeweils anderen nicht.

die Heeresgruppe A unter General Rundstedt, die in Südbelgien einfallen sollte. General Leebs Heeresgruppe C würde in ausreichender Stärke zum Halten der Stellung entlang der Maginot-Linie aufmarschieren.

Dieser wenig inspirierte Plan traf bei Hitler auf wenig Begeisterung. Er neigte von Natur aus zum Risiko. In den folgenden Diskussionen schlug er vor, das Hauptgewicht des Anschlages auf einen Angriff über die Meuse südlich von Namur zu verlegen. Dieser Vorschlag traf bei den Planern des OKH auf Skepsis, doch in Hitlers Geist war damit eine bestimmte Idee entstanden.

Entwicklung des deutschen Plans

Am 29. Oktober wurde Hitler ein überarbeiteter Plan vorgelegt. Zwar wurden darin dem Angriff im Süden mehr Panzerdivisionen zugeteilt, doch im Wesentlichen war es derselbe wie der ursprüngliche Vorschlag. Am folgenden Tag erklärte Hitler General Jodl im OKW seine neueste Idee, die einen Sturm durch die Ardennen gegen Sedan an der Meuse einschloss. Jodl gab diese Idee jedoch nicht an seine Kollegen im OKH weiter, sodass diese mit der Verfeinerung des ursprünglichen Planes fortfuhren.

Inzwischen hatte die Heeresgruppe A ihr Hauptquartier in Koblenz eingerichtet, und Rundstedts Stabschef, Generalleutnant Manstein, sah den ursprünglichen Plan des OKH. Er war nicht beeindruckt: „Ich fand es demütigend, dass unsere Generation nichts Besseres tun könne, als das alte Rezept zu wiederholen." Mit Rundstedts Unterstützung schrieb Manstein das erste von sechs Memoranden an das OKH, in denen er den Plan kritisierte. Im ersten vom 31. Oktober meinte er: „Es ist denkbar, dass wir den erhofften Anfangserfolg gegen Belgien und die zu seiner Hilfe herbeigeeilten alliierten Truppen erringen. Doch Anfangserfolg bedeutet nicht totalen Sieg. Dieser kann nur durch völlige Vernichtung aller feindlichen Kräfte in Belgien und nördlich der Somme errungen werden." Manstein schloss seine Kritik mit dem Vorschlag, den Schwerpunkt des Angriffs südwärts an die Südflanke der Heeresgruppe A zu verlegen und südlich Namurs einen Stoß über die Meuse zu führen, der entlang der Linie Arras–Boulogne westwärts führen sollte.

Mansteins Vorschläge wurden im OKH frostig aufgenommen. Man vermutete nicht zu Unrecht, hinter dem Plan stehe der Versuch der Heeresgruppe A, einen größeren Anteil an Ressourcen (und möglichem Ruhm) für die kommende Offensive gegen Frankreich zu erhalten. Dies war sicher die Ansicht General Bocks und seines Stabs der Heeresgruppe B, der seine Verbände nicht zu Gunsten der Heeresgruppe A verringern wollte. Halder befahl, Mansteins Memoranden zu den Akten zu legen und Hitlers Aufmerksamkeit nicht damit zu belästigen.

LINKS:
General Fedor von Bock, Kommandeur der Heeresgruppe B, die durch die Beneluxstaaten ziehen sollte. Bock war ein fähiger General, der in der Wehrmacht eine führende Rolle spielte, bis er nach dem Misslingen der Einnahme Moskaus 1941 von Hitler entlassen wurde.

„Fall Gelb" wird verschoben

Hitler hatte den Tag der Offensive auf den 12. November vorverlegt, doch wegen des Widerstands im OKH und schwerer Herbstregen wurde Fall Gelb wiederholt verschoben (vor dem 10. Mai insgesamt 29-mal!). Die Verschiebungen brachten für die Deutschen den großen Vorteil, dass die Planer genug Zeit zur Entwicklung neuer Angriffspläne erhielten. Ohne Mansteins Vorschlag zu kennen, forderte Hitler seine Generäle auf, die Stärke der Heeresgruppe A zu erhöhen. Am 11. November wies er Guderians XIX. Panzerkorps an, mit der Heeresgruppe A eine Stellung gegenüber Sedan einzunehmen. Guderian kannte das Gebiet gut und meinte, die hügelige, bewaldete Ardennenregion, die deutsches Gebiet von Sedan trennte, sei für Panzer und Panzerfahrzeuge passierbar. So ging der deutsche Plan Schritt für Schritt von einem Hauptangriff durch Zentralbelgien und Holland zu einem breiteren Aufmarsch über, wobei sich das Hauptaugenmerk nach Südbelgien wandte.

Das kalte Winterwetter des Januar 1940 lieferte den Militäraktionen den nötigen harten Boden, und am 10. Januar befahl Hitler die Offensive für den 17. Januar, falls das Wetter gut und klar bliebe. Doch die Vorhersage versprach für den 17. Nebel, was Zweifel

UNTEN:
Deutsche Soldaten zwischen Panzerfallen im Westwall. Obwohl die deutsche Propaganda von den Abwehranlagen viel Aufheben machte, beschäftigte sich Hitler nur mit einer Offensivaktion gegen Frankreich.

weckte, ob die Luftwaffe der Invasion die nötige Deckung liefern könnte. Hitler verschob nun den Angriff auf unbestimmte Zeit, bis das Wetter klar genug für einen erfolgreichen Angriff wäre. Doch ehe dieser Befehl übermittelt wurde, gefährdete ein bizarrer Vorfall die Sicherheit der gesamten Offensive.

Am 9. Januar erhielt Major Hellmuth Reinberger, ein Stabsoffizier der 7. Luftlandedivision, Anweisung, am folgenden Tag eine Konferenz in Köln zu besuchen. Am Abend nahm er in einer nahen Offiziersmesse das Angebot des Postenkommandanten (eines Majors der Reserve namens Hönmanns mit Pilotenschein) an, ihn von Münster nach Köln zu fliegen, um sich die langweilige Bahnfahrt zu ersparen. Am folgenden Tag saßen beide Männer in einer Messerschmitt-Bf-108-Aufklärungsmaschine. Reinberger führte wichtige Dokumente mit sich, die die Aufmarsch- und Operationsziele seiner Division für die kommende Offensive beschrieben – entgegen dem stehenden Befehl, keine Geheimdokumente in Flugzeugen zu führen. Zunächst waren die Wetterverhältnisse gut, doch plötzlich einsetzendes Schlechtwetter zwang sie von ihrem Kurs ab. Hönmanns glaubte über feindlichem Territorium zu sein, doch ehe er einen Orientierungspunkt fand, fiel der Motor aus und die Bf-108 musste nahe der Stadt Mechelen, die genau jenseits der belgischen Grenze lag, notlanden.

Reinberger versuchte verzweifelt, die Geheimdokumente zu verbrennen – sogar mit Hilfe örtlicher belgischer Bauern –, wurde dabei aber vom Eintreffen einer Gendarmeriestreife gestört. Die beiden Deutschen wurden verhaftet. Während er in einer Hütte festgehalten wurde, versuchte Reinberger nochmals, die Papiere zu verbrennen, indem er sie in einen Herd warf, doch ein belgischer Gendarm zog sie wieder heraus. Obwohl übel angesengt, enthüllten die Dokumente die deutsche Absicht einer Invasion durch Holland und Belgien. Den alliierten Nachrichtendiensten war unklar, ob dies eine Finte war, um einen Angriff anderswo zu verheimlichen. Sie blieben skeptisch, was den Wahrheitsgehalt der Dokumente betraf.

Das deutsche Oberkommando aber war über den Vorfall entsetzt. Als Hitler am 11. Januar von dem Desaster erfuhr, bekam er

RECHTS:
Deutsche Soldaten schieben bei einer Winterübung vor der Offensive im Westen ein leichtes Infanteriegeschütz. Der Winter 1939/40 war besonders streng. Die Truppen in vorderster Linie litten dementsprechend.

einen Wutanfall, drohte den direkt Beteiligten mit dem Tod und feuerte General Felmy als Kommandeur der Zweiten Luftflotte (der Reinberger angehörte). Ein Bericht des deutschen Militärattachés in Belgien behauptete, Reinberger habe erklärt, die Papiere seien praktisch vernichtet worden und wenig von Interesse sei lesbar geblieben. Dennoch blieben Hitler und das Oberkommando im Zweifel, wie viel die Alliierten nun genau wussten. Hitler setzte daher Fall Gelb aus. In einer Klausel des Aufschubbefehls bestand Hitler auf einer Überarbeitung des Plans „auf einer neuen Basis, der besonders Heimlichkeit und Überraschung zugrunde liegen sollte".

Mansteins Plan wird akzeptiert

Während des Januars drängte Manstein weiter auf die Annahme seines Plans für die Heeresgruppe A. Bei einem Treffen mit General Brauchitsch am 25. Januar kritisierte er den Plan des OKH scharf. Er ging so weit, die „wohlbekannte negative Haltung des OKH" zu beklagen. Das Oberkommando des Heeres war wütend und beschloss, diesen Dorn in seinem Fleisch loszuwerden. Am 27. Januar erhielt Manstein Befehl, ein Korpskommando in Stettin, weit im Osten, zu übernehmen. Durch diese „Beförderung auf die Seite" bitter enttäuscht, fand er einigen Trost, als das OKH erklärte, es würde in einer „Reihe von Planspielen" den Plan für Heeresgruppe A testen. Am 7. und 14. Februar zeigten diese „Kriegsspiele", dass ein Angriff durch die Ardennen tatsächlich ein haltbarer Vorschlag war. General Halder, der Stabschef des OKH, blieb zurückhaltend, begann aber langsam die Vorstellung zu akzeptieren, nur dieser Plan könne Deutschland eine Formel bieten, um die Alliierten mit einem Schlag auszuschalten.

OBEN:
Ein Versuch, die Zusammenarbeit zwischen den Alliierten zu verbessern: Eine französische Delegation verlässt Downing Street 10 in London, angeführt von Admiral Darlan (links) und General Gamelin (Mitte).

UNTEN:
Geschützöffnungen in einer Befestigung der Maginot-Linie. Die französischen Verteidigungsanlagen waren äußerst mächtig, berücksichtigten aber nicht, dass Deutschland bereit war, die holländische und belgische Neutralität zu verletzen, um die Anlagen zu umgehen.

Die Postierung Mansteins brachte ihm zufällig die Gelegenheit, Hitler zu treffen. Vor der Ernennung zu höheren Rängen hatten Generäle für gewöhnlich ein informelles Treffen mit dem „Führer". Am 17. Januar wurde eine Grupe von Korpskommandeuren, darunter Manstein, in die Reichskanzlei bestellt. Manstein wurde gebeten, seinen Plan zu erläutern. Hitler hieß diesen sofort gut. Der Zug durch die Ardennen war ein riskantes Unternehmen, doch durch die Aussicht, den Hauptteil der alliierten Armeen zu vernichten, appellierte er an Hitlers Spielernatur. Außerdem bestärkte er Hitlers intuitives Vertrauen in einen Angriff durch Südbelgien. Am folgenden Morgen rief Hitler Brauchitsch und Halder nach Berlin, wo er seinen neuen Plan skizzierte (und Mansteins Rolle bei seiner Entstehung unterschlug). Die Führer des OKH hatten bereits begonnen, die Idee eines Stoßes durch Südbelgien zu stützen, und pflichteten Hitlers Vorschlag nun bei. Sie kehrten nach Zossen ins OKH-Hauptquartier zurück und begannen eine neue Direktive unter Einschluss des Plans für die Heeresgruppe A auszuarbeiten.

Die neue Direktive wurde am 24. Februar erlassen. Sie verlegte das Gewicht des Angriffs von Bocks Heeresgruppe B zu Rundstedts Heeresgruppe A. Die Heeresgruppe B wurde von 43 auf 29 und eine halbe Divisionen verkleinert, spielte aber immer noch eine für den Erfolg des Unternehmens entscheidende Rolle, da ihr Vorstoß die besten alliierten Truppen nach Nordbelgien und Holland ziehen würde, fort vom Hauptschlag, den die Heeresgruppe A im Süden führen sollte. Die Heeresgruppe A bestand aus 45 und einer halben Divisionen, darunter der Großteil der deutschen Panzer- und motorisierten Verbände. War die alliierte Verteidigung durchbrochen, so sollten die massierten Panzer der Heeresgruppe A zum Ärmelkanal stoßen und so die Alliierten spalten. Dies war der „Sichel-

OBEN:
Französische Artillerie feuert aus gepanzerten Kuppeln der Maginot-Linie. Nur ein Volltreffer schwerer Artillerie konnte Geschütze, die so gut wie diese geschützt waren, zerstören.

schnitt"-Plan. Er hatte einen zusätzlichen Vorteil: Nach dem Durchbruch würden die Alliierten die Richtung des Hauptstoßes nicht kennen. Er konnte südwärts führen, um die Kräfte, die die Maginot-Linie besetzten, zu umgehen, oder gegen Paris oder sogar direkt nach Norden ins belgische Flachland.

Auf alliierter Seite war Frankreich der Seniorpartner des Bündnisses. Seine Sichtweise dominierte das strategische Denken der Alliierten. General Maurice Gamelin war Generalstabschef. Sobald der Krieg erklärt war, übernahm er die Stelle des Oberbefehlshabers aller französischen Landstreitkräfte. Im Ersten Weltkrieg war er ein brillanter Stabsoffizier Joffres gewesen. Gamelin war ein intellektueller General, dem die Fähigkeit mangelte, seine Untergebenen zu begeistern und der französischen Armee seinen Willen aufzudrücken. Der Politiker Paul Reynaud fasste Gamelins Charakter so zusammen: „Er mag als Präfekt oder Bischof gut geeignet sein, nicht aber als Anführer von Männern."

Charles de Gaulle, damals Oberst, beschrieb die fast klösterliche Atmosphäre, die Gamelin in seinem Hauptquartier in Vincennes nahe Paris hegte: „[Er] lebte in einer einem Kloster sehr ähnlichen Atmosphäre, umgeben von wenigen Offizieren, arbeitend und nachdenkend, von aktuellen Ereignissen völlig isoliert. General Gamelin erweckte in mir den Eindruck eines Gelehrten, der in einem Labor die chemische Reaktion auf seine Strategie testet."

Französische Organisation

Gamelins Isolierung von militärischen Alltagsereignissen steigerte sich durch die äußerst komplizierte Befehlskette, die die militärische Effizienz belastete. Da Gamelin für alle französischen militärischen Verpflichtungen (auch in den Kolonien) zuständig war, wurden seine Befehle an die Armeen in Nordostfrankreich (dem Schlüsselsektor) durch General Georges, der als Gamelins Stellvertreter fungierte, ausgegeben. Unter Georges stand General Billotte, Kommandeur der Heeresgruppe 1, dessen Zuständigkeit vom Kanal bis zur Maginot-Linie reichte. Man hielt Georges zwar für einen fähigen Kommandeur, doch seine Effizienz wurde durch seine schwache Gesundheit und die Wahl seines Hauptquartiers in La Ferté-

sous-Jouarre, 65 km von Paris entfernt, unterminiert. Noch dazu wurde mit der Einrichtung eines „Großen Hauptquartiers" für die Landstreitkräfte in Montry – auf halbem Weg zwischen La Ferté-sous-Jouarre und Vincennes – unter General Aimé Doumenc ein neues Verbindungsglied in der Befehlskette zwischen Gamelin und Georges geschaffen.

Die französische Luftwaffe unter General Vuillemin sollte eng mit den Bodentruppen zusammenarbeiten. Jeder Zone von Luftoperationen entsprach eine Heeresgruppe. In der Praxis aber konnte das Oberkommando der französischen Luftwaffe – das direkt dem Minister für nationale Verteidigung berichtete – seine eigene Politik verfolgen. 1940 bestand das Hauptproblem der französichen Luftwaffe in chronischer Knappheit an geigneten Flugzeugen, doch mangelte ihr auch genügende Integration mit den anderen Waffengattungen, die den Bodenverbänden Schutz vor der deutschen Luftwaffe geboten hätte.

Während das deutsche Oberkommando (und die untergeordneten Instanzen) vollen Gebrauch von Spezialtelefonverbindungen, Fernschreibern und verschlüsselter Funkübermittlung machte, beschänkte sich das französische auf ein unzuverlässiges Telefonnetz und Meldefahrer. Die deutschen Kommandeure erhielten Informationen rasch und handelten rasch. Dagegen entsprach die Langsamkeit und Unsicherheit des französischen Kommunikationssystems dem gemütlichen Tempo, in dem das Kommando Entscheidungen traf. Es konnte tagelang dauern, ehe diese abgeschlossen und umgesetzt wurden.

Alliierte Zusammenarbeit

Die Schwächen im französischen Oberkommando waren ein Teil der alliierten Kommandoschwäche. Die Deutschen konnten als einheitliche nationale Organisation agieren. Die Alliierten bestanden aus etlichen Staaten mit verschiedenen Strukturen. Die englisch-französische Zusammenarbeit war im Allgemeinen gut, obwohl die Franzosen mit einiger Berechtigung über die langsame britische Mobilisierung klagten. Doch obwohl Holland und Belgien mit Frankreich und England sympathisierten, schuf ihre Haltung für das Bündnis spezielle Probleme.

Holland war traditionell neutral. Es fürchtete zwar die deutschen Absichten, wollte sich aber nicht durch Verträge an andere Staaten binden. Belgien hatte bis 1936 einen Verteidigungspakt mit Frankreich und kehrte dann zur strengen Neutralität zuück, die es vor der deutschen Invasion von 1914 gepflogen hatte. Im Fall von Feindseligkeiten war zwar eine Invasion durch Deutschland fast sicher, doch König Leopold III. hoffte, durch eine öffentliche Neutralitätserklärung Provokationen der Deutschen zu vermeiden. Frankreich und Belgien waren sich bloß einig, dass im Fall eines deutschen Angriffs auf Frankreich französische Truppen nach Belgien ziehen durften. Die Franzosen wollten eine volle militärische Partnerschaft mit den Belgiern, um zumindest die gegenseitigen Vorkehrungen aufeinander abzustimmen, doch die belgische Regierung lehnte wiederholt ab.

Die französische (und alliierte) Strategie war fast völlig defensiv. Dies spiegelte die Reaktion auf den Ersten Weltkrieg. Frankreich wollte so schreckliche Verluste, wie sie das Land 1914–18 (vor allem durch leichtsinnige Offensivaktionen) ausgeblutet hatten, verhindern. Das Land sollte nicht nochmals zum Schlachtfeld werden. 1939 war die Zahl der Männer, die für den Dienst in den Streitkräften zur Verfügung standen, um 300.000 geringer als 1914, während Nazi-Deutschland weit mehr Männer einberufen konnte als im Ersten Weltkrieg. Dieser wachsende Zahlenunterschied ließ die Franzosen verständlicherweise mit ihren Humanressourcen haushalten und verlustreiche Angriffe vermeiden.

Auf taktischer Ebene betonten die Franzosen infolge der Metzeleien an der Westfront die Feuerkraft und bagatellisierten die Mobilität. Diese Doktrin zeigte sich im Bau massiver Befestigungsanlagen und der Aufstellung wenig beweglicher Armeen, die vom Einsatz schwerer Artillerie abhängig waren. Eine andere Folge des Ersten Weltkriegs bestand in der Selbstgefälligkeit, die der hart errungene alliierte Sieg beim französischen Oberkommando ausgelöst hatte. Die Deutschen grübelten über die Ursachen ihrer Niederlage, die französischen Generäle meinten einfach, sie hätten Deutschland 1918 besiegt und würden es wieder tun.

Das Vertrauen der Franzosen in die Verteidigung zeigte sich besonders in der Maginot-

LINKS:
Französische leichte Hotchkiss-H-35-Tanks auf einer Parade. Sie wären nützliche Aufklärungsfahrzeuge gewesen, wurden aber stattdessen zu oft Infanterieverbänden zugeteilt, wo sie weitgehend ineffektiv waren.

OBEN:
Einer jener Männer, auf die das Schwergewicht des deutschen Angriffs treffen würde: ein Soldat der französischen Armee. Seine roten Kragenpatten und das schwarzblaue képi *weisen ihn als Angehörigen des 182. Artillerieregiments aus. Das Abzeichen auf seinem linken Oberarm kennzeichnet ihn als Kanonier.*

OBEN:
Die Mannschaft einer französischen leichten Flugabwehrkanone. Die französische Armee besaß kläglich wenige Flug- und Panzerabwehrwaffen. Dies machte sich bei den Angriffen der deutschen Flugzeuge und Panzer schmerzlich bemerkbar.

Linie. Sie wurde ab 1929 gebaut und nach dem damaligen Verteidigungsminister benannt. Diese Befestigungen waren ein Triumph der Militärtechnik: große unterirdische Betonanlagen, bestückt mit Artillerie jeden Kalibers und Unterkünften für die Verteidiger. Die französische Regierung behauptete, die Linie könne jeden Angriff zurückschlagen. Andere Beobachter waren weniger beeindruckt. Lieutenant General Alan Brooke, damals Korpskommandeur in der BEF, schrieb, die Maginot-Linie lasse ihn an ein großes Schlachtschiff denken, das ihm Unbehagen bereite: „Der gefährlichste Aspekt ist der psychologische: Man sitzt mit einem falschen Gefühl der Sicherheit hinter einem Eisenpanzer. Bricht die Verteidigung aber zusammen, so vielleicht mit ihr gemeinsam auch der französische Kampfgeist."

Die andere Schwäche der Maginot-Linie bestand darin, dass sie 1940 unvollständig war. Die Verteidigungsanlagen entlang der französisch-belgischen Grenze waren verglichen mit denen der Maginot-Line rudimentär, doch dies beunruhigte General Gamelin, den französischen Kommandeur, nicht, denn er hoffte, den Kampf innerhalb Belgiens auszutragen, falls die Deutschen angreifen sollten.

Alliierte Planung

Der ursprüngliche alliierte Plan – ausgegeben am 24. Oktober 1939 – sah einen begrenzten Vorstoß etlicher französischer Divisionen (und der BEF) nach Belgien vor, um Verteidigungsstellungen entlang des Flusses Escaut (oder der Schelde) von Antwerpen bis Gent einzunehmen. Dort würden sie den Ansturm der deutschen Invasion erwarten. Dies war aus militärischer Sicht klug, doch diese Front deckte nur einen kleinen Bereich Belgiens ab und gab Brüssel und den Großteil des Landes (und den Hauptteil der belgischen Armee) auf. Gamelin – stets der zahlenmäßigen Unterlegenheit bewusst – wollte die 22 Infanteriedivsionen des belgischen Heeres wirksam einsetzen und schlug einen tieferen alliierten Vorstoß zu Stellungen bis zur Dyle vor, sodass sich die Front von Antwerpen bis Dinant an der Meuse erstrecken würde.

Der Dyle-Plan – am 15. November angenommen – brachte eine kürzere Front, sicherte Brüssel und erhöhte die Chancen eines Zusammenschlusses mit der belgischen Armee, wenn sie von den Verteidigungsstellungen entlang des Albertkanals ostwärts zurückfiel. General Georges hatte zwar Vorbehalte gegen ein tieferes Eindringen in Belgien, doch die Briten unterstützten den Dyle-Plan, da er die deutsche Marine und Luftwaffe von der belgischen Küste fern hielte und so Operationen gegen England behindere.

Sobald der Dyle-Plan in Kraft war, wollte Gamelin die Zahl der bei der Operation eingesetzten Truppen vergrößern und Vorkehrungen zur Hilfe für die Holländer um Breda treffen. Dies war eine grundlegende Änderung des Plans (obwohl sie nur als „Breda-Variante" bezeichnet wurde), und Georges erhob Einspruch. Er wies Gamelin darauf hin, dass solch ein Vorschlag den Zentralabschnitt der französichen Front gefährlich knapp an Reserven lassen würde, falls die Deutschen in diesem Gebiet angreifen sollten. In diesem Fall sollte er Recht behalten.

Gamelins Meinung schwankte eine Zeit lang, doch die Dokumente, die man nach dem Mechelen-Zwischenfall bei dem deutschen Stabsoffizier gefunden hatte, bestärkten des Oberkommandeurs Entschlossenheit, die Niederlande zu verteidigen. Am 20. März 1940 wurden die neuen Befehle für den Dyle-Breda-Plan von der französischen und britischen Regierung gebilligt.

UNTEN:
Britische Soldaten rüsten ihre Tanks für ein Kampftraining aus. Alle Panzerfahrzeuge benötigten viel logistischen Nachschub, darunter große Mengen Treibstoff.

Französische Entfaltung

Der ursprüngliche Dyle-Plan benötigte nur 10 französische Divisionen (plus die BEF). Der neue Dyle-Breda-Plan fügte weitere 20 französische Divisionen für den Vorstoß nach Belgien und Holland hinzu. In einem Heer sehr unterschiedlicher Qualität bildeten diese Divisionen die Creme der französischen Streitkräfte. Sie enthielten den Hauptteil der mechanisierten Verbände – alle drei leichten mechanisierten Divisionen (DLM), fünf der sieben motorisierten und zwei der drei Panzerdivisionen. Die sieben hochwertigen Divisionen der 7. Armee (General Giraud) wurden aus der allgemeinen Reserve genommen und an der äußersten linken Flanke der alliierten Linie postiert. Sie sollten durch Belgien eilen, um die Holländer bei Breda zu treffen. Giraud klagte beim Kommandeur seiner Heeresgruppe, General Billotte, wie schwierig dies sei, besonders im Licht der deutschen Luftüberlegenheit. Auch andere hatten Vorbehalte, doch wurden die Argumente gegen den Plan nicht überzeugend genug vorgebracht, und der Dyle-Breda-Plan blieb aufrecht.

Französische Reserven

Ein weiteres irritierendes Merkmal der französischen Entfaltung war die große Zahl von Truppen, die der Verteidigung der Maginot-Linie zugeteilt waren. Neben der Garnison standen weitere 30 Divisionen direkt hinter der Linie. Daher bestand Gamelins strategische Reserve aus bloß zehn Divisionen, und nur eine davon war eine Panzerdivision mit genügend Mobilität und Feuerkraft für einen nennenswerten Kampf, sollten die Deutschen durch die alliierte Verteidigung brechen.

Die Verschiedenheit der deutschen und alliierten Kommandeure zeigte sich in ihrer jeweiligen Reaktion auf den Polenfeldzug. Trotz seines raschen und umfassenden Siegs führte das deutsche Heer eine sorgfältige Bewertung der Leistung seiner Truppen, Waffen und Ausrüstung durch. Man sah, dass die vier leichten Divisionen zu wenige Tanks hatten. Sie wurden zu Panzerdivisionen aufgerüstet, während die motorisierten Divisionen eines ihrer Infanterieregimenter verloren, da ein Übermaß an Infanterie sie im Kampf schwerfällig machte. Die Panzerdivisionen hatten

RECHTS:
Britische Soldaten entspannen nach einer Inspektion durch König George VI. am Strand. Die Qualität der nach Frankreich entsandten britischen Truppen war zwar allgemein hoch, die britische Armee im Ganzen aber war nicht für moderne Kriegsführung ausgebildet.

sich als höchst effizient erwiesen, doch General Guderian empfahl, dass die vorwärtigen Divisionsstäbe klein und mobil sein sollten, um mit dem Angriff mithalten zu können. Wie befürchtet ließ die Leistung des PzKpfw I und II zu wünschen übrig. Die Produktion von PzKpfw III und IV wurde daher angekurbelt. Die flache Geschossbahn der Panzerkanonen war gegen die Laibung von Bunkern und anderen Betonbefestigungen wirksam, während die mächtige 8,8-cm-Flugabwehrkanone auch jede Tankpanzerung durchschlagen konnte und so in einer Doppelfunktion einsetzbar war.

Die genaue Selbstprüfung des deutschen Heeres beschränkte sich zwar vor allem auf die taktische Ebene, zeigte aber ein Selbstvertrauen, das den Alliierten offenbar fehlte. Es war für die französische Armee von 1939/40 tragisch, dass es so viele intelligente, weitsichtige Offiziere in einer so siechen Organisation gab. Obwohl sie zu Reformen drängten, blieben ihre Rufe weithin ungehört. Französische Beobachter, die sich im September 1939 in Polen befanden, sandten detaillierte Berichte über den deutschen Sieg und beurteilten die Ursachen für den deutschen Erfolg korrekt.

Französische Sicht des Blitzkriegs

Ein höherer französischer Luftwaffenoffizier, General Armenguad, analysierte die neue Blitzkriegstrategie im Detail. Er schrieb: „Das deutsche System besteht im Wesentlichen darin, mit Panzern und Flugzeugen eine Bresche in die Front zu schlagen, sodann mechanisierte und motorisierte Kolonnen in diese Bresche zu werfen, um sie nach rechts und links zu vergrößern, während zugleich Panzerverbände, geleitet, beschützt und verstärkt durch Flugzeuge, an der Spitze von unterstützenden Divisionen derart vorstoßen, dass die Manövrierfähigkeit der Verteidigung bis zur Unmöglichkeit reduziert wird.“

Armengaud berichtete direkt an Gamelin und informierte seinen Oberkommandeur vorhersehend, die Deutschen würden im Zentrum der französischen Frontlinie angreifen. Eine solche Bresche könne binnen 48

OBEN:
General Georges (Mitte), der französische Oberbefehlshaber der Nordostfront, inspiziert in Begleitung des Kommandeurs der British Expeditionary Force, Lord Gort (rechts), eine Einheit britischer Infanteristen.

RECHTS:
Britische Panzersoldaten reinigen bei einem Manöver das Rohr ihres Tanks. Die Briten besaßen 1939 kläglich wenige Panzer und konnten zur Verteidigung Frankreichs keine einzige Panzerdivision beistellen. Die BEF verfügte bloß über einige Panzerbrigaden.

GEGENÜBER:
Eine bei britischen Kriegsfotografen beliebte Szene: eine Schar grinsender Tommys. Diese Soldaten rücken durch Frankreich in ihre Stellungen an der Front vor.

Stunden geschlagen werden. Gamelin aber hörte nicht auf ihn, und Armenguad wurde zur Strafe für seine ehrliche Einschätzung auf einen Bürojob versetzt. Ein sprechendes Beispiel für die fast absichtliche Blindheit des französischen Oberkommandos für die Realitäten des Kriegs betraf General Keller, der als Generalinspekteur der Panzer Frankreichs höchster Panzeroffizier war. Als Antwort auf ein Memorandum Oberst de Gaulles über die Gefahr eines deutschen Durchbruchs schrieb er: „Selbst falls die befestigten Linien durchbrochen oder umgangen würden, werden unsere Gegner kaum für einen Blitzkrieg so günstige Verhältnisse wie in Polen vorfinden. Bei künftigen Operationen wird die Hauptfunktion des Panzers dieselbe wie in der Vergangenheit sein: die Infanterie beim Erreichen ihrer Ziele zu unterstützen.“

Pioniere der Panzerkriegsführung wie de Gaulle und Guderian erkannten, dass eine integrierte Streitmacht aus Panzern, motorisierter Infanterie und Artillerie der Schlüssel zum Erfolg war. Deutschland stellte 1940 im Westen zehn Panzer- und sieben motorisierte Infanteriedivisionen auf. Diese Verbände sollten als Schneide des deutschen Angriffs fungieren. Die alliierten Panzerverbände auf dem europäischen Festland bestanden aus einer britischen Panzerbrigade und drei Panzerdivisionen der französischen Armee (eine vierte wurde gerade dazu umgebildet) sowie drei leichten mechanisierten und sieben motorisierten Infanteriedivisionen. Die Alliierten verfügten zwar über etwas mehr Panzer als die Deutschen (etwa 3000 französische und 300 britische gegen weniger als 3000 deutsche), doch die meisten davon waren in kleinen Gruppen auf die Infanterie aufgeteilt, wo sie wenig gegen die großen deutschen Panzerverbände ausrichten konnten.

Deutsche Organisation

Wie in Polen stellte die Infanterie den Großteil des deutschen Heeres. Von 136 dem Feldzug im Westen zugeteilten Divisionen gehör-

153515

OBEN:
Britische und französische Soldaten verbrüdern sich in der langen Phase vor der deutschen Invasion am 10. Mai 1940. Nur wenige von ihnen hatten eine Vorstellung von der Art und Heftigkeit des bevorstehenden deutschen Angriffs.

ten 118 zur Infanterie. Sie bestand aus einer Mischung von regulären und Reserveverbänden. Die 30 gut ausgebildeten und ausgerüsteten Infanteriedivisionen der ersten Welle sollten, unterstützt von der zweiten und dritten Welle, den Hauptteil des Kampfes erledigen, während die „Ersatz"- und „Gebiets-Reserve"-Divisionen nachfolgen und jede verbleibende Opposition säubern sollten. Das deutsche Heer bestand 1940 nicht aus den von der Propaganda gezeichneten „Übermenschen". Wie bei anderen Armeen war die Qualität unterschiedlich. Den Unterschied zwischen Deutschen und Franzosen machte die Aufteilung ihrer Verbände. Als der Kampf begann, wurden schlecht qualifizierte französische Einheiten von den kampferprobten Besten des deutschen Heeres überwältigt.

Zusätzlich zu den Kräften des Heeres setzten die Deutschen auch zwei neue Arten von militärischen Einheiten ein. Von der Luftwaffe organisiert und gelenkt war die Luftlandedivision, ein Verband von Eiltesoldaten, die mit Fallschirmen und Seglern ausgebildet waren und in den Beneluxstaaten brillante Erfolge haben sollten. In Polen hatten einige Einheiten der SS mitgekämpft, und trotz Protests des Heeres wurde die Waffen-SS für den Feldzug im Westen zu beträchtlicher Größe erweitert. Die Waffen-SS war den Nazi-Idealen ergeben und konnte Männer hoher Qualität rekrutieren (und erhielt die modernste deutsche Ausrüstung), doch fehlte den SS-Einheiten in dieser frühen Phase des Krieges noch die taktische Genauigkeit des regulären Heeres.

Die französische Armee setzte an der Westfront insgesamt 94 Divisionen ein, 63 davon Infanteriedivisionen. Von diesen waren nur etwa die Hälfte reguläre Divisionen, die aus gut ausgebildeten und mit Artillerie gut ausgerüsteten Truppen gebildet wurden. Die anderen – Reservedivisionen – waren in geringwertige A- und B-Verbände geteilt. Letztere waren schlecht bewaffnet, ausgebildet und ausgerüstet. Der Pazifismus der französischen Gesellschaft der Zwischenkriegszeit spiegelte sich in der Haltung vieler Reservedivisionen. Viele hatten wenig Ahnung, weshalb sie im Krieg waren, und noch weniger Neigung, an wirklichen Kämpfen teilzunehmen.

Alliierte Bereitschaft

Die Monate der Untätigkeit zwischen dem Kriegsausbruch und dem Beginn der deutschen Offensive hatten den Kampfgeist der französischen Armee ziemlich unterhöhlt. Inaktivität, falscher Alarm und das schlechte Winterwetter schwächten die ohnehin zweifelhafte Entschlossenheit des französischen Durchschnittssoldaten. Mangelnder Urlaub bei Offizieren und Mannschaften, schlechte Disziplin und gefährlich häufige Trunkenheit waren einige Symptome des Übels. Schon im November 1939 war General Brooke über die Verfassung einer Ehrengarde der 9. Armee General Coraps (einer der Armeen, die die volle Wucht des deutschen Angriffs durch die Ardennen treffen würde) tief bestürzt. Brooke beschrieb seinen Eindruck später so:

Ich sehe die Männer noch vor mir. Selten sah ich eine schlampigere und schlechtere Ausstattung. Unrasierte Männer, ungestriegelte Pferde, Kleidung und Sattelzeug passten nicht, die Fahrzeuge waren schmutzig und es fehlte jeder Stolz auf sich oder die eigene Einheit. Am meisten erschütterte mich der Gesichtsausdruck der Männer, verärgert und aufsässig. Den Befehl „Augen links!“ schien kaum einer registriert zu haben.

Die British Expeditionary Force (BEF) war eine allgemein hochwertige Truppe, doch ihre Gesamtzahl von zehn Infanteriedivisionen (plus eine Panzerbrigade) war eine schwache Antwort auf den Ernst der Lage. Frankreich hatte einen von acht Männern mobilisiert, England nur einen von 40. Unter dem Kommando General Lord Gorts hatte die BEF die Ehre, als erste Armee ein voll motorisierter Verband zu sein, was sie mobiler als andere Armeen machte (sogar die mächtige Wehrmacht hing stark von Pferden ab). Der deutsche Nachrichtendienst zeichnete ein genaues Bild ihrer Stärken und Schwächen. Den Kommandeuren mangle es an Flexibilität, doch die Qualität der Männer sei hoch: „Die reguläre Division wird tapfer kämpfen. Ihre Spannkraft muss hoch eingeschätzt werden.“

Die belgische und die holländische Armee bestanden fast gänzlich aus Infanterie. Sie konnten keine Offensivaktionen einleiten. Die holländische Armee besaß keine Erfahrung in moderner Kriegsführung (sie hatte ihren letzten Krieg 1830 geführt!), und ihre elf Divisionen waren beim Hemmen des deutschen Vorstoßes auf defensive Befestigungen tief in Holland angewiesen. Die belgische Armee hatte im Ersten Weltkrieg Erfahrung gesammelt, doch ihre Waffen und Ausrüstung (und Führung) waren seit 1918 kaum besser geworden. Die Belgier konnten zwar bis zu 700.000 Mann mobilisieren (375.000 waren 1940 eingezogen), doch verließen sie sich zu sehr auf ihre Befestigungen entlang der Verteidigungslinie des Albertkanals.

Bei den Landstreitkräften lag die deutsche Überlegenheit über die Alliierten weniger am Material als in der besseren Planung und Organisation. In der Luft jedoch hatten die Deutschen in fast allen Aspekten die Oberhand. Der Luftwaffe standen zwei Luftflotten von 1000 Jägern, 1550 Bombern, 350 Sturzbombern und 400 Aufklärern zur Verfügung. Die französische Luftwaffe besaß 700 Jäger, 150 Bomber und 350 Aufklärer. Die RAF in Frankreich hatte 130 Jäger und 270 Bomber und Aufklärer (sie konnte auch auf in England stationierte Flugzeuge zurückgreifen). Die Deutschen konnten also 3000 Frontflugzeuge gegen die etwa 1700 alliierten aufbieten. Zudem waren die deutschen Modelle allen überlegen, außer den in England stationierten Spitfire-Staffeln, die den deutschen Bf-109-Jägern ebenbürtig waren. Zunächst war die deutsche Luftwaffe den Alliierten weit überlegen. Die Erfahrung des Polenfeldzugs hatte eine vortreffliche Kampfmaschine nur noch stärker gemacht.

Der „Sitzkrieg“

Die acht Monate zwischen der Kriegserklärung und der deutschen Offensive im Westen waren eine bizarre Phase des Kriegs. Zur See und in Polen war der Krieg real genug, doch an der Westfront schien sich nichts zu tun. Zeitgenössische Kommentatoren begannen diese Periode als den „Sitzkrieg“, den *„drôle de guerre“* oder, am bekanntesten, als „Phoney War“ zu bezeichnen. Fraternisierung zwischen deutschen und alliierten Soldaten war nichts Ungewöhnliches, und eine aggressive Haltung gegenüber dem Feind wurde bei den

OBEN:
Wie dieser Unterfeldwebel der Welsh Guards *zeigt, wurde die alte Khakiuniform des Ersten Weltkriegs noch bis 1940 getragen, obgleich die britische Armee bereits 1939 beim Heer den neuen billigen und leicht herzustellenden Kampfanzug eingeführt hatte.*

Truppen an der Front, die ihre Routine nicht stören lassen wollten, allgemein missbilligt. Ein britischer Kriegsberichterstatter besuchte einen Abschnitt der französischen Frontlinie. Als er einen Soldaten fragte, weshalb er nicht auf die Deutschen feuere, die über das Niemandsland hinweg gut sichtbar waren, erhielt er die Antwort: „Falls wir schießen, schießen sie zurück."

Eines der auffälligsten Merkmale des Sitzkriegs war das Fehlen jeder ernsthaften Luftaktivität. Vor dem Krieg hatte man die Bürger der europäischen Staaten vor den schrecklichen Folgen von Bombenangriffen, die sofort auf die Kriegserklärung folgen würden, gewarnt. Aus Angst, einen Bombenkrieg auszulösen, schreckten die Luftkommandeure vor voller Aktion zurück und warfen stattdessen große Mengen Propagandamaterial über den feindlichen Städten ab.

Den Engländern gefiel diese Alternative zum harten Konflikt, und am 3. September warf die RAF sechs Millionen Flugblätter (über 13 Tonnen schwer) über Deutschland ab, die das Volk über die „Niedertracht" seiner Führer informierten. Ähnliche Einsätze machten den „Konfetti-Krieg" aus. Sie waren bei den Politikern beliebt, doch die ernsthafteren Kommandeure der RAF schätzten sie offen gering. Air Vice Marshal Harris fasste die ganze Kampagne nach dem Krieg so zusammen: „Nach meiner Ansicht wurde dadurch hauptsächlich der Kontinent mit Toilettenpapier für die fünf Kriegsjahre versorgt."

UNTEN:
Eine für die Periode des Sitzkriegs typische Szene: Britische Soldaten albern während einer improvisierten Badesitzung für die Kamera herum. Trotz der Entbehrungen an der Front blieb die Moral in der britischen Armee hoch.

LINKS:
Bren-Transporter führen britische Soldaten an die Front in Frankreich. Obwohl es der britischen Armee an Panzern mangelte, war sie die einzige voll mechanisierte Truppe in Europa. So war sie beim Transport nicht von Pferden abhängig.

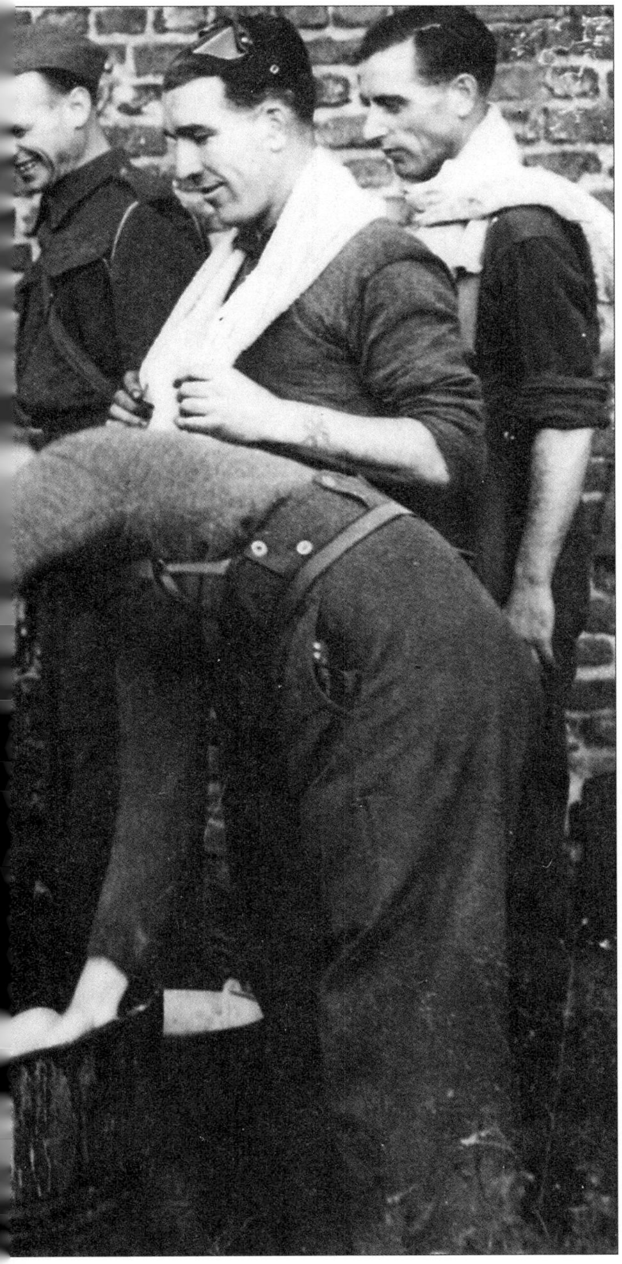

Wirklich wirksame Propaganda kam nur aus Deutschland. Dessen Flugblätter und Radiosendungen fanden bei vielen enttäuschten französischen Soldaten an der Front einige Sympathie. Die deutsche Propaganda stellte vor allem die Frage, weshalb sich die Franzosen überhaupt im Krieg befänden, und säte Misstrauen gegen die Engländer, die für ihre eigenen Zwecke den letzten Franzosen opfern würden. Auf eine selbstsichere Armee (und Bevölkerung) hat feindliche Propaganda kaum Auswirkung, doch die französische Armee von 1940 war offen für solche Überzeugungskünste. Die Vorstellung, englische Soldaten würden sich mit den französischen Frauen vergnügen, während die französischen Soldaten an der Front standen, war ein beliebtes Propagandathema. Manchmal ging es auch schief. Ein britischer Offizier berichtete, wie eine deutsche Einheit an der Front folgendes große Schild aufrichtete: „Soldaten der Nordprovinzen, die Engländer schlafen mit euren Frauen und vergewaltigen eure Töchter!" Die Franzosen auf der anderen Seite stellten daraufhin ihre eigene Tafel auf: „Ist uns scheißegal – wir sind aus dem Süden!"

Manche dachten, der „Sitzkrieg" würde ewig andauern, doch als die Kälte des strengen Winters 1939/40 abflaute, begannen die Kommandeure an wirklichen Kampf zu denken. Für die Alliierten war die einzige Frage, wann und wo der lang erwartete deutsche Schlag schließlich kommen würde. Hitler hatte März oder April als geeignet erwogen, doch dann wurde seine Aufmerksamkeit abgelenkt und Fall Gelb aufgeschoben, bis die Operationen in Skandinavien einen befriedigenden Abschluss gefunden hatten.

KAPITEL VIER

ANGRIFF IM NORDEN

Während die alliierten Streitkräfte auf den deutschen Angriff auf Frankreich warteten, schlug Hitler nordwärts los, um sich die Häfen und Ressourcen Dänemarks und Nordwegens zu sichern.

Die Ausdehnung des Kriegs auf Skandinavien hatte zwei separate Gründe: den Export von Eisenerz von Schweden nach Deutschland über Narvik und die Möglichkeiten, die Norwegens geografische Lage der Marine bot. Der Großteil des schwedischen Eisenerzes wurde von Nordschweden über die norwegische Grenze zum Hafen von Narvik gebracht, der ganzjährig (anders als der andere Eisenerz-Hafen Luleå an der Ostsee) eisfrei, doch für Störung von außen verwundbar war. Eine Besetzung Norwegens bot den Deutschen Gelegenheit, Marinestützpunkte zu errichten, die England „umgehen" konnten, dessen Position an den Westzugängen zu Europa Deutschlands Zugang zum Nordatlantik blockierte.

Doch der konservativ denkende Oberbefehlshaber der deutschen Kriegsmarine, Admiral Raeder, hielt dies für eine riskante Option. Er wollte lieber Norwegens Neutralität respektieren. Auch die Engländer wollten Skaninavien eher aus dem Krieg herauslassen. Falls beide Seiten Norwegens Neutralität respektierten, wäre alles in Ordnung. Handelte aber einer einseitig, so würde er dem anderen zuvorkommen und die eigene strategische Position verbessern. So standen beide Seiten ständig in Versuchung, zuerst loszuschlagen, um dem anderen zuvorzukommen und sich die norwegischen Ressourcen zu sichern.

Der Anstoß zur Einmischung in norwegische Angelegenheiten kam von Winston Churchill, damals Erster Seelord (Marineminister). Er ärgerte sich über die Untätigkeit des Sitzkriegs und wollte den Konflikt ohne Rücksicht auf Norwegens Neutralität möglichst aggressiv austragen. Schon am 29. September 1939 schlug er der britischen Regierung vor, die Verschiffung von Eisenerz über Narvik durch Verminung der norwegischen Küstengewässer zu stoppen. Obwohl das Kabinett diese Forderung ablehnte, drängte Churchill weiter zur Aktion. Der deutsche Nachrichtendienst wurde auf das englische Interesse an Norwegen aufmerksam und gab die Information an Raeder weiter, der seinerseits am 10. Oktober Hitler warnte. Dieser war mit Plänen für die Invasion im Westen beschäftigt und hatte wenig Zeit für Norwegen, doch in den folgenden Monaten sollten ihn die Ereignisse zwingen, eine bewaffnete Intervention in Nordeuropa zu erwägen.

Der Finnisch-Sowjetische Krieg

Die sowjetische Invasion in Finnland am 30. November 1939 verstärkte das Interesse der Großmächte an skandinavischen Angelegenheiten weiter. Trotz einer gewissen Sympathie für die Finnen waren die Deutschen an den Hitler-Stalin-Pakt gebunden und konnten sich nicht für sie einsetzen. Die Alliierten

GEGENÜBER:
Ein deutscher Maschinengewehrposten überwacht einen Fjord bei Narvik. Der Kampf um diesen eisfreien Hafen sollte die letzten Phasen der Schlacht um Norwegen dominieren.

OBEN:
Ein Teil der finnischen Hauptstadt Helsinki brennt nach einem sowjetischen Bombenangriff im Winterkrieg von 1939/40. Da Helsinki so nahe an der finnisch-sowjetischen Grenze lag, war es verwundbar durch Luftangriffe. Dies half, die Finnen an den Verhandlungstisch zu bringen.

aber neigten dazu, Finnland zu helfen. Die öffentliche Meinung in England unterstützte die „heldenhaften Finnen“, und die Franzosen bevorzugten nach der Erfahrung von 1914 bis 1918 jede Möglichkeit, einen Krieg außerhalb Frankreichs selbst zu führen.

Churchill sah eine alliierte Intervention auf finnischer Seite etwas zynisch als Mittel, Deutschland vom Nachschub mit schwedischem Eisenerz abzuschneiden und wenn möglich Norwegen und Schweden in den Schoß der Alliierten zu führen. Er schlug die Entsendung einer Truppe über Narvik und Nordschweden nach Finnland vor, doch Norwegen und Schweden lehnten klugerweise das alliierte Vorspiel zum militärischen Eingreifen ab. Die Alliierten wälzten noch weitere ähnliche Pläne, als die Finnen am 13. März die Sowjetunion um einen Waffenstillstand baten. Die Gelegenheit für die Alliierten war vorüber.

Hitler fasst Norwegen ins Auge

Inzwischen erwog Raeder die Folgen einer alliierten Intervention und vermittelte am 11. Dezember 1939 ein Treffen Hitlers mit Vidkun Quisling, einem geistig labilen, rechten Politiker Norwegens. Quisling teilte Hitler mit, die norwegische Regierung stehe faktisch unter englischer Kontrolle, doch als Führer einer nationalsozialistischen Partei könne er mit deutscher Hilfe die Macht in Norwegen für die Nazis übernehmen. Hitler war zwar Quisling gegenüber skeptisch, wies aber trotzdem das OKW an, die Möglichkeit einer deutschen Invasion in Norwegen in näherer Zukunft zu prüfen.

Im Februar 1940 wurde das deutsche Versorgungsschiff *Altmark* beobachtet, als es vom Atlantik durch norwegisches Küstengewässer in Richtung Deutschland fuhr. An Bord der *Altmark* befanden sich 299 britische Kriegsgefangene von Schiffen, die der Handelsschiffplünderer *Graf Spee* versenkt hatte. Auf direkten Befehl Churchills nahm sich der britische Zerstörer *Cossack* der *Altmark* an. Am 16. Februar enterten britische Matrosen das deutsche Schiff und befreiten verwegen die Gefangenen. Die Norweger waren verständlicherweise über diese offene Verletzung ihrer Neutralität erzürnt, doch der stärkste Aufschrei kam aus Deutschland. Hitler tobte wegen der blutigen Nase, die ihm die Royal Navy zugefügt hatte. Dieser Vorfall brachte für ihn das Fass zum Überlaufen und trieb ihn zur Militäraktion. Am 19. Februar genehmigte er das „Unternehmen Weserübung“, den Einfall in Norwegen.

Die Invasion sollte ausschließlich eine Operation des OKW sein. General Nikolaus von Falkenhorst wurde die Verantwortung für die Planung übertragen. OKH und Luftwaffe erhoben Einwände gegen diese „strategische Nebenshow", die Ressourcen vom kommenden Angriff im Westen abziehen würde, doch Hitler bestand auf der Umsetzung des Plans mit größter Geschwindigkeit.

Norwegen hatte nur drei Millionen Einwohner. Seine Streitkräfte waren klein, es mangelte an moderner Bewaffnung und Ausrüstung. Das Hauptproblem für die deutschen Planer war das gebirgige Terrain des Landes und die relativ dürftigen Verbindungswege, was den deutschen Vorstoß gefährlich verlangsamen und so den britischen Marinekräften erlauben konnte, mit Landungen von der See her einzugreifen. Wichtig waren Schnelligkeit und Überraschung. Für einen Erfolg mussten deutsches Heer, Marine und Luftwaffe bei kombinierten amphibischen und Luftlandungen in ganz Norwegen eng zusammenarbeiten.

Als Falkenhorsts Stab die Ziele festlegte, wurde klar, dass Deutschland zur Sicherung von Luftdeckung für die amphibischen Landungen in Norwegen die Kontrolle über die dänischen Flugfelder von Ålborg in Nordjütland würde übernehmen müssen. Daher wurde die Operation um die Invasion und Eroberung Dänemarks erweitert.

Die erste Phase des deutschen Plans basierte auf der raschen Einnahme Oslos und der anderen größeren städtischen Gebiete Südnorwegens, während andere Kräfte weiter nordwärts fahren und Trondheim und Narvik einnehmen sollten. Die zweite Phase war ein Stoß aus Zentralnorwegen, um sich mit den isolierten Truppen im Norden zu verbinden und dann alle Landungen der Alliierten zurückzuschlagen. Der Operation wurden eine Gebirgs- und fünf Infanteriedivisionen zugeteilt, unterstützt von einem beträchtlichen Luftwaffenteil (darunter Luftlandetruppen) und praktisch der gesamten deutschen Marine. Für die Überwindung Dänemarks sollten zwei weitere Infanteriedivisionen ausreichen.

Deutsche Invasionspläne

Beim fünffachen amphibischen Angriff sollten in der ersten Phase der Operation etwa

UNTEN:
Ein während der Kämpfe in Südfinnland erfrorener Soldat der Roten Armee. Die sowjetischen Truppen waren auf den Kampf schlecht vorbereitet und erlitten daher schwere Verluste.

GEGENÜBER RECHTS:
Das deutsche Versorgungsschiff Altmark *nach seiner Kaperung durch die Briten, deren verwegener Angriff Hitler rasend machte und dazu beitrug, dass er in Norwegen einfiel.*

10.000 Mann landen. Geschwader 1 (zehn Zerstörer sowie die Schlachtkreuzer *Gneisenau* und *Scharnhorst*) erhielt die gefährlichste Aufgabe, die Einnahme Narviks. Geschwader 2 (vier Zerstörer und der schwere Kreuzer *Hipper*) würde nach Trondheim fahren. Weiter südlich sollte Geschwader 3 (die leichten Kreuzer *Köln* und *Königsberg* plus zwei Marinehilfsschiffe und Torpedoboote) Bergen angreifen. Geschwader 4 (der leichte Kreuzer *Karlsruhe* und Torpedoboote) war für die Sicherung Kristiansands zuständig, und Geschwader 5 (der schwere Kreuzer *Blücher,* das kleine Schlachtschiff *Lützow,* der leichte Kreuzer *Emden* und andere kleine Schiffe) sollte den Oslofjord zur norwegischen Hauptstadt hinauffahren. Die Luftwaffe sollte über Südnorwegen für Luftdeckung sorgen und

RECHTS:
Ein gut ausgerüsteter finnischer Soldat posiert mit einem Rentier für die Kamera. Die Finnen konnten die raue Umwelt zu ihrem Vorteil nutzen. Nur die überlegenen sowjetischen Materialressourcen zwangen sie, Stalins Gebietsforderungen nachzugeben.

UNTEN:
Ein dänischer Schütze in der 1915 eingeführten Uniform aus Wollstoff, bewaffnet mit einem 8-mm-M1889/10-Gewehr. Er ist Angehöriger der Division Jütland. Die dänischen Streitmächte waren zu schwach und zu unvorbereitet, um den Deutschen ernsthaften Widerstand zu leisten, und das Land kapitulierte bald nach einem raschen deutschen Vormarsch.

durch Absprünge Stavanger und den Flughafen von Oslo sichern. Am 2. April 1940 genehmigte Hitler die Invasion, und früh am 7. April verließen die ersten deutschen Kriegsschiffe ihre Häfen Richtung Norwegen.

Auf der anderen Seite der Nordsee hatte Churchill das britische Kriegskabinett zuletzt überredet, die Verminung norwegischer Küstengewässer zu erlauben. Am 5. April teilten die Briten Norwegen und Schweden ihre Absicht mit, und zugleich dampfte ein Marineverband von Scapa Flow los. Acht Zerstörer sollten die Zufahrten nach Narvik verminen, eine kleinere Truppe ein Minenfeld zwischen Trondheim und Bergen legen (ein drittes Attrappenfeld sollte vor Trondheim gelegt werden). Der Schlachtkreuzer *Renown* (und vier Zerstörer) würde die Narvik-Gruppe unterstützen. Zusätzlich gingen etliche Infanteriebataillone an Bord von Transportschiffen in Bereitschaft für den Fall eines deutschen Angriffs auf Norwegen nach der Verminung der norwegischen Gewässer. Sie sollten im Hafen bleiben, bis der deutsche Angriff folgte.

Die britische Flotte fährt los

Am 7. April hatten die Briten etliche Sichtkontakte mit deutschen Schiffen, die nordwärts fuhren, waren aber über deren Absichten im Unklaren. Man hielt dies eher für einen Ausbruchsversuch in den Nordatlantik. Am Abend des 7. lichtete die britische Home Fleet bei Scapa Flow die Anker und begann in Richtung Norwegen zu dampfen, um die deutschen Schiffe abzufangen. Unter dem Kommando Admiral Sir Charles Forbes' bestand die Home Fleet aus zwei Schlachtschiffen, einem Schlachtkreuzer, vier Kreuzern und 21 Zerstörern – eine starke Marine-Streitmacht, doch fehlte ihr die in den engen Gewässern vor Norwegen so entscheidende Flugabwehrkomponente.

Am Abend verschlechterte sich das Wetter, und schwerer Sturm verursachte unter den Geschwadern 1 und 2 Unordnung. Die Zerstörer versuchten verzweifelt, bei den größeren Geleitschiffen zu bleiben. Die schwere See beschädigte die beschleunigenden Zerstörer, und die an Deck zusammengepferchten Soldaten begannen über Bord gespült zu werden.

Am Morgen des 8. April sichteten die deutschen Zerstörer ein unbekanntes Schiff, die *Glowworm,* einen der Geleitzerstörer der *Renown*. Die *Glowworm* nahm die Verfolgung auf und wechselte mit einem deutschen Zerstörer Feuer. Inzwischen eröffnete die *Hipper,* die dem deutschen Zerstörer zu Hilfe kam, das Feuer auf die *Glowworm* und gabelte sie mit ihrer Eröffnungssalve ein. Die *Glowworm* legte sofort einen Rauchschleier und schien bereit zum Rückzug.

Doch ihr Kapitän, Lieutenant-Commander Roope, sah, dass es schwierig sein würde, dem deutschen Schlachtkreuzer zu entkommen, und beschloss, die *Hipper,* die der *Glowworm* nicht in den Rauch gefolgt war, zu rammen. Bei schwerer See und dichtem Rauch erwischte die *Glowworm* die *Hipper* an der Steuerbordseite. Die *Hipper* wurde schwer beschädigt, doch als die *Glowworm* das deutsche Schiff passierte, fing sie Feuer und sank rasch.

RECHTS:
Deutsche Fallschirmjäger landen in den Schneewüsten Nordnorwegens. Dies war der erste Feldzug, bei dem Luftlandetruppen erfolgreich Schlüsselziele hinter den feindlichen Linien einnahmen.

Die wahre Absicht der Deutschen wurde später am 8. April klar, als ein polnisches U-Boot (nach Polens Kapitulation 1939 der Royal Navy angegliedert) einen deutschen Truppentransporter torpedierte und versenkte. Die Überlebenden erklärten den norwegischen Rettern, sie seien als Teil einer Invasionstruppe zur „Rettung" Norwegens vor den Briten unterwegs nach Bergen gewesen. Die norwegischen Behörden teilten dies den Briten mit. So erklärten sich die britischen Sichtkontakte mit einer großen deutschen Seestreitmacht. Doch die Home Fleet war zu weit südwärts gefahren, um die deutschen Geschwader abzufangen, die sich nun ihren Zielen an der norwegischen Küste näherten.

Die Deutschen nehmen Narvik

Als die zehn Zerstörer des Geschwaders 1 am Morgen des 9. April in den Ofotfjord, der nach Narvik führt, einfuhren, dampften ihre Geleitschiffe *Gneisenau* und *Scharnhorst* nordwestlich in die relative Sicherheit des offenen Meeres. Es gab einen kurzen Feuerwechsel mit der *Renown* (die die britische Minenlegertruppe geschützt hatte). Die lädierten deutschen Zerstörer – ihre Crews und militärischen Besatzungen erholten sich von ihrer Feuerprobe in der Nordsee – fuhren den Fjord bis in Sichtweite der Verteidigungsanlagen Narviks hinauf. Der deutsche Flottillen-Kommandant, Flottillenadmiral Paul Bonte, und Generalmajor Eduard Dietl, befehlshabender Offizier der 3. Gebirgsdivision, forderten den Kapitän des alten norwegischen Wehrschiffes *Eidsvoll* zur Kapitulation auf. Die Norweger lehnten ab, und die Deutschen feuerten drei Torpedos in die *Eidsvoll*. Der Schiffsrumpf wurde zerrissen. Bis auf acht Mann starb die gesamte 182-Mann-Crew.

Die Zerstörer setzten die Infanterie an Land, die trotz Seekrankheit in den Kampf musste. Doch nach kurzem Gefecht konnte Dietl den Kommandanten der Garnison von Narvik zur Übergabe des Hafens überreden. Die Deutschen hatten ihr potenziell schwierigstes Ziel mit minimalem Blutvergießen erreicht, doch Dietl und Bonte war klar, dass bald britische Gegenaktionen folgen würden.

Angeführt von der *Hipper* hatten die Zerstörer des Geschwaders 2 kaum Probleme, die überraschten norwegischen Verteidiger in Trondheim zu überwältigen. Auch in Bergen half den Deutschen die Überraschung, obwohl die *Königsberg* und ein Hilfsschiff von Küstenbatterien beschädigt wurden, ehe die Deutschen die Stadt einnehmen konnten.

Auch die Luftlandungen bei Stavanger waren ein Erfolg. Die Stadt war bald in deutscher Hand. Bei Kristiansand wurden die Deutschen anfangs von Küstenverteidigungsanlagen aufgehalten, doch im Nebel hielt man die deutschen Schiffe für alliierte, die zu Hilfe kamen. Sobald die Deutschen an Land waren, wurde der Widerstand bald überwunden.

UNTEN: *Deutsche Truppen gehen in einem norwegischen Hafen an Land (im Hintergrund die* Blücher*). Der Norwegenfeldzug war ein Triumph der Kooperation der deutschen Waffengattungen.*

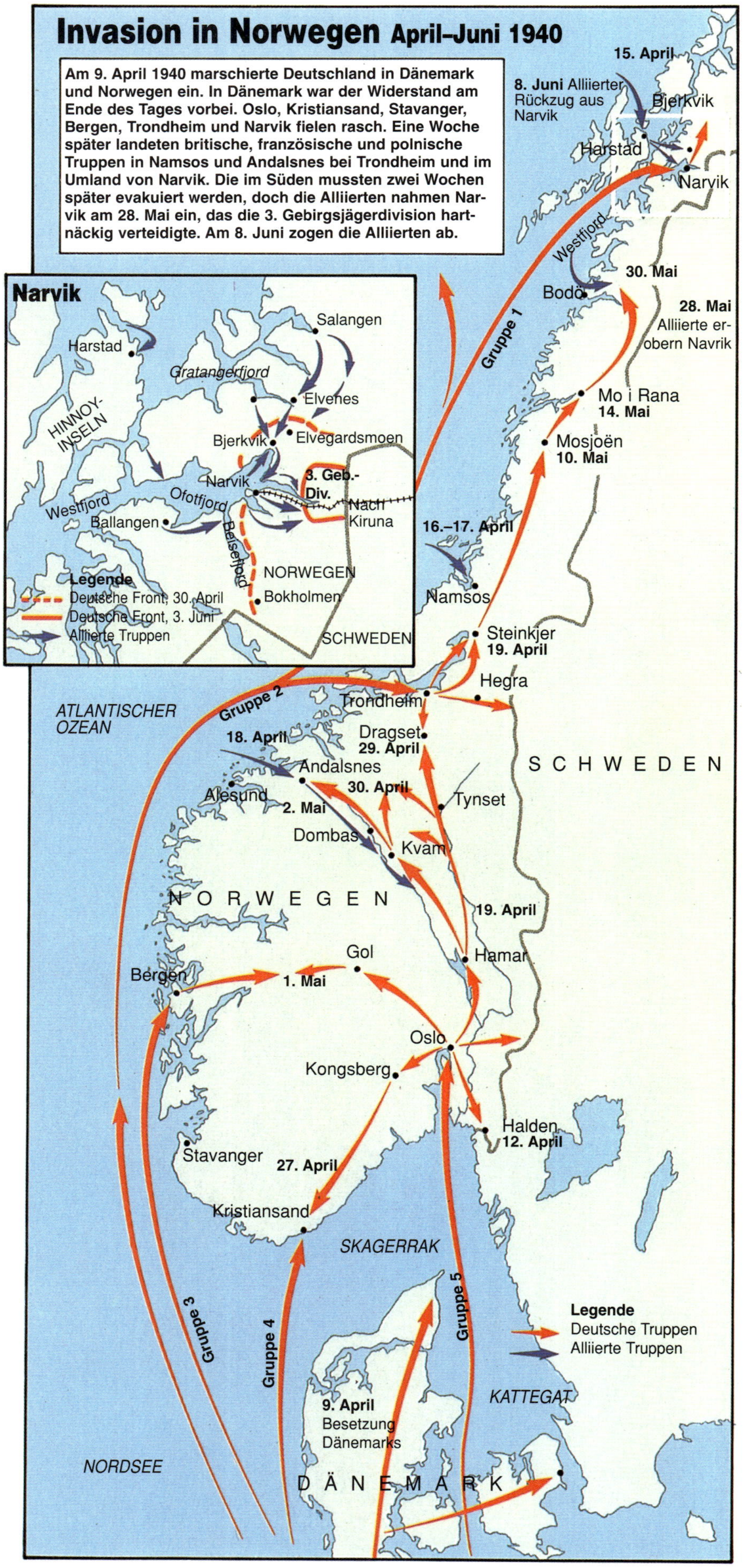

Oslo hält aus

Der Angriff des Geschwaders 5 auf Oslo war am schwierigsten. Die *Blücher* war als Speerspitze des Angriffs das Führungsschiff. Auf ihr befanden sich Vizeadmiral Kummetz und ein Divisionsgeneral sowie 1000 deutsche Infanteristen. Als das Schiff die Festung Oskarborg passierte, wurde es von norwegischen Torpedos und Geschützfeuer versenkt. Die anderen Schiffe mussten sich zurückziehen. Auch der Luftangriff hatte wegen Nebels Probleme. Die deutschen Flugzeuge wurden zurückgerufen. Doch eine Staffel erhielt die Nachricht nicht und konnte erfolgreich auf dem Flughafen Oslo landen. Sobald der Flughafen in deutscher Hand war, strömte Verstärkung aus der Luft herein, und am Nachmittag des 9. April bereiteten die Deutschen die Besetzung der norwegischen Hauptstadt vor.

Der Angriff auf Dänemark lief ab wie am Schnürchen. Zwei deutsche motorisierte Brigaden durchbrachen am Morgen des 9. April die Grenzstellungen und rasten die Halbinsel Jütland hinauf, um den Angriff von Fallschirmjägern und einem Luftlandebataillon auf die wichtigen Flugfelder von Ålborg zu verstärken. Deutsche Marinekräfte waren für die Sicherung der dänischen Inseln verantwortlich. Das alte Schlachtschiff *Schleswig-Holstein* fuhr in den Hafen von Kopenhagen ein und landete ein Infanteriebataillon, während die Luftwaffe über der dänischen Hauptstadt mit einem Angriff drohte.

Den Dänen fehlte es an militärischen Ressourcen zur Abwehr der deutschen Invasion, und nach nur vier Stunden fragte die dänische Regierung die Deutschen nach den Kapitulationsbedingungen. Am Abend des 9. April operierten bereits deutsche Flugzeuge von Ålborg aus gegen Ziele in Norwegen.

Norwegischer Widerstand

Die Norweger hatten die deutsche Forderung nach sofortiger Kapitulation abgelehnt und erklärt: „Wir werden uns nicht freiwillig unterwerfen. Der Kampf ist bereits im Gang." Doch sie standen vor einem doppelten Problem: Ihnen fehlte es nicht an Männern und Ressourcen, doch die Schnelligkeit des deutschen Angriffs hatte die ordnungsgemäße Mobilisierung, die für die norwegische Verteidigungsstrategie zentral war, unmöglich gemacht. Norwegens sechs Militärbezirke sollten eine Brigade stellen, die bei voller Mobilisierung zu einer Division aufgestockt würde. In den ersten zwei Kampftagen war die norwegische Gegenwehr wirr und oft ineffizient. Manche Garnisonen ergaben sich fast ohne einen Schuss den Deutschen.

Am 11. April ernannte die norwegische Regierung Generalmajor Otto Ruge zum Oberbefehlshaber. Ruge, ein beherzter und fähiger Soldat, begann die norwegische Gegenwehr zu organisieren, erstickte alle Rufe nach Kapitulation und forderte seine Truppen auf, die Deutschen, die Oslo und die anderen Küstenenklaven hielten, einzuschließen. Die neue Haltung zeigte sich bald in Nordnorwegen, als Soldaten der deutschen 3. Gebirgsdivision ihren Weg durch norwegische Truppen versperrt fanden. In Trondheim sammelte Major Holterman seine Truppen in den Hegra-Befestigungen und verteidigte sich bis zum frühen Mai zäh gegen überlegene deutsche Kräfte. Um Oslo begannen norwegische Truppen Abwehranlagen zu bauen, um einen deutschen Ausbruch in offenes Land zu verhindern. Doch trotz all dem lag langfristig die einzige Hoffung für die Norweger in direkter und rechtzeitiger militärischer Hilfe durch die Franzosen und Briten.

Die britische Reaktion

Die britische Reaktion auf die deutsche Invasion war langsam, konfus und allzu oft widersprüchlich. Die Gelegenheit, die deutschen Kräfte auf der Fahrt nach Norwegen abzufangen, war verpasst, und die Admiralität befahl Teilen der Home Fleet, die Deutschen vor Bergen und Trondheim anzugreifen. Doch dann wurde dieser Befehl wieder zurückgenommen, und so ging Zeit verloren. Man erkannte die Notwendigkeit des Einsatzes von Marine-Flugzeugen und verlegte den Flugzeugträger *Furious* über die Norsee, doch der Befehl kam so rasch, dass das Schiff seine Jä-

UNTEN:
Deutsche Soldaten stürmen, sich vor der Hitze der Flammen duckend, in der Lillehammer-Region in Norwegen an einem brennenden Gebäude vorbei. Als sie den Schock des Angriffs überwunden hatten, fochten die Norweger entschlossen zurück, und die Deutschen mussten hart kämpfen, um ihre Ziele zu erobern.

UNTEN:
Ein Oberleutnant des norwegischen Heeres, hier in der 1912 eingeführten Standarduniform für Offiziere. Er trägt zwar ein graugrünes képi, häufiger wurde jedoch eine weiche Feldmütze mit Schirm und Ohrenklappen getragen. Generell kämpften die norwegischen Truppen tapfer, doch das Tempo des deutschen Angriffs legte sie lahm.

gerstaffel nicht einschiffen konnte. Die in Rosyth liegenden Kreuzer mit vorher zum Dienst in Norwegen eingeschiffter Infanterie erhielten Befehl, ihre Truppen auszuschiffen und sich mit der Home Fleet in der Nordsee zu verbinden. Während der Einleitungsphasen des Norwegenfeldzugs erklärte der britische Premierminister Neville Chamberlain witzig: „Herr Hitler hat den Bus versäumt." Nichts konnte falscher sein: Während die alliierten Kommandeure über Aktionsmöglichkeiten debattierten, handelten ihre deutschen Gegenspieler rasch und entschlossen.

Auf taktischer Ebene hatten die Engländer einige Erfolge. Das britische U-Boot *Truant,* das vor Kristiansand operierte, torpedierte in der Nacht des 9. April die *Karlsruhe* und beschädigte sie so schwer, dass die Deutschen das Schiff aufgeben mussten. Andere britische U-Boote versenkten vor den dänischen und norwegischen Küstengewässern etliche deutsche Truppentransporter und Versorgungsschiffe, und die *Spearfish* torpedierte die *Lützow* und beschädigte sie stark, doch konnte letztere in den Hafen zurückkehren. Skua-Sturzbomber des Fleet Air Arm flogen von Scapa Flow aus Angriffe und konnten den leichten Kreuzer *Königsberg* versenken.

Am Eingang des nach Narvik führenden Fjords ergriff der Kommandant der britischen 2. Zerstörerflottille, Captain B. A. W. Warburton-Lee, die Initiative. Am Morgen des 10. April griff er mit seinen sechs Zerstörern die zehn deutschen Zerstörer weiter aufwärts im Fjord an. Beim folgenden Kampf wurden zwei deutsche Zerstörer versenkt und drei weitere beschädigt, doch Warburton-Lee und Commander Bonte fielen. Am 13. April gab es die zweite Seeschlacht um Narvik, als britische Zerstörer und das Schlachtschiff *Warspite* den Fjord hinauffuhren und die restlichen deutschen Zerstörer versenkten.

Momente der Krise

Für die Deutschen in Narvik sah die Lage düster aus. Dietls Truppen waren von Versorgung abgeschnitten, und eine rasche alliierte Landung hätte das Blatt zu deren Gunsten wenden können, da den Deutschen genügend Truppen und Nachschub zur Abwehr eines richtigen Angriffs fehlten. In diesem Augenblick verlor Hitler zeitweilig die Nerven. Am 15. April befahl er Dietl, Narvik aufzugeben und nach Trondheim zurückzugehen oder sich gar ostwärts nach Schweden zurückzuziehen. Doch die Deutschen hatten Glück:

Wieder handelten die Alliierten nicht entschlossen, während ein weitsichtiger Stabsoffizier im OKW Hitlers Befehl nicht absandte. Letzterer wurde schnell widerrufen, sobald sich der Führer wieder gefangen hatte.

Die britischen Truppen, die in Rosyth kürzlich ihre Transporter verlassen hatten, wurden nun wieder eingeschifft und fuhren los, um den Kern einer Truppe zur Einnahme Narviks zu bilden. Am Morgen des 15. April landete die britische 24. Guards Brigade bei Harstad auf der Insel Hinnøy, doch diese Stellung war von Narvik durch einen Meeresarm und eine schneebedeckte Bergkette getrennt. Noch dazu gab es Meinungsunterschiede zwischen Admiral Lord Cork und Orrey, die den Marineteil der Expedition kommandierten, und Major General P. J. Macksey, der für die Landstreitkräfte verantwortlich war. Cork drängte zu einem sofortigen Angriff auf

Narvik, doch Macksey wollte langsam vorgehen und seine Kräfte solide aufbauen, um den Erfolg sicherzustellen.

Auch fehlte den britischen, der Operation zugeteilten Truppen die nötige Ausrüstung für einen Kampf unter Schnee- und Gebirgsverhältnissen. Diese Verzögerung verschaffte den Deutschen wertvolle Zeit zum Organisieren der Verteidigung Narviks. Dietl zog die 2600 Überlebenden der Zerstörerflottille Bontes heran und bildete fünf „Marine-Gebirgsbataillone“, die er mit in Narvik und der Umgebung erbeuteten norwegischen Waffen ausstattete. Die deutsche Bereitschaft zu improvisieren stand wieder im Gegensatz zur engstirnigen Taktik der Alliierten in Norwegen.

Als ihnen die strategische Bedeutung Trondheims klar wurde, gaben die Briten ihre alleinige Konzentration auf Narvik auf. Der Besitz Trondheims würde nicht nur eine Sperre gegen alle deutschen Angriffe gegen Narvik und Nordnorwegen bieten, er konnte auch als Sprungbrett für eine künftige alliierte Offensive südwärts ins Herzland Norwegens dienen. Die Alliierten entwarfen einen neuen Plan für eine Landung bei Trondheim, unterstützt durch weitere Landungen bei Namsos (im Norden Trondheims) und Åndalsnes (im Süden). Am 19. April wurde der Angriff auf Trondheim selbst aus Angst vor schweren Verlusten durch deutsche Luftangriffe abgeblasen. Stattdessen wollten die Alliierten nach den Landungen bei Namsos und Åndalsnes Trondheim nun durch einen Zangenangriff nehmen.

Am 16./17. April landete die britische 146. Brigade (Major General Adrian Carton de Wiart) und eine halbe Brigade der französischen Chasseurs Alpins bei Namsos, während der erste Teil der 148. Brigade (Major General

OBEN:
Deutsche Gebirgsinfanterie passiert auf Schlauchbooten einen der vielen norwegischen Fjorde. Die Deutschen besaßen eine lange Tradition der Gebirgskriegführung. Ihre Gebirgsjäger bewährten sich in Norwegen gut.

B.T.C. Paget) am 18. bei Åndalsnes eintraf. Wie bei Narvik waren die alliierten Truppen für die Art der Kriegführung, die man von ihnen erwartete, nicht ausgerüstet. Aufgrund der Unsicherheit über die Einschiffung hatte man bei der Ladung von Versorgung und Ausrüstung gepfuscht. Sogar den Chasseurs Alpins mit ihrer Ausbildung in Gebirgskriegführung fehlte die richtige Ausrüstung, wie der Kommandeur der 146. Brigade erklärte:

Die französischen Chasseurs Alpins waren ein feiner Truppenkörper und wären ideal für die Aufgabe geeignet gewesen, doch fehlten ihnen ein oder zwei Hauptsachen, was sie für uns völlig nutzlos machte. Ich wollte, dass sie vorwärts zogen, doch General Audet [der französische Kommandeur] bedauerte, man habe keine Transportmittel, da ihre Maultiere nicht aufgetaucht seien. Ich schlug vor, seine Ski-Truppen sollten vorrücken, doch stellte sich heraus, dass an den Skiern wichtige Riemen fehlten, ohne die sie unbenutzbar waren.

Die Deutschen festigten ihre Stellungen in Norwegen und begannen nach dem Eintreffen von Verstärkung zum Angriff überzugehen. Sie sicherten zwischen dem 12. und 15. April das Gebiet um Oslo. Dann begannen sie nordwärts gegen Lillehammer zu stoßen, wo General Ruges Norweger eine starke Verteidigungslinie bezogen hatten. Wegen der gebirgigen Natur der Region konzentrierten sich die Vorstoßlinien auf zwei Täler, das Gudbrandsdal zwischen Lillehammer und Åndalsnes und das Østerdalen, das direkt nordwärts in Richtung Trondheim verläuft. Der deutsche Befehlshaber in Norwegen, General Falkenhorst, gab zwei Kampfgruppen Befehl, die Täler hinaufzuziehen. Die 2. Gebirgsdivision in Trondheim, die vom Meer her durch die 181. Division verstärkt worden war, sollte aus der Defensive gehen und mit offensiven Operationen gegen die alliierten Truppen im Gebiet um Trondheim beginnen.

Deutsche Stärken

Während die Alliierten mit den Problemen geteilten Kommandos und abweichender nationaler Ziele kämpften, waren die Deutschen ein ausbalanciertes Team mit nur einem Ziel. Außerdem besaßen sie die Trumpfkarte des Feldzugs: die Beherrschung des Luftraums in

UNTEN: *Französiche Chasseurs Alpins gehen an Bord nach Norwegen. Sie waren hochspezialisierte Truppen, deren Fähigkeiten in der Gebirgskriegführung in Norwegen sehr nützlich waren.*

LINKS:
Deutsche Infanterie bereit zur Einnahme einer feindlichen Stellung in Norwegen. Die deutsche Führung erwies sich der von den Alliierten gebotenen auf allen Ebenen als überlegen. Die Deutschen ergriffen zu Beginn des Feldzugs die Initiative und behielten sie, bis die Alliierten aus Norwegen vertrieben waren.

Zentralnorwegen. Die Bomber der Luftwaffe störten die Bewegungen der alliierten Truppen, setzten ihre Depots in Brand und griffen ihre Stellungen an. Vor allem aber flog die Luftwaffe eine Non-Stop-Offensive gegen die britischen und französischen Kriegsschiffe, die ohne ausreichende Flugabwehrkanonen und Munition in den engen Küstengewässern um Norwegen äußerst verwundbar waren, da sie nicht manövrieren konnten. Die deutsche Luftüberlegenheit machte die Häfen Namsos und Åndalsnes praktisch unbenutzbar und verhinderte so, dass weitere alliierte Verstärkung den schwer bedrängten Norwegern zu Hilfe kam.

Neben ihren Offensivoperationen war die logistische Funktion der Luftwaffe unverzichtbar. Sie transportierte Männer, Munition und Ausrüstung in ganz Norwegen. Die Junkers Ju 52 – der verlässliche Arbeitsgaul der Luftwaffe – flog in einer Luftbrücke über 3000 Transporteinsätze, bei denen sie 3000 Mann, 2370 Tonnen Versorgung und 1,25 Millionen Liter Treibstoff beförderte.

Die Alliierten versuchten, das Ungleichgewicht zu beseitigen, indem sie die Flugzeugträger *Ark Royal* und *Glorious* (aus dem Mittelmeer) und ein Geschwader von Gladiator-Flugzeugen in Marsch setzten. Doch sie waren zu wenige und über eine zu breite Front verstreut, um gegen die massierten Maschinen der Luftflotte 5 wirklich effizient zu sein.

Zwar trafen die Deutschen bei ihrer Offensive in Zentralnorwegen auf manchen harten alliierten Widerstand, doch über den Gesamtausgang gab es keinen Zweifel. Am 21. April begann die Gruppe Fischer ihren Angriff auf das Østerdalen, und am 28. verband sie sich mit den deutschen Truppen, die von Trondheim südwärts zogen. Inzwischen kämpfte sich die Gruppe Pellengahr ihren Weg das Gudbrandsdal hinauf und zwang die kombinierte norwegisch-britische Truppe zum Rückzug gegen Åndalsnes. Am 28. April beschloss das alliierte Supreme War Council (Oberster Kriegsrat), Zentralnorwegen den Deutschen zu überlassen und alle verfügbaren Kräfte gegen Narvik zu konzentrieren.

General Ruge nahm diese Entscheidung gefasst auf, war aber entschlossen, den Kampf gegen die Deutschen fortzusetzen, auch wenn Norwegen überrannt würde. König Håkon und die norwegische Regierung (mit den nationalen Goldreserven) wurden nach Tromsø weit im Norden evakuiert. Auch das „schwere Wasser" der Fabrik in Rjukan, das von der französischen Regierung in Vorbereitung des Baus einer „Hochleistungsbombe" gekauft worden war, wurde fortgeschafft.

Die Alliierten landen bei Narvik

Am 3. Mai war die alliierte Evakuierung aus Zentralnorwegen beendet. Nun begann der letzte Akt des Norwegenfeldzugs: der Kampf

RECHTS:
Deutsche Artilleriesoldaten schieben während des Norwegenfeldzugs ein Feldgeschütz in Stellung. Trotz der neuen Wichtigkeit von Panzern und Nahkampfflugzeugen blieb die Artillerie der Eckstein der Offensivkraft einer Armee.

um Narvik. Die alliierten Ziele hatten sich von der „Rettung" ganz Norwegens zur Sicherung Narviks und der Blockade der Eisenerz-Route aus Schweden hin eingeengt. Verstärkungen, darunter eine stärkere französische Präsenz, fuhren nordwärts, während endlich die Kommandostruktur verbessert wurde: Admiral Cork wurde zum alliierten Gesamtbefehlshaber im Abschnitt Narvik ernannt, und Macksey wurde durch Lieutenant General Claude Auchinleck ersetzt.

Die franzöische 1. Chasseur Leichte Division (General Marie Emile Béthouart) landete zwischen 28. April und 7. Mai im Narvik-Sektor. Die Division umfasste eine Halbbrigade von Chasseurs Alpins, eine Halbbrigade der Fremdenlegion und eine Halbbrigade von Karpatischen Chasseurs (aus in den Westen entkommenen polnischen Soldaten) sowie etwas Artillerie und leichten Tanks.

Am 13. Mai befahl General Béthouart seinen Truppen die Einnahme Bjerkviks ganz nahe bei Narvik. Britische Landungsboote landeten, unterstützt durch Marinegeschützfeuer von britischen Kriegsschiffen vor Narvik, ein Bataillon der Fremdenlegion und drei französische Tanks. Dabei kam erstmals bei einer kombinierten Landungsoperation ein Speziallandungsboot für Infanterie und Panzer zum Einsatz (solche Operationen wurden in den folgenden Jahren überall üblich). Die Tanks überrannten die deutschen Maschinengewehrstellungen, während die die Legionäre Bjerkvik sicherten und sich mit den lokalen norwegischen Soldaten verbanden.

Deutscher Widerstand

Dietls Lage schien zunehmend verzweifelt, obwohl er am 22. April durch ein abgesprungenes Falschirmjägerbataillon verstärkt wurde. Drei Tage darauf sprang eine hastig ausgebildete Einheit von Gebirgsjägern im Umkreis von Narvik ab. Dies war zwar gut für die Moral, doch die Truppen selbst waren unzureichend, den drohenden alliierten Angriff abzuschlagen. Dietl musste die Ankunft von Bodentruppen aus dem Süden abwarten. Tatsächlich waren die Deutschen bei ihrem Marsch nordwärts gut vorangekommen. Die Gruppe Feuerstein nahm am 10. Mai Mosjøen und drückte gegen Bodø, die letzte wichtige Stadt vor Narvik. Dort traf sie auf Teile der britischen 24. Brigade und norwegische Truppen. Dies verlangsamten zwar den deutschen Vorstoß, doch die erfahrenen deutschen Gebirgstruppen erzwangen sich weiterhin ihren Weg nach Narvik.

Am 28. Mai begannen die Alliierten den Angriff auf Narvik. Nach einleitendem Marinebeschuss landeten Truppen der Fremdenlegion mit Landungsbooten an der Nordseite der Narvik-Halbinsel. Ihnen folgte eine kombinierte norwegisch-französische Truppe in Fischerbooten. Ein deutscher Angriff auf die

Landezone wurde abgeschlagen. Die Alliierten kämpften sich die Halbinsel entlang, ehe sie die Deutschen aus der Stadt vertreiben wollten. General Béthouart bereitete sich darauf vor, die Deutschen gegen die schwedische Grenze in Richtung norwegischer Truppen zu treiben, die die sich zurückziehenden Deutschen sprengen und zerstreuen sollten. Die Deutschen in Narvik standen vor der völligen Vernichtung durch die Alliierten, doch Ereignisse anderswo sollten sie retten.

Die lang erwartete deutsche Offensive in Frankreich und den Beneluxstaaten erwies sich für die Alliierten als verheerend, und am 31. Mai befahl das britische Kabinett Admiral Cork den Rückzug von Narvik. Am 1. Juni informierte dieser den norwegischen König über die alliierte Entscheidung. In den folgenden Tagen wurden die 25.000 Mann der Expeditionstruppe für Norwegen nach Schottland abgezogen. Auch Håkon und seine Regierung gingen nach England ins Exil und überließen General Ruge auf dessen Bitte hin den Kampf gegen die Deutschen. Am 8. Juni verließen die letzte Engländer und Franzosen Norwegen. Am 9. leitete man Verhandlungen über einen Waffenstillstand ein. Am 10. Juni unterzeichnete Ruge die Kapitulation, sodass die norwegischen Soldaten nach Hause zurückkehren konnten. Dies galt auch für Berufsoffiziere, falls sie die Waffen gegen die Deutschen senkten. Ruge weigerte sich und wurde auf Schloss Königstein eingesperrt.

Verglichen mit anderen Kriegsschauplätzen waren die Verluste in Norwegen gering. Die deutschen Verluste betrugen 5660 Gefallene, Verwundete oder Vermisste, 1317 fielen an Land, 2375 auf See. Die Norweger beklagten 1335 Tote oder Verletzte, die Briten 1869. Die Opferzahl der franko-polnischen Streitmacht belief sich auf 530.

Der Verlust der *Glorious*

Doch der alliierte Rückzug von norwegischem Gebiet war nicht das Ende des Feldzugs. Am 4. Juni hatte Admiral Raeder befoh-

UNTEN:
Französische Chasseurs Alpins sehen zu, wie eine britische Blackburn Skua für den Start von einem zugefrorenen norwegischen See vorbereitet wird. Diese Flugzeuge trafen zu spät ein, um die alliierte Niederlage in Norwegen noch zu verhindern.

UNTEN:
Ein französischer Chasseur Alpin in voller Montur, zu der auch ein Paar Skier gehört (obgleich er in Norwegen kaum Gelegenheit bekam, sie zu benutzen). Dieser schwer beladene Infanterist ist mit einer Pistole und einem 7,5-mm-MAS-Karabiner bewaffnet. Er trägt das blaue Barett der Chasseurs und hält den Stahlhelm in der Hand.

len, die alliierten Stellungen und Schiffe in und um Narvik anzugreifen. Das deutsche Flottengeschwader bestand aus den Schlachtkreuzern *Scharnhorst* und *Gneisenau,* dem schweren Kreuzer *Hipper* und einer Eskorte von vier Zerstörern unter dem Kommando Vizeadmiral Wilhelm Marschalls. Als er das Narvik-Gebiet erreicht hatte, setzte sich Marschall über seine ursprünglichen Befehle hinweg und beschloss, in tieferes Wasser zu fahren und die alliierten Schiffe während ihres Rückzugs von Norwegen zu vernichten.

Am Morgen des 8. Juni überraschte und versenkte die deutsche Gruppe einen Tanker und das leere Linienschiff *Orama,* verschonte aber das Lazarettschiff *Atlantis* (das seinerseits die Konvention einhielt und die deutsche Position nicht über Funk bekannt gab). Später am selben Tag traf Marschall auf den britischen Flugzeugträger *Glorious,* der unerklärlicherweise keine Patrouille in der Luft hatte und von den rasch vorstoßenden deutschen Schiffen erwischt wurde. Die *Scharnhorst* und die *Gneisenau* eröffneten aus 25.000 Meter Entfernung das Feuer und schossen die *Glorious* in Brand. Die beiden Geleitzerstörer der *Glorious,* die *Acasta* und die *Ardent,* versuchten die deutschen Schlachtkreuzer fern zu halten, wurden aber überwältigt und versenkt. Doch ehe die *Acasta* unterging, feuerte sie einen Torpedo gegen die *Scharnhorst,* der 48 Matrosen tötete und schweren Schaden anrichtete. Die *Glorious* sank, und die Briten verloren dabei 1515 Mann – nur 43 Mann überlebten.

Deutsche Verluste

Die Beschädigung der *Scharnhorst* beendete das deutsche Unternehmen. Die *Hipper* war bereits nach Trondheim zum Auftanken geschickt worden und die *Scharnhorst* schleppte sich zum Hafen zurück. Marschalls Initiative brachte ihm einen Rüffel Raeders ein, der ihn durch Vizeadmiral Lütjens ersetzte. Die *Gneisenau* wurde als Eskorte der *Scharnhorst* abkommandiert, jedoch am 23. Juni von einem Torpedo des britischen U-Boots *Clyde* getroffen. Beide Schlachtkreuzer lagen etliche Monate auf Dock.

Die schweren Verluste der deutschen Kriegsmarine waren der einzig wirkliche Trost, den die Alliierten aus diesem ansonsten verheerenden Feldzug ziehen konnten. Zehn Zerstörer und drei Kreuzer wurden versenkt, drei weitere Kreuzer und zwei Schlachtkreuzer

lagen etliche Monate lang auf Dock. Daher sollte die deutsche Marine beim Plan des OKW, nach dem Fall Frankreichs in England einzufallen, nur eine geringe Rolle spielen.

Abgesehen von diesen Verlusten war die deutsche Invasion in Norwegen ein fast totaler Erfolg. Bei Planung und Ausführung hatten die Deutschen ihre Meisterschaft in der Kriegsführung zu Land, zu Wasser und in der Luft bewiesen, im Gegensatz zu den Briten, die traditionell immer nur an einen Truppenteil dachten. Und der Feldzug enthüllte den

Deutschen die Mängel der französischen und britischen Streitkräfte. Die deutsche Moral stieg, die alliierten Politiker zankten sich, und besonders die Franzosen meinten, das Fiasko in Norwegen sei den Engländern anzulasten.

Ein politisches Opfer des Norwegenfeldzugs war der britische Premierminister Neville Chamberlain. Der wachsende Unmut im Parlament über Chamberlains Handhabung des Kriegs erreichte nach dem Rückzug aus Åndalsnes und Namsos Anfang Mai seinen Höhepunkt. Obwohl er am 8. Mai einen Misstrauensantrag überstand, war Chamberlain klar, dass er das Vertrauen des Parlaments verloren hatte. Er trat daher freiwillig als Premierminister zurück.

Seltsame Ironie, dass sein Nachfolger der für das britische Engagement in Norwegen Hauptverantwortliche war. Doch Winston Churchill konnte negative Auswirkungen für sich abwenden. Am 10. Mai ging er als neuer Premierminister nach Downing Street 10. Exakt an diesem Tag begann die Wehrmacht ihre Offensive im Westen.

OBEN:
Ihre Helme liegen herum, und gefangene britische Soldaten stellen sich in einem Lager nahe Trondheim für ihr Mittagessen an. Zwar gab es im Feldzug relativ wenige Gefangene, doch die Nazipropaganda verkündigte die Nachricht über ihre Inhaftierung per Radio der Welt.

KAPITEL FÜNF

Der Fall der Beneluxstaaten

Die holländische und die belgische Armee waren auf den deutschen Angriff im Mai 1940 schlecht vorbereitet. Binnen Wochen wurden die Beneluxstaaten zur Kapitulation gezwungen.

Gegen Ende der ersten Maiwochen 1940 berichteten die alliierten Nachrichtendienste über die Wahrscheinlichkeit einer baldigen deutschen Invasion im Westen. Ähnliche Meldungen gab es schon seit Monaten. Daher nahmen die alliierten Kommandeure diese neuen Informationen nicht sonderlich ernst (obwohl bessere Luftaufklärung enorme militärische Aktivitäten direkt hinter der deutschen Grenze gezeigt hätte). Ein französischer Bomberpilot, der von einem Nachteinsatz zurückflog (er hatte Flugblätter über Düsseldorf abgeworfen), berichtete von den Scheinwerfern einer 100 km langen Fahrzeugkolonne, die sich dem Ardennengebiet näherte. Eine Information des Schweizer Nachrichtendienstes besagte, dass kürzlich acht Militärbrücken über den Rhein gelegt worden seien, was für die alliierten Kommandeure den Schluss auf deutsche militärische Aktivität hätte nahe legen sollen.

Für Hitler und seine Generäle im OKH war der Hauptfaktor für den Zeitpunkt des Losschlagens das Wetter, das gut genug für Lufteinsätze sein musste, da die Unterstützung durch die Luftwaffe sehr wichtig war. Nachdem der Feldzug etliche Male verschoben worden war, warnte ein zunehmend ungeduldiger Hitler am 7. Mai Göring, er würde ihm bloß noch eine Verschiebung gestatten. Zwei Tage darauf informierte der Chefmeteorologe der Luftwaffe Hitler, am folgenden Tag werde das Wetter gut genug für Kampfeinsätze sein.

Zwar wussten die meisten deutschen Soldaten, dass die große Offensive bald kommen würde, doch erst am 9. Mai 1940 um 21 Uhr wurde das Kennwort „Danzig", das Signal für den Angriff am folgenden Morgen, an alle militärischen Einheiten gesandt. Hitler hatte nach dem Zwischenfall in Mechelen früher im Jahr auf der hohen Geheimhaltungsstufe bestanden, sodass Stichtag und Uhrzeit bis zum Abend vor der Invasion den eigenen Truppen verborgen blieben. Spät am 9. Mai bestieg Hitler in einem Bahnhof in Berlin einen Sonderzug und fuhr in sein Hauptquartier bei Münstereifel in Westdeutschland.

Deutsche Vorbereitungen

Der belgische und der holländische Nachrichtendienst besaßen gute Quellen für militärische Information. Am Abend des 9. Mai wurde ihnen klar, dass der Krieg unvermeidlich war. Überall an den holländischen und belgischen Grenzen gab es Anzeichen massiver deutscher Truppenbewegungen und anderer Vorbereitungen. In Brüssel befahl die belgische Regierung nach kurzem Zögern um 23.15 Uhr allgemeine Alarmbereitschaft und teilte dies den britischen und französischen Verbündeten mit. Die Holländer hatten von ihrem Militärattaché in Berlin von den

GEGENÜBER:
General Heinz Guderian, der Architekt der Panzerkräfte Deutschlands und 1940 in Frankreich Kommandeur eines Panzerkorps. Sein Durchbruch durch die Ardennen besiegelte das Schicksal der französischen und alliierten Armeen.

OBEN:
Festungen wie das holländische Beispiel oben zeigten die Haltung der alliierten Regierungen: Sie hofften, physische Hindernisse würden die Deutschen von einer Invasion abschrecken. Sollte aber ein Angriff stattfinden, so würden die Befestigungen ausreichen, die Eindringlinge zurückzuschlagen.

deutschen Absichten erfahren und bereiteten die Sprengung ihrer Grenzbrücken vor, um den deutschen Vorstoß zu verzögern, doch war vielen holländischen Truppen an der Front wegen mangelhafter Kommunikation die Lage nicht klar.

Die Invasion kam zu einem für die Alliierten politisch besonders schwierigen Zeitpunkt. In England stand die Regierung Chamberlains am Rande des Zusammenbruchs. Die Abgeordneten suchten nach Chamberlains Rücktritt gerade einen neuen Premierminister. Auch in Frankreich war die Regierung unter Paul Reynaud in einer Krise, die fast zum Rücktritt des Premiers und des französichen Oberbefehlshabers, General Gamelin, führte. In England wurde Winston Churchill gewählt, doch in Frankreich blieb Reynaud angesichts des drohenden deutschen Angriffs im Amt und entließ Gamelin nicht – obwohl er wenig Vertrauen in die militärischen Fähigkeiten seines Kommandeurs hatte, die sich in den nächsten paar Wochen tatsächlich als mangelhaft erweisen sollten.

Die Heeresgruppe B

Die deutsche Heeresgruppe B (Generaloberst Fedor von Bock) war für die Invasion in Holland und Zentralbelgien zuständig. Zwar war Bocks Truppe (sehr zu seinem Verdruss) zu Gunsten des Hauptstoßes der Heeresgruppe A im Süden beschnitten worden, doch ihr Beitrag war für einen deutschen Gesamterfolg wesentlich. Bock erhielt zwei Armeen mit wertvoller Kampferfahrung aus dem Polenfeldzug: die 18. Armee (General Georg von Küchler) und die alte 10. Armee, jetzt neu als 6. Armee nummeriert (General Walther von Reichenau) – dieselbe Armee, die zwei Jahre später unter dem Kommando General von Paulus' vernichtet werden sollte.

Die 18. Armee erhielt den Befehl, in Holland einzufallen und die holländischen Streitkräfte so rasch wie möglich zu vernichten. Küchler erhielt das kleinste Kontingent aller deutschen Armeen an Panzerkräften, nämlich bloß die unterbesetzte 9. Panzerdivision, die großteils mit den fast veralteten leichten PzKpfw-I- und PzKpfw-II-Panzern ausgestattet war (nur 38 Panzer der Division waren schwerere Modelle). Doch die 18. Armee besaß eine Trumpfkarte: den Hauptteil der Luftlandetruppen Deutschlands. General Kurt Students 7. Fallschirmjägerdivision – die später in Kreta im Einsatz stehen sollte – war ein Eliteverband von Fallschirmjägern, ursprünglich ein Verband des Heeres, dann zur Luftwaffe gewechselt. Die Division war bestausgebildet und motiviert. Ihr Mangel an schweren Waffen sollte durch die Aggressivität und Kampferfahrung ihrer Männer ausgeglichen werden. Der andere Teil der deutschen Luftlandespeerspitze war die 22. Luftlandedivision, ein Infanterieverband, dessen Männer darin ausgebildet waren, sich selbst und ihre Ausrüstung in Transportflugzeugen oder Seglern zu befördern.

Truppen dieser beiden Divisionen sollten strategische Schlüsselpunkte in Holland – Brücken, Flugfelder und Regierungsgebäude – einnehmen und dann auf das Eintreffen der Bodentruppen warten. Schon im Norwegenfeldzug hatte man Fallschirmjäger eingesetzt, doch nun bildeten sie zum ersten Mal den Eckpfeiler des Angriffs, der Eroberung eines Staates aus der Luft.

Der 6. Armee wurden die beiden Panzerdivisionen des XVI. Panzerkorps General Erich Höpners zugeteilt. Sie sollten den Ausläufer von Maastricht – den schmalen holländischen Streifen, der sich zwischen Deutschland und Belgien erstreckte – durchqueren und in die belgischen Hauptverteidigungsstellungen entlang des Albertkanals einbrechen. Sobald die Panzer diese Verteidigungslinie durchbrochen hatten, würden ihnen die Infanteriedivisionen nach Zentralbelgien folgen und dort die vorrückenden Armeen Frankreichs und Englands angreifen.

Die 28einhalb Divisionen der Heeresgruppe B würden von den Flugzeugen der Luftflotte II unterstützt werden, die unter dem Befehl General Albert Kesselrings stand, eines ehemaligen Artillerieoffiziers, der zur Luftwaffe versetzt worden war, um Deutschlands neueste Waffengattung mit größerer Kommandoerfahrung auszustatten.

Die Deutschen dringen ein

In den Morgenstunden des 10. Mai hob die deutsche Luftwaffe von ihren Flugplätzen ab, um die Invasion einzuleiten. Entlang der britischen und holländischen Küsten wurden Minen gelegt, Flugplätze und Straßen- und Bahnknotenpunkte in Holland, Belgien und Frankreich tief hinter den Linien angegriffen. Das Hauptgewicht der ersten Angriffe traf Holland. Heinkel- und Dornier-Bomber flogen über die Nordsee hinaus und wandten sich dann der holländischen Küste zu, um den Regierungssitz Den Haag und die Flugplätze Schipol (Amsterdam), Bergen-op-Zoom und Waalhaven (Rotterdam) anzugreifen. Die holländische Luftwaffe wurde durch die Angriffe innerhalb weniger Minuten am Boden zerstört.

Hauptziel der 22. Luftlandedivision war Den Haag und die Gefangennahme der Regierung und der Königsfamilie. Für den Fall einer Audienz bei Königin Wilhelmina zur Besprechung der Kapitulationsbedingungen hatte der adelige Divisionskommandeur, Graf von Sponeck, eine Galauniform eingepackt. Die Deutschen planten, die Flugplätze von Valkenburg, Ypenburg und Ockenburg – die

Nur Stunden vor dem Beginn der deutschen Offensive in den Niederlanden, in der Nacht vom 9. auf den 10. Mai, sollten deutsche Spezialeinheiten die Invasionsrouten sichern, indem sie Brücken besetzten und hielten, bis die Hauptinvasionsarmee eintraf. Sie nahmen die Brücken bei Stavelot, Roermond und Gennap ein; und als die deutschen Panzerdivisionen weiter an die Nordsee zogen, ging die heimliche Arbeit der „Brandenburger“ weiter.

UNTEN:
Der kommandierende Offizier eines Bataillons der niederländischen Radfahrer-Truppe. Das Abzeichen am Kragen, zwei Sterne und ein Streifen, gibt seinen Rang als Luitenant-Kolonel (Oberstleutnant) an. Seine Waffengattung (Infanterie) geht aus den blauen Vorstößen am Kragen und das Fahrrad-Rad hervor. Das Fahrrad war im vorwiegend flachen Terrain der Niederlande ein wirksamer Ersatz für echte Motorisierung.

Den Haag umringten – zu sichern und dann die Hauptstadt einzuschließen. Doch die Flugplätze waren im Morgenlicht schwer zu finden, und viele Fallschirmjäger, die die Flugfelder für den in Ju 52 transportierten Haupttruppenkörper offen halten sollten, wurden zu weit von ihren Zielen abgesetzt. Als sich die Ju 52 den Flugfeldern näherten, waren die Holländer daher bereits alarmiert und eröffneten das Feuer. Bei Ypenburg überstanden dies bei einer Staffel von 13 Flugzeugen nur zwei. Auf den anderen Flugfeldern hatten die Holländer Sperren errichtet, und wegen der abgeschossenen, brennenden Ju 52 konnten die folgenden Wellen deutscher Flugzeuge nicht landen. Sponeck wurde verwundet, viele seiner Männer getötet oder gefangen genommen. Nach Besprechung der Lage mit dem Stab der Luftflotte II gab Sponeck den Plan, den Haag einzunehmen, auf und befahl seinen lädierten Einheiten, den Angriff auf Rotterdam zu unterstützen.

Der 7. Fallschirmjägerdivision erging es in der ersten Phase der Invasion besser. Absprünge sicherte den Flughafen Waalhaven südlich Rotterdams, die Brücken über die Maas und die Stadt Dordrecht. Diese Stellungen konnten trotz holländischer Gegenangriffe gehalten werden.

Das verwegenste Manöver des ersten Kampftages war der Versuch, die Willems-Brücke in Rotterdam selbst einzunehmen. Zunächst landeten zwölf Heinkel-Schwimmflugzeuge mit 150 Infanteristen und Kampfpionieren inmitten des Hafens von Rotterdam auf der Maas. Die Flugzeuge fuhren zur Brücke, wo sie die Männer in Schlauchbooten absetzten. Die Deutschen konnten beide Brückenenden einnehmen, obwohl sie bald unter heftiges holländisches Feuer gerieten, das sie vertrieben hätte, wären sie nicht durch deutsche Fallschirmtruppen verstärkt worden. Den ganzen 10. Mai lang kämpften beide Seiten schwer um die Brücke. Die Deutschen konnten sich gerade noch behaupten. Zuletzt neigte sich die Waage durch rechtzeitig eintreffende Verstärkung aus Waalhaven zu Gunsten der Deutschen.

Bis zum Eintreffen deutscher Bodentruppen hatten Fallschirmtruppen und Luftlandeinfanterie nur die Funktion, Stellungen zu halten. Die Hauptstreitmacht würde sich ihren Weg durch Zentralholland kämpfen müssen, wobei sie die Mass nahe der deutschen Grenze überqueren musste. Eine der Hauptpunkte für die deutschen Planer war die Sicherung der Maasbrücken gewesen, wobei Hitler persönlich sich für das Unternehmen interessierte. Mantel-und-Degen-Operationen gefielen ihm, und schon im November 1939 hatte er angeregt, bei dem Unternehmen Soldaten in holländischen Uniformen einzusetzen. Admiral Canaris, Chef der *Abwehr* (des militärischen Nachrichtendienstes), sollte die Finte organisieren. Man stahl holländische Uniformen und trainierte eine Spezialeinheit für den Einsatz. Diese Einheit war die (später vergrößerte) Brandenburg-Kompanie. Sie bestand aus Freiwilligen mit Fremdsprachenkenntnissen, die hinter den feindlichen Linien operieren konnten.

Die Brandenburger entwarfen Pläne, wie sie die drei Hauptbrücken über die Maas bei Nijmegen, Roermand und Gennap intakt einnehmen konnten. Doch nur die Gennap-Operation hatte Erfolg. In der Dämmerung des 10. Mai bemerkten die die Brücke bewachenden holländischen Soldaten Männer in niederländischen Polizeiuniformen (holländische Faschisten und Holländisch sprechende Deutsche), die eine Gruppe deutscher „Gefangener" (bewaffnet mit versteckten Granaten und Maschinenpistolen) zur Brücke führten. Im folgenden Handgemenge wurden die Wachen überwältigt, und ein deutscher Panzerzug brach durch die Verteidigungsstellungen an der Brücke.

Leutnant Walther, der Kommandeur des Brandenburg-Sonderkommandos, erhielt vom entzückten Hitler als einer der Ersten das Ritterkreuz, da nun das holländische Flachland dem deutschen Heer offen stand. Die Tanks der 9. Panzerdivision – unterstützt von einem motorisierten Waffen-SS-Verband – rollten über die Brücke und begannen das Ufer der Maas entlang in Richtung Rotterdam zu rasen. Zwar war die 9. Panzerdivision nur schwach mit mittleren PzKpfw III und IV (den damals besten deutschen Panzern) ausgerüstet, doch erwartete sie ein keineswegs ebenbürtiger Gegner, da die Holländer kaum Panzerabwehrwaffen und keine eigenen Panzer besaßen.

Erstes Treffen mit den Franzosen

Während die Deutschen gegen Rotterdam zogen, stieß die Panzerspitze der französischen 7. Armee (General Giraud) als Teil der Breda-Variante des Dyle-Gesamtplans die belgische Küstenlinie entlang nach Holland vor. Doch als Giraud Breda erreichte, fand er keine holländischen Truppen vor, da sich

LINKS:
Der deutsche Angriff auf Rotterdam: Eine Ju 52 setzt in den ersten Stunden der Invasion ihre Fallschirmjäger über dem holländischen Hafen ab.

LINKS:
Deutsche Ju-52-Transporter setzen Luftlandetruppen über einem Ziel in Holland ab. Die deutsche Meisterschaft des „Krieges in drei Dimensionen" war für die Holländer und Belgier ein schwerer Schock. Sie waren auf die Zerrüttung, die Fallschirmjäger hinter der Frontlinie verursachen konnten, schlecht vorbereitet.

RECHTS:
Ein deutscher Fallschirmjäger wartet auf sein Flugzeug. Er trägt die 1940 übliche Standardausrüstung für Fallschirmjäger und den Fallschirm auf den Rücken gebunden. Zum Schutz der Hände hat er große, dicke Lederhandschuhe. Deutsche Fallschirmjäger waren besonders gut ausgebildet, und ihre Erfahrung und ihr Mut beschleunigten den Fall der Niederlande und Belgiens.

diese nordwärts zurückgezogen hatten, um Rotterdam zu verteidigen. Giraud teilte seine Truppen auf, doch gegen Mittag des 11. Mai trafen französische Kräfte bei Tilburg im Süden Rotterdams auf Vorauselemente der 9. Panzerdivision. Durch dieses unerwartete Treffen auf den Feind so früh im Feldzug verwirrt, wichen die Franzosen und zogen sich unter Angriffen der deutschen Luftwaffe von Rotterdam und den die Deutschen bekämpfenden holländischen Truppen zurück. Nach nur zwei Kampftagen war Gamelins gepriesene Breda-Variante schon aufgegeben worden.

Am 12. Mai verbanden sich deutsche Panzer- und Waffen-SS-Truppen mit den hart bedrängten Luftlandesoldaten, die ihre Stellungen im Süden Rotterdams verteidigten. Nun war der Weg für die deutschen Bodentruppen frei, die zweite Phase der Offensive gegen die Holländer zu starten – den Angriff auf die *Vesting Holland* (Festung Holland), die die Großstädte Rotterdam, Den Haag, Utrecht und Amsterdam enthielt. Angesichts totaler Luftbeherrschung betrachtete man diese zweite Phase eher als reine Formalität.

Eben-Emael

Wie die Maas für die Deutschen in Holland ein Haupthindernis gewesen war, war sie es auch für die Offensive der deutschen 6. Armee in Belgien. Die belgische Hauptverteidigungslinie befand sich entlang der Maas und des Albertkanals. Um tief nach Belgien hineinzustoßen, mussten die Deutschen die Brücken gegenüber Maastricht einnehmen, wo die Maas und der Albertkanal in einem komplexen System von Wasserstraßen miteinander verschlungen waren. Das gesamte Gebiet war stark befestigt und wurde von drei Regimentern der belgischen 7. Division verteidigt. Der Schlüssel der Verteidigung war die Festung von Eben-Emael, die von Kennern für die damals stärkste ihrer Art in Europa gehalten wurde.

Die Belgier vertrauten darauf, dass Eben-Emael jedem Angriff tage-, wenn nicht wochenlang standhalten könne. Sie lag am Westufer des Albertkanals, war etwa dreieckig und durch tiefe Gräben und den nahen, senkrechten Abhang zum Albertkanaal geschützt. Die Bewaffnung bestand aus zwei 120-mm- und 16 75-mm-Kanonen in gepanzerten Türmen und Kasematten. Doch die Verteidiger dachten in Begriffen von 1914 bis 1918. Das Fort hatte zwei entscheidende Mängel: Erstens beherrschte es das Gebiet nicht wirksam und konnte nicht den geamten Maastricht-Abschnitt mit Feuer bestreichen, zweitens war es selbst für Luftangriffe anfällig. Und aus der Luft würden die Deutschen angreifen.

Hitler hatte starkes Interesse an dem Vorschlag, Eben-Emael anzugreifen, gezeigt. Trotz der Vorbehalte des OKH – und sogar des unterwürfigeren OKW – akzeptierte er die gewagte und radikale Lösung, das Fort (und die angrenzenden Brücken) durch eine Landung mit Seglern einzunehmen. Fallschirmtruppen würden auf einem so kleinen Ziel nicht mit ausreichender Genauigkeit landen können, und die für ihre Umgruppierung nach dem Absprung nötige Zeit hätte den Verteidigern mehr Möglichkeiten gelassen, eine kohärente Abwehr zu organisieren. Vor allem aber waren Segler lautlos, da sie vom Schleppflugzeug 20 km vom Fort und den Brücken entfernt abgekoppelt werden konnten. Segeln war im

Junkers-Ju-52-Transportflugzeug
Deutschland

LINKS:
Der deutsche Junkers-Ju-52-Transporter konnte bis zu 18 Mann mit voller Ausrüstung tragen. Die zuverlässige und robuste Ju 52 war der Arbeitsgaul der deutschen Luftwaffe und war den ganzen Krieg hindurch auf allen Schauplätzen im Einsatz. Die deutschen Soldaten nannten sie liebevoll „Eiserne Anni“ oder „Tante Ju“.

LINKS:
Die Reißleine hinter sich herziehend, springt ein deutscher Fallschirmjäger in niedriger Höhe aus einer Ju 52 ab. Die deutschen Fallschirme hatten eine relativ hohe Endgeschwindigkeit und waren schwer zu steuern. Kleinere Unfälle wie verstauchte oder gebrochene Fußknöchel kamen daher ziemlich oft vor.

Vorkriegsdeutschland ein beliebtes Freizeitvergnügen gewesen, und die Luftwaffe hatte wegen der Beschränkungen des Versailler Vertrags für herkömmliche Flugzeuge die Piloten-Basisausbildung in Seglern begonnen. So verfügten die Deutschen über eine Menge bester Seglerpiloten, die den bei Eben-Emael nötigen Präzisionsflug durchführen konnten.

Entscheidend war das Timing der Operation, da die Seglerpiloten zum Erreichen ihrer Ziele gute Sicht brauchten. Hitler setzte sich daher über Einwände des Heeres hinweg und verlegte die Invasion von 3 auf 5.30 Uhr. Dann würde es für die Segler hell genug sein, sicher beim Fort zu landen und sicherzustellen, dass genügend Truppen zur Vollendung der Operation verfügbar waren.

Unter dem Kommando Hauptmann Walther Kochs begann eine Truppe von 424 Fallschirmjägern (die in 42 Seglern zu ihren Zielen fliegen sollten) unter strengster Geheimhaltung für den Einsatz zu trainieren. Sie wurden isoliert und durften mit keinen Männern anderer Einheiten sprechen. Immer wieder wurden sie verlegt. Sie übten Angriffe auf alte tschechische Befestigungen im Sudetenland und zerstörten später polnische Forts nahe Gleiwitz.

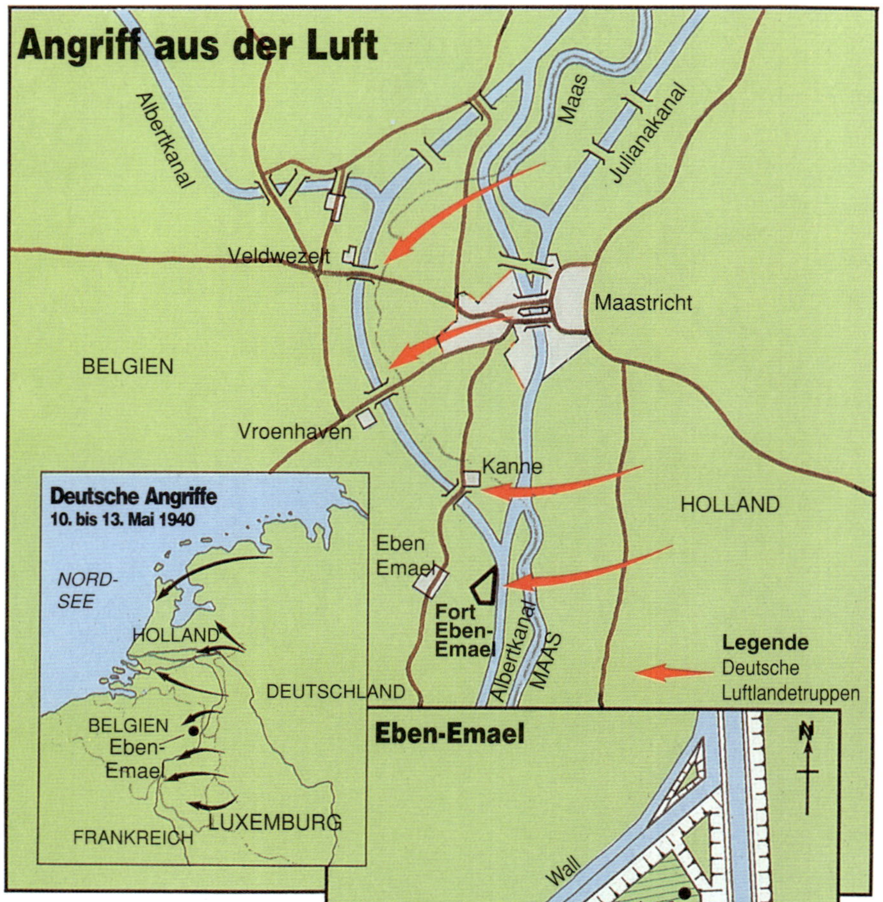

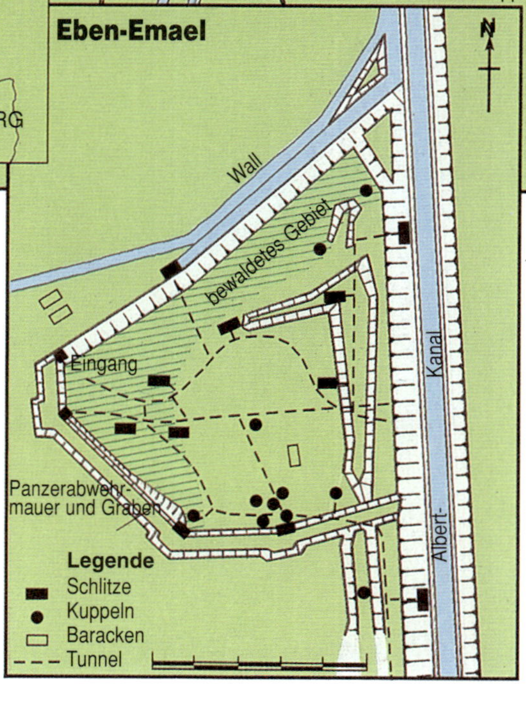

In der Morgendämmerung des 10. Mai 1940 landete eine mit Gleitern eingeflogene Einheit aus weniger als 60 deutschen Fallschirmjägern bei Fort Eben Emael südlich von Maastricht, einem Kernstück der belgischen Verteidigungsanlagen. Das belgische Militär hielt Eben-Emael – mit seinen 700 Mann Besatzung, Panzerabwehrgräben und Mauern und flankiert vom steilen Ufer des Albertkanals – für fast uneinnehmbar. Doch Minuten nach der deutschen Landung war die Festung lahm gelegt und ihre wichtigsten Kanonen waren gesprengt. Der Weg zur Eroberung Belgiens war frei.

Haft-Hohlladungen

Das Überspringen der belgischen Verteidigungsstellungen, um Truppen oben auf Eben-Emael zu landen, war nur der erste Schritt. Die Deutschen stünden sodann Stahlbetontürmen und -toren gegenüber, die jeder Art von Ausrüstung, die ein gewöhnlicher Soldat in einem Segler führen konnte, standhielten. Die Lösung war so neu wie die Transportart der Männer zum Fort. Kurz vor dem Ende des Ersten Weltkriegs hatten deutsche Wissenschaftler Hohlladungssprengstoff zu einer militärischen Waffe entwickelt. Seit Jahren hatten Mineningenieure gewusst, dass ein an einer Stahlplatte platzierter, ausgehöhlter Sprengstoffklumpen in der Platte eine ähnliche Höhlung hervorrief. Die deutschen Wissenschaftler (später auch die anderer Staaten) entdeckten, dass die Sprengladung, falls ihr Hohlraum kegelförmig und mit dünnem Metall ausgelegt war, ein Loch in die Stahlplatte riss. Die deutschen Haft-Hohlladungen waren leicht genug, um in Seglern geführt zu werden, konnten aber ebenso viel Schaden wie eine mehrfach so schwere herkömmliche Waffe anrichten.

Die für Eben-Emael bestimmten deutschen Fallschirmtruppen waren mit 50-kg-

UNTEN:
Eine zwischen Den Haag und Rotterdam abgeschossene Ju 52. In dieser Phase der Kämpfe hatten die deutschen Luftlandetruppen schwere Verluste.

OBEN:
Erschöpft, aber stolz entspannen sich deutsche Fallschirmjäger nach ihrem brillanten Erfolg bei der Einnahme der uneinnehmbaren Festung von Eben-Emael. Sie tragen spezielle Helme und Tarnkittel.

GEGENÜBER:
Eine mit Fahrrädern ausgerüstete deutsche Infanterieeinheit rückt in die Beneluxstaaten vor, um die von Luftlandetruppen eroberten Positionen zu sichern.

Sprengladungen ausgerüstet, die oben auf einem Stahlturm angebracht werden und 30 cm dicke Panzerplatten durchschlagen konnten. Das Loch selbst wäre nicht sehr groß, doch aus der Platte gerissene heiße Metallsplitter und die Detonation heißer, explosiver Gase würde unter allem, das die Panzerplatte schützte, schweren Schaden anrichten, besonders unter den Menschen im Inneren. Beim Angriff vom 10. Mai würden erstmals Haft-Hohlladungen als Instrument der Kriegführung eingesetzt werden.

Für die Einnahme Eben-Emaels waren Leutnant Rudolf Witzig und seine Truppe von Fallschirm-Pionieren zuständig. Witzig beschreibt das Schlusstraining, das sie auf diese militärische Meisterleistung vorbereitete:

Wir waren sorgfältig in unseren Aufgaben und den strengen Befehlen, deren genaue Befolgung unsere kleine Zahl – inklusive Piloten 85 Mann – nötig machte, gedrillt worden. Unser vorheriges Studium von Luftfotografien und eines maßstabgetreuen Reliefmodells auf einem Sandkasten hatte uns überzeugt, dass sich unser erster Angriff auf die zentralen Anlagen beschränken musste. Zunächst mussten wir alle ins Offene feuernden Infanteriewaffen und Flugabwehrkanonen zerstören, dann die Artillerie, besonders die nach Norden [zu den Brücken hin] gerichtete. Entscheidend war Schnelligkeit, da alles nicht in den ersten 60 Minuten Erledigte später aufgrund der Verstärkung der feindlichen Verteidigung unmöglich wäre.

Segler-Angriffe

Am frühen Morgen des 10. Mai begannen die Segler des Koch-Kommandos inmitten der Verteidigungsstellungen, die die Brücken bei Veldwezelt und Vroenhoven über den Albertkanal westlich Maastrichts schützten, zu landen. Die Deutschen nutzten die Verwirrung durch das plötzliche Erscheinen dieser ungewohnten Flugzeuge – die viele Belgier für in

Not geratene herkömmliche Flugzeuge hielten – und kappten die Drähte der Sprengladungen an den Brücken sowie die Telefonkabel. Bei der Kanne-Brücke aber, die südlich Maastrichts lag, gingen es weniger gut: Die Verteidiger konnten die Brücke sprengen und den Deutschen schwere Verluste zufügen.

Bei Eben-Emael stießen elf Segler aus dem Frühmorgennebel. Maschinengewehrfeuer der Verteidiger empfing sie. Doch der plötzliche Angriff schuf genügend Konfusion, sodass die deutschen Fallschirmpioniere ihre Segler verlassen und die belgischen MG-Schützen unter geringen Verlusten überwältigen konnten. Sodann schleppten sie ihre Haft-Hohlladungssprengkörper zu den Geschützkuppeln und brachten sie zur Explosion. Fünf der Türme wurden sofort ausgeschaltet – der Explosionsstrahl durchdrang die Panzerung und zerstörte die Kanonen darunter (und tötete oder verletzte die Kanoniere). Die Kuppeln mit den schweren 120-mm-Kanonen waren zu dick für Haft-Hohlladungen. Daher schob man speziell gebaute, zylindrische Sprengkörper in die Kanonenmündungen, wo sie detonierten und die Verschlüsse der Geschütze blockierten.

Der Kampf um Eben-Emael dauerte den ganzen Tag. Obwohl die zahlenmäßig überlegenen Verteidiger die Festung nicht verlassen konnten, verweigerten sie die Aufgabe. Die Fallschirmtruppen warfen Sprengkörper durch die Belüftungsschächte und brachten die Maschinengewehrposten mit tragbaren Flammenwerfern zum Schweigen. Nach dem ursprünglichen Plan sollten die Fallschirmjäger das Dach säubern, dann ins Fort eindringen und die Garnison unter Druck halten, bis Bodentruppen eintrafen. Doch belgische Artillerie in der Umgebung begann das Fort zu beschießen, und auch nahe belgische Infanterie mischte sich in den Kampf ein. Die deutschen Bodentruppen hatten die Kanne-Brücke zur Verstärkung der Fallschirmjäger auf Eben-Emael nutzen wollen. Da diese zerstört war, ging der Kampf in der Nacht des 10./11. Mai weiter. Doch am Morgen des 11. konnte ein Trupp deutscher Heerespioniere den Albertkanal auf Schlauchbooten überqueren, und da weitere deutsche Verstärkung über andere Brücken kam, musste die belgische Garnison kapitulieren.

Deutscher Erfolg

Hitlers Entzücken über die Einnahme Eben-Emaels hatte eine Flut von Orden für die Fallschirmtruppe zur Folge. Witzig und Koch erhielten das Ritterkreuz des Eisernen Kreuzes, Deutschlands höchsten Orden. Die Überwindung der Stellungen des Albertkanals war wichtig, da sie den Panzern der 6. Armee Reichenaus den Zug ins Hinterland erlaubte. Die Alliierten hatten gehofft, die Belgier würden ihre Linie vier bis fünf Tage lang halten, sodass die franko-britischen Armeen die Dyle-Linie besetzen könnten. Die Deutschen waren in nur 36 Stunden durchgebrochen.

Der zweite Vorteil war ein psychologischer. Die Segler wurden rasch von Eben-Emael abgezogen und Details über den Einsatz der Haft-Hohlladungen geheim gehalten. Dass eine so mächtige Festung so einfach gefallen war, verstörte viele im alliierten Lager, besonders die Franzosen, die nun an der Undurchdringlichkeit ihrer Maginot-Linie zu zweifeln begannen. Goebbels heizte diese Unsicherheit an, indem er von einer „neuen Methode des Angriffs" sprach, was als Einsatz von Giftgas

Schwerer Char B1-Panzer
Frankreich

RECHTS:
Der Char B1, einer der stärksten 1940 in Dienst befindlichen Panzer, war schwer gepanzert und mit zwei Hauptwaffen, einer 47-mm-Antipanzerkanone und einer 75-mm-Kanone für Hochexplosivgeschosse, ausgestattet. Zum Glück für die Deutschen waren diese Tanks im Kampfeinsatz schwierig zu betreiben, unzuverlässig und in kleinen Gruppen auf die Infanterie aufgeteilt.

OBEN:
Ein Hakenkreuz-Zeichen auf einer Straßenkreuzung in Holland dient der Luftwaffe als Signal, dass die Stellung unter deutscher Kontrolle steht. Bei einem derart raschen Vorstoß konnten die deutschen Flugzeuge ihre eigenen Truppen leicht mit denen des Feindes verwechseln.

interpretiert wurde. Als Folge davon stieg das Unbehagen unter der Zivilbevölkerung der Beneluxstaaten dramatisch an.

Die Alliierten hatten als Reaktion auf die Nachricht von der deutschen Invasion am 10. Mai den Dyle-Plan in Gang gesetzt. Um 7 Uhr erteilte General Gamelin der Heeresgruppe 1 Befehl, nach Belgien hinein vorzustoßen. Im Norden, an der linken Flanke der Alliierten, zog General Girauds 7. Armee rasch durch Flandern zu den Mündungen der Schelde und Zeeland, um sich bei Breda mit den Holländern zu verbinden. Dies missslang. Die BEF unter Befehl General Lord Gorts begann zu ihrer Stellung entlang der Dyle-Linie zwischen Louvain und Wavre, direkt südlich der belgischen Armee, zu ziehen.

Zur Rechten der BEF stand General Blanchards 1. Armee, die Anweisung hatte, die Linie zwischen Wavre und Namur zu übernehmen. General Coraps 9. Armee sollte um ihr Zentrum schwenken. Ihr linker Flügel würde die Linie entlang der Meuse (die französische Bezeichnung für die Maas) bis Namur halten, während ihr rechter Flügel in seiner Stellung blieb. Die 2. Armee unter General Huntziger sollte an ihrem Platz bleiben und den Abschnitt zwischen Donchery und Longuyon halten. Der Dyle-Plan setzte den Hauptteil der alliierten Streitkräfte – 41 Divisionen mit 600.000 Mann – ein, um die Lücke zwischen dem Ärmelkanal und der Maginot-Linie zu füllen. Viele der besten für die Alliierten verfügbaren Truppen wurden bei seiner Umsetzung benutzt. Scheiterte er, so würden die Auswirkungen für die Sache der Alliierten fast sicher katastrophal sein.

Nach den Monaten der Untätigekit des Sitzkriegs waren die alliierten Truppen fast erleichtert, als sie in den Kampf zogen, obwohl Lieutenant General Alan Brooke, Kommandeur des II. Korps der BEF, ein Gefühl des Zweifels an einem unmittelbar bevorstehenden Kampf ausdrückte: „An einem wunderbaren Frühlingstag mit seiner schönen Natur fiel es schwer zu glauben, dass wir den ersten Schritt zu einer der größten Schlachten der Geschichte taten." Der Vorstoß geschah ordnungsgemäß, ein Zeichen der harten Arbeit des alliierten Planungsstabs in den vergangenen Monaten. Doch Gamelins Armeen bewegten sich wie jene des Ersten Weltkriegs: Sie konnten eine vorherbestimmte Bewegung effizient ausführen, doch reagierten sie lang-

OBEN:
Eine deutsche Panzerkolonne rückt auf einer Straße in Holland vor. Zwar war der Eroberung Hollands nur eine Panzerdivision zugeteilt worden, doch diese spielte eine wichtige Rolle bei der Beseitigung feindlicher Stützpunkte und versorgte die leicht bewaffneten Luftlandetruppen mit dem nötigen „Muskel".

sam auf Ereignisse wie die wiederholten Durchbrüche des deutschen Heeres entlang der holländischen und belgischen Grenzen.

Französische Schwäche

An der Spitze des Vormarsches von Blanchards 1. Armee stand das Kavalleriekorps, ein hochwertiger Verband zweier leichter Panzergrenadierdivisionen unter dem Kommando General René Prioux'. Die Panzer des Kavalleriekorps kamen gut voran und erreichten am 11. Mai bei Gembloux ihren Abschnitt der Dyle-Linie, doch Prioux war über den schlechten Zustand der seine Truppen erwartenden Verteidigungsstellungen schockiert. Die Belgier waren für den Aufbau der Linie zuständig. Um die Neutralität einzuhalten und die Deutschen nicht zu provozieren, hatten die Alliierten sie nicht inspizieren dürfen. Gleichzeitig erfuhr Prioux, dass die Deutschen beim Albertkanal durchgebrochen waren. Zwischen ihm und ihnen lag offenes Land, ideal geeignet für Panzer. Prioux berichtete besorgt an seine Vorgesetzten und schlug vor, den Dyle-Plan zugunsten des ursprünglichen Manövers zur Escaut-Linie aufzugeben. Er wurde überstimmt, doch General Blanchard erhielt Anweisung, seinen Vormarsch zur Dyle-Linie zu beschleunigen, um vor dem festgesetzten Datum, dem 15. Mai, dort einzutreffen.

Der deutsche Stab im OKH war zufrieden, als er vom alliierten Vorstoß nach Belgien hinein erfuhr. Hauptziel der Invasion der

Heeresgruppe B in den Beneluxstaaten war nach den Worten des britischen Militärautors Sir Basil Liddell-Hart, „das Tuch des Matadors zu schwenken“, um die Aufmerksamkeit der Alliierten zu wecken und vom Hauptstoß durch die Ardennen abzulenken. Hitler rief aus: „Ich könnte vor Freude weinen, dass sie in meine Falle gegangen sind!“ Man erwartete, dass die deutsche 18. Armee wenig Probleme haben würde, Holland militärisch zu unterwerfen, und General von Reichenau wurde eingeschärft, seine 6. Armee müsse die alliierten Kräfte in Zentralbelgien beschäftigen und festnageln, damit sie nicht in die Ardennen-Region verlegt werden konnten, sobald die Alliierten die wahren deuschen Pläne erkannten. Doch die Alliierten durchschauten die deutsche Strategie ohnehin nicht und konzentrierten sich auf Zentralbelgien.

Zu wenig Luftunterstützung

Angesichts der Tatsache, dass die Deutschen genügend Brücken über die Maas/Meuse hatten sichern können, war es entscheidend, dass alliierte Flugzeuge diese zerstörten. Doch die Reaktion der Alliierten in der Luft war bemerkenswert langsam und ineffektiv. Die Franzosen fürchteten Vergeltungsschläge der deutschen Luftwaffe auf Paris und andere Städte in Nordostfrankreich und erlaubten keine Luftangriffe auf deutsches Gebiet, während zugleich lange Panzerkolonnen bereit waren, die alliierte Verteidigung an den verwundbarsten Stellen zu durchbrechen. Sie warteten auf den Straßen auf ihre Chance. Am 11. Mai griff eine Staffel belgischer leichter Fairey-Battle-Bomber die Brücken bei Maastricht an, doch ihre Bombenlast war für diese Aufgabe zu klein, und die Battle war langsam und daher durch die deutsche Flugabwehr, die diese Brücken inzwischen umringte, verwundbar. Von den 15 eingesetzten Flugzeugen kehrten nur fünf zurück.

Am 12. Mai erhielt die RAF und später die französische Luftwaffe Anweisung, die Brücken bei Maastricht anzugreifen, über die nun Höpners Panzer ins belgische Flachland ziehen konnten. Blenheim-Bomber der RAF starteten ihren Angriff am Morgen, doch von den neun losgeschickten Flugzeugen wurden sieben von deutschen Jagdflugzeugen abgeschossen. Zu Mittag flogen französische Bréguet-Bomber zu den Brücken, doch schweres und genaues Flugabwehrfeuer verursachte Verluste. Den letzten Angriff des Tages flog ein Teil einer Staffel von Fairey Battles der RAF, die ihren Angriff verwegen durchzogen. Nur ein einziges Flugzeug kehrte zurück.

Ergebnis dieses Angriffs war die Zerstörung nur eines Trägers der Veldwezelt-Brücken. Die Deutschen sagten zu einem Überlebenden des Überfalls: „Ihr Engländer seid verrückt. Wir nehmen die Brücke am Freitagmorgen. Ihr lasst uns den ganzen Freitag und Samstag, um unsere Flugzeugabwehrkanonen rings um die Brücke aufzustellen, und dann, am Sonntag, wenn alles fertig ist, kommt ihr und versucht, das Ganze in die Luft zu jagen.“ Dies fasst vieles von dem gut zusammen, was bei der alliierten Reaktion auf die deutsche Invasion falsch lief.

Die Konferenz von Casteau

Da die Alliierten in der Zeit vor der Invasion keine wirksame Kommandostruktur aufgebaut hatten, trat am 12. Mai in einem Château

LINKS:
Der britische Infanteriepanzer Mk II wurde allgemein „Matilda“ genannt, da diese Variante des Mk I eine entfernte Ähnlichkeit mit einer Cartoon-Figur, Matilda der Ente, aufwies. Er war zwar langsam und mit einer leichten Zwei-Pfünder-Kanone bewaffnet, doch seine schwere Panzerung konnte den deutschen Panzerkanonen dieser Phase widerstehen.

OBEN:
Die Deutschen machten die Erfolge ihrer Luftlandetruppen rasch einer breiteren Öffentlichkeit bekannt, schon um die alliierten Soldaten zu demoralisieren. Hier werden deutsche Fallschirmjäger gemeinsam mit einem gefangen genommenen gegnerischen Soldaten von der Presse des neutralen Auslands interviewt.

bei Casteau, nahe dem Schlachtfeld des Ersten Weltkriegs von Mons, eine Konferenz zusammen, um die Situation zu verbessern. Anwesend waren der belgische König Leopold und sein Militärberater, der französische Außenminister Daladier und die Generäle Georges und Billotte sowie Lord Gorts Generalstabschef, Sir Henry Pownall. Das Treffen löste das Problem des Kommandos nicht: Billotte erhielt die vage Vollmacht, bei der Koordination als Georges' „Beauftragter" zu agieren. Im Endeffekt konnten das belgische und das britische Kommando selbstständig operieren. Dass das französische Oberkommando seine kleineren Alliierten nicht mit einem effizienten Kommando ausstattete und die Reaktion auf den deutschen Angriff nicht wirkungssvoll koordinieren konnte, sollte noch schwer wiegende Folgen haben.

Während die Casteau-Konferenz noch in Gang war, veschlechterte sich die militärische Lage in Holland rasch. Im Norden waren deutsche Truppen durch Groningen gezogen und hatten die Ostküste des Ijsselmeers erreicht. In Zentralholland waren deutsche Bodentruppen bis Deventer und Arnhem (das am Tag zuvor von Fallschirmtruppen genommen worden war) gestoßen und würden bald nahe Utrecht und Amsterdam sein. Weiter südlich hatte sich am 12. Mai die 9. Panzerdivision mit den Fallschirmtruppen verbunden, die die Moerdijk-Brücke hielten. Holland war nun praktisch entzweigeschnitten, und wegen des Rückzugs der 7. Armee Girauds war es nun auf sich allein gestellt.

Am 13. Mai drückten die Deutschen hart gegen Rotterdam und die Verteidigungsstellungen der *Vesting Holland*. Zum Erstaunen General Küchlers, des Kommandeurs der deutschen 18. Armee, leisteten die Holländer erbitterten Widerstand, und die Deutschen kamen nur langsam voran. Das OKH drängte Küchler, die Niederländer rasch zu erledigen, um Truppen seines Kommandos für die anderswo ausgefochtenen Hauptschlachten frei zu bekommen. Am Abend des 13. Mai befahl er seinen Männern, „den Widerstand in Rotterdam mit allen Mitteln zu brechen".

Holland kapituliert

Am 14. Mai sah die holländische Armee ein, dass der Widerstand nicht endlos fortgesetzt werden konnte. Man verhandelte über eine Waffenruhe. Um die Holländer völlig in die Knie zu zwingen, wurden 60 Heinkel-He-III-Bomber zum Angriff auf das Zentrum Rotterdams abkommandiert. Während Deutsche und Holländer noch verhandelten, näherten sich die Bomber der Stadt. Versuche, sie zurückzurufen, wurden nicht registriert. 20 Minuten lang bombardierten die Heinkel die wehrlose Stadt. Sie verursachten riesige Brände und materiellen Schaden – geschätzte 78.000 Menschen verloren durch den Angriff ihr Heim. In diesem Augenblick des Schreckens und der Konfusion behaupteten die holländischen Behörden, 30.000 Personen seien getötet worden, doch die richtige Zahl betrug etwa 900. Die übertriebene Zahl kam jedoch den Deutschen psychologisch unmittelbar zu Hilfe, da sie überall in den Großstädten Westeuropas Schockwellen der Angst hervorrief. Die Moral in der Bevölkerung Belgiens und Frankreichs hatte einen weiteren Schlag erhalten.

Noch am selben Tag akzeptierte der holländische Oberbefehlshaber, General Winkelman, eine bedingungslose Kapitulation. Die holländischen Truppen erhielten am Morgen des 15. Mai Befehl, die Waffen zu strecken (obwohl der Widerstand in Zeeland noch bis zum 17. Mai andauerte). Holland war nach nur fünf Kampftagen ausgeschaltet. Schiffe der holländischen Kriegsmarine sowie Königin Wilhelmina und ihre Regierung fuhren nach England, um den Kampf vom Exil aus weiterzuführen. Ihnen schlossen sich Schiffe der Handelsmarine an, deren drei Millionen Registertonnen den Alliierten zur Verfügung gestellt wurden.

In den ersten Phasen der Invasion der Beneluxstaaten hatte die deutsche Luftwaffe ihre Kraft gegen Holland konzentriert, um dessen Niederwerfung zu beschleunigen. Nun wurden ihre Flugzeuge für die Schlacht um Belgien umdirigiert. Schon am 12. Mai meldeten die Alliierten zunehmend schwerere Angriffe besonders durch Stukas, die den Vorstoß der 3. und 4. Panzerdivision des XVI. Panzerkorps Höpners deckten. Als die Belgier von ihren Stellungen am Albertkanal (und von den

UNTEN:
Ein deutscher PzKpfw II bewacht eine Straße bei Trondheim. Daneben liegen Opfer. Die Hauptwaffe des PzKpfw II bestand zwar nur aus einer leichten 2-cm-Kanone, doch war er schnell und zuverlässig.

Ardennen) in Richtung der ihnen zugeteilten Sektoren an der Dyle-Linie zurückfielen, blieb Prioux' Kavalleriekorps die einzig stärkere Truppe gegen die deutschen Panzer.

Die beiden Divisionen des Kavalleriekorps – die 2. und 3. DLM – waren mit leichten Somua- und Hotchkiss-H-35-Tanks, etwa 175 pro Division, ausgestattet, sodass sie zahlenmäßig den Panzerverbänden ihnen gegenüber leicht unterlegen waren. Die Qualität der Panzer beider Seiten war etwa gleich. Der Hauptunterschied lag im überlegenen taktischen Wissen der Deutschen beim Einsatz der Tanks auf dem Schlachtfeld.

Die erste Panzerschlacht

Bei der Stadt Hannut begannen die ersten deutschen und französischen Panzer am 12. Mai den Kampf gegen einander – die erste Panzerschlacht des Feldzugs. Der Ausgang des Kampfes blieb unentschieden. Die deutschen Panzer kamen nicht durch, das Kavalleriekorps hielt seine Stellungen. Am folgenden Tag nahm man die Kämpfe wieder auf. Beide Verbände lieferten einander eine umfassende Schlacht Panzer gegen Panzer. Der Hauptkampf fand beim Dorf Merdorp, im Westen Hannuts, statt. Die Deutschen waren von der starken Panzerung der Somua-Tanks (die deutsche Treffer aus weiterer Distanz aushielt) beeindruckt, doch konnten sie durch ihre bessere Wendigkeit die Schwachstellen der französischen Panzer finden. Ein deutscher Offizier kritisierte die französische Taktik bei Merdorp. Er beschrieb „die Tatsache, dass sie einzeln und in loser Formation kämpfen,

nicht alle gemeinsam unter einem Kommando. Sie können aus Stärke und Anzahl keinen Vorteil ziehen."

Am Ende des Tages verzeichneten beide Seiten schwere Verluste, doch war es Prioux, der sich zurückziehen musste, da sein Haupt-

QF 2-Pfünder-Panzerabwehrkanone
Großbritannien

RECHTS:
Die Haupt-Antipanzerwaffe der BEF, der 2-Pfünder, war schwer und konnte starke Frontpanzerung nicht durchschlagen. Sie war zum Zeitpunkt der deutschen Offensive bereits veraltet. Die meisten Exemplare in Dienst gingen bei der Evakuierung Dünkirchens verloren.

quartier überrannt zu werden drohte. Im Schutz der Dunkelheit zogen die Franzosen ihre Tanks hinter die belgischen Panzerabwehrstellungen bei Perwez zurück. Prioux hatte zwar den Vorstoß des deutschen XVI. Panzerkorps – der Spitze der 6. Armee – verlangsamt, doch war sein Korps nicht stark genug, jene unabhängigen Operationen einzuleiten, die bald nötig sein würden.

Die Bedrohung in den Ardennen

Am 13. Mai begannen Berichte an General Georges, den Oberbefehlshaber der Nordostfront, über eine deutsche Invasion durch die Ardennen und über die obere Meuse darauf hinzudeuten, dass dies eine größere Offensive sein könnte. Die französische 2. und 9. Armee, die dem Angriff direkt gegenüberstanden, drohten einzuknicken, und am Abend des 13. Mai wurde berichtet, Georges, der krank war, stehe kurz vor dem Zusammenbruch. Doch aufgrund der schlechten alliierten Kommunikationsverbindungen blieb General Gamelin und der französischen und britischen Regierung der Ernst der Lage am Südabschnitt der Front unbekannt.

Am 14. Mai arbeitete sich die deutsche 6. Armee an die Dyle-Linie heran. Ihr Kommandeur, General Reichenau, erhielt die Anweisung: „Angriff auf die feindlichen Stellungen zwischen Louvain und Namur am 15. Mai, um die Konsolidierung der alliierten Truppen in dieser Position zu verhindern." Die deutschen Panzer- und Infanteriedivisionen griffen die französische 1. Armee in der Gembloux-Region an und stießen in die französische Linie, doch heftige Gegenangriffe des IV. Korps General Aymes' und des lädierten Kavalleriekorps Prioux' schlugen die Deutschen zurück. Reichenau erhielt widerwillig Befehl, den Angriff um 16.30 Uhr abzublasen, um den Kampf am folgenden Tag auf mehr orthodoxe Art mit einem sorgfältig geplanten Angriff wieder aufzunehmen.

Weiter im Norden griff das deutsche XI. Korps britische Stellungen um Lovain herum an. Den Deutschen gelang es, in die Stadt einzubrechen, doch wurden sie durch einen Gegenangriff der britischen 3. Division (unter dem Kommando Major General Bernard Law Montgomerys) wieder vertrieben. Letztere wurde durch schweres Artilleriesperrfeuer aus

OBEN:
Deutsche Flugabwehr-Artillerie in Aktion. Die Deutschen setzten ihre 8,8-cm-Kanonen sehr vielseitig ein. Sie benutzten sie falls nötig auch gegen Bodenziele. Besonders wirksam waren diese Kanonen gegen Tanks, deren Panzerung für herkömmliche Panzerabwehrkanonen zu dick war.

UNTEN:
Ein Mitglied der Crew eines britischen Whitley-Bombers vor dem Start im Mai 1940. Er trägt den so genannten Irvin „Harnisuit" (Gurtzeug-Anzug) mit Befestigungen für den Fallschirm und einer aufblasbaren Schwimmweste. Der Whitley-Bomber war wie vieles in der britischen Ausrüstung bei Kriegsausbruch bereits überholt, wurde aber bis 1942 an der Front eingesetzt. Am 19. März 1940 waren die Whitleys seit 1918 die ersten Flugzeuge, die Bomben auf das Deutsche Reich abwarfen.

den alten, doch immer noch wirksamen 60-Pfündern der Division unterstützt. Am Abend des 15. Mai waren alle deutschen Angriffe auf die Dyle-Linie zurückgeschlagen, und trotz ständiger Angriffe der dominanten deutschen Luftwaffe konnten die Alliierten an diesem Teil der Front mit ihrem Tagewerk zufrieden sein.

Am 14. und 15. Mai querten die deutschen Panzer der Heeresgruppe A die Meuse und brachen in offenes Gelände durch. Die alliierten Stellungen an der Dyle-Linie waren nun umgangen, und am Abend des 15. traf General Billotte die folgenschwere Entscheidung, die Linie aufzugeben. Die Alliierten sollten sich an eine Linie am Fluss Escaut (Schelde) zurückziehen und die ursprünglich, vor Gamelins Dyle-Idee, geplanten Verteidigungsstellungen einehmen. Unter diesen Umständen war dies wohl die einzige dem französischen Oberkommando offen stehende Entscheidung, doch wegen der armseligen alliierten Kommandokette erfuhren die britischen und belgischen Kommandeure erst am folgenden Morgen davon, und auch da erst durch die Initiative ihrer Verbindungsoffiziere.

Die Folgen des Rückzugs

Die Belgier waren über die Entscheidung verständlicherweise verbittert. Sie mussten nun den Großteil ihres Landes den Eindringlingen überlassen. Der stellvertretende belgische Generalstabschef, General Derousseaux, meinte später: „Es kam wie ein Blitz aus heiterem Himmel. Dies und die folgende Kapitulation sind meine schlimmsten Erinnerungen an den Feldzug. Der Generalstab war wie betäubt. Wir mussten uns zum Handeln antreiben und die nötigen Vorbereitungen für die Ausführung dieses Befehls durchführen."

Der Abzug der alliierten Armeen von der Dyle-Linie war ein potenziell schwieriges Manöver, da sie entlang der Front durch die deutsche 6. Armee beschäftigt wurden. Dass sich die Alliierten in meist guter Ordnung an die Escaut-Linie zurückziehen konnten, war eine Folge des nunmehr relativ langsamen Vorstoßes der Deutschen. Das XVI. Panzerkorps war südwärts zurückgezogen und unter Befehl der Heeresgruppe A gestellt worden, die nun neun der zehn im Westen verfügbaren Panzerdivisionen enthielt. Der Abzug der Panzer Höpners nahm der 6. Armee nicht nur ihre mobile Schneide. Da das Panzerkorps auch die meiste Ausrüstung zum Brückenbau besaß, war der Vormarsch der Infanterie nun durch die vielen Kanäle und Flüsse der Region gehemmt.

Probleme machten den abziehenden Truppen die ständigen Angriffe der deutschen Luftwaffe und die steigende Zahl der Flüchtlinge. Dauernde Bombenangriffe schwächten die Moral der alliierten Armeen. Ein französischer Unteroffizier beschrieb das Gefühl der Hoffnungslosigkeit des einfachen Soldaten, der seinen Gegner in der Luft nicht bekämpfen konnte: „Das Gesicht des Feindes nicht zu sehen, kein Mittel zur Verteidigung zu haben, nicht den Schatten eines französischen oder alliierten Flugzeugs während der Stunden des Bombardements zu sehen: Dies war einer der Hauptgründe dafür, dass unser Glaube an den Sieg verloren ging."

Bei der Zivilbevölkerung Hollands, Belgiens und Frankreichs schufen die Meldungen über Luftlande- und Bombenangriffe ein Klima der Panik, das durch die Behörden, die Warnungen vor der Gefahr einer „Fünften Kolonne" herausgaben, noch verstärkt wurde. Leicht beeinflussbare Personen sahen überall „Fallschirmtruppen", und gelegentlich wurden sogar Nonnen und Priester als angebliche Nazispione verhaftet.

Die Angst vor einer deutschen Eroberung – berechtigt genug – erzeugte einen Massenexodus derjenigen, die sich in Sicherheit bringen wollten. Lange Kolonnen von Zivilisten verstopften die Straßen, als buchstäblich Millionen Menschen westwärts flüchteten (zwei Millionen Holländer und Belgier und bis zu fünf Millionen Franzosen). Dies war für die Alliierten, die sich an neue Stellungen zurückzogen oder bestehende zu verstärken suchten, ein Alptraum. Zwar hatte die BEF Pläne für eine organisierte Evakuierung entworfen, doch die britischen Truppen wurden durch diesen Exodus überwältigt. General Brooke gab einen Bericht über das Problem:

Viele Frauen waren äußerst erschöpft, etliche hatten ihre kaputten Schuhe durch braunes Papier und Schnüre ersetzt. Der Präfekt informierte mich, dies seien die 800.000 Personen, die wir westwärts evakuiert hatten. Sie waren auf deutsche Panzerkräfte getroffen und auf Gerüchte über diese, wo es keine gab. Wie eine riesige Welle wogte diese ganze Menschenmenge, der es an Nahrung ebenso fehlte

RECHTS:
Einer der vielen Staus, die der schnelle deutsche Vorstoß nach Belgien hinein im Mai 1940 verursachte. An größeren Kreuzungen sorgte Militärpolizei für Vorrang für die Kampfeinheiten.

WH
56110

wie an Schlaf, blankes Entsetzen im Herzen, wieder zurück und verstopfte zu einem Zeitpunkt, in dem Mobilität ein entscheidender Faktor war, alle Straßen.

Am Abend des 19. Mai hatten die Alliierten trotz solcher Probleme ihren Rückzug an die Escaut-Linie abgeschlossen. Die belgische Armee hielt den Abschnitt von Terneuzen bis Oudenarde (dem Ort eines der Siege des Duke of Marlborough) mit elf Divisionen und weiteren sieben in Reserve. Die BEF mit sieben Divisionen an der Front und einer in Reserve war entlang des Flusses Escaut (Schelde) von Oudenarde südwärts bis zur franko-belgischen Grenze postiert, obwohl Gort in der Folge als Sicherung gegen einen deutschen Angriff vom Süden her Einheiten entlang seiner rechten Flanke umverlegte.

Trotz der Müdigkeit durch den langen Marsch zur Dyle-Linie und wieder zurück blieb die BEF in guter Verfassung. Die französische 1. Armee hatte härtere Zeiten als die Briten erlebt. Sie hatte der Hautstoß des Angriffs der deutschen 6. Armee getroffen, doch auch sie blieb auf Linie, obwohl ihre rechte Flanke ohne Unterstützung war, da sie den Kontakt zur französischen 9. Armee verloren hatte. Ein großer Teil des Kavalleriekorps Pri-

UNTEN:
Belgische Beamte gehen ein durch einen deutschen Luftangriff zerstörtes Eisenbahngleis entlang. Die deutsche Luftwaffe spielte durch ihr Bombardement eine Schlüsselrolle, indem sie die Bewegung alliierter Verstärkungen verhinderte.

OBEN:
Eine erschöpfte belgische Artillerieeinheit zieht sich am 22. Mai 1940 aus der Stadt Louvain zurück. Nach weniger als zwei Wochen des Kampfes war die belgische Armee am Zusammenbrechen.

oux' war zum Unbehagen seines Kommandeurs aufgeteilt worden, um die Infanteriedivisionen mit Panzern zu untesrtützen.

Französische Lähmung

Das Unvermögen des französischen Oberkommandos, die Lage richtig einzuschätzen und als Reaktion gegen die deutsche Bedrohung kohärente Befehle auszugeben, hatte das Vertrauen der französischen Feldkommandeure und der Briten unterminiert. General Sir Edmund Ironside, der britische CIGS, hielt in einem Tagebucheintrag vom 17. Mai seine Gefühle bezüglich der Franzosen fest: „Wir haben in einem Wolkenkuckucksheim gelebt. Wir verließen uns hauptsächlich auf die Stärke der französischen Armee. Und die ist zertrümmert oder fast zertrümmert. Im Moment sieht es nach dem größten militärischen Desaster der Geschichte aus."

Lord Gort, Kommandeur der BEF, hatte etliche Tage lang keine Anweisungen von seinem nominellen Vorgesetzten, General Billotte, erhalten, und die Briten wussten nicht, was die Franzosen gegen einen deutschen Vorstoß nach Frankreich planten. Ab dem 19. Mai verstärkten sich Gorts Ängste um die Sicherheit seiner Truppen. Nach einem Gespräch mit Billotte sah er, dass die Franzosen keine adäquaten strategischen Reserven gegen den deutschen Vormarsch hatten. Am 19. warnte er das britische Kriegsministerium, die BEF müsse eventuell vom Festland evakuiert werden, wenn auch nur als letzte Maßnahme.

Ebenfalls am 19. Mai wurde General Gamelin als Oberbefehlshaber entlassen. Die Geduld der politischen Führung war zu Ende. Reynaud ersetzte ihn durch General Maxime Weygand, der aus Syrien nach Frankreich geflogen werden musste. Das Timing des Kommandowechsels hätte nicht schlechter sein können, da Weygand Zeit zum Erfassen der Situation benötigte, und Zeit gab es nicht.

Der Ärmelkanal wird erreicht

Am Abend des 20. Mai erreichten Panzer des Panzerkorps Guderians die Kanalküste. In nur zehn Tagen hatten die Deutschen die alliierten Armeen zerteilt und die Belgier, die Briten und große Teile der französischen Streitkräfte von den französischen Hauptarmeen im Süden abgeschnitten. Wie Ironside befürchtet hatte, standen die Alliierten vor einem totalen Desaster.

KAPITEL SECHS

PANZER-DURCHBRUCH

Der deutsche Panzerstoß durch die Ardennen war schnell und vernichtend. Die Alliierten taumelten ob des raschen Anschlages und waren gegen den deutschen Vorstoß fast hilflos.

Am Abend des 9. Mai erhielten die Kommandeure und Truppen der Heeresgruppe A ihre Befehle für den Angriff im Westen. Generaloberst Rundstedts Heeresgruppe A umfasste 45einhalb Divisionen, geteilt in drei Armeen: die 4. Armee (General Kluge), die 12. Armee (General List) und die 16. Armee (General Busch). Die Speerspitze des Angriffs der Heeresgruppe bildeten ihre drei Panzerkorps und die unterstützende motorisierte Infanterie. Sie sollten nicht nur durch die feindliche Frontlinie brechen, sondern den Durchbruch auch ausnutzen und tief in feindliches Gebiet stürmen. Konnten sie allerdings ihren Auftrag nicht erfüllen, so würde die gesamte deutsche Offensive zusammenbrechen.

Die Panzergruppe Kleist war die Hauptstoßtruppe. Sie bestand aus dem XIX. Panzerkorps General Heinz Guderians (1., 2. und 10. Panzerdivision sowie das verstärkte Regiment *Großdeutschland*) und dem XLI. Korps Reinhardts (6. und 8. Panzerdivision). Beide Korps wurden durch das XIV. Motorisierte Korps General Wietersheims unterstützt. Guderian war zwar Deutschlands größter Panzerexperte, doch wegen seines feurigen Wesens wurde er dem bedächtigeren General Ewald Kleist unterstellt.

Für die Deckung der Nordflanke der Panzergruppe Kleist sorgte das XV. Panzerkorps Hoths (5. und 7. Panzerdivision). Kommandeur der 7. Panzerdivision war der damals noch unbekannte Generalmajor Erwin Rommel, der im Polenfeldzug Kommandant des Führerhauptquartiers gewesen war. Er war zwar Infanterist, doch durch die Vorstellung der Panzer in Polen so beeindruckt, dass er von Hitler das Kommando über eine der neulich aufgewerteten leichten Divisionen erbat und erhielt. Binnen weniger Monate meisterte Rommel die Schwierigekeiten der Leitung eines Panzerverbands. Im kommenden Feldzug sollte er sich ein Ansehen erwerben, das das der etablierten Panzergeneräle noch übertraf.

Die französischen Verteidiger

Der deutschen Invasionstruppe gegenüber standen zwei unterbemannte und nicht voll ausgerüstete französische Armeen. Die 9. Armee (General Corap) umfasste vier Infanterie-, zwei leichte mechanisierte und zwei Kavalleriedivisionen. Die 2. Armee (General Huntziger) bestand aus fünf Infanterie- und zwei Panzerdivisionen. In beiden Armeen gab es wenig reguläre Verbände. Die meisten waren Reserve- oder Festungsdivisionen geringer Qualität, denen es bedenklich an Panzerabwehr- und Flugabwehrkanonen mangelte. Die 9. und die 2. Armee standen unter General Billottes Heeresgruppe 1, doch von Be-

GEGENÜBER:
Eine der Folgen des deutschen Durchbruchs in den Ardennen – die totale Niederlage der alliierten Armeen und die Evakuierung aus Dünkirchen. Hier warten Offiziere und Mannschaften der Royal Ulster Rifles auf einem improvisierten Pier in Dünkirchen.

OBEN:
Ein Teil der 7. Panzerdivision Rommels stößt in einer Kolonne tief nach Frankreich hinein vor, während man darüber ein deutsches Aufklärungsflugzeug sieht.

ginn der Feindseligkeiten an war der überlastete Billotte mehr mit Operationen weiter nördlich, im belgischen Tiefland beschäftigt.

In den Morgenstunden des 10. Mai schlängelten sich lange Panzerkolonnen durch die Ardennen und über die deutsche Grenze nach Belgien und Luxemburg. Die Panzerdivisionen brachten es auf über 2000 Tanks und tausende weitere Fahrzeuge. Sie erzeugten den größten Stau der Militärgeschichte. Rundstedts Stabschef schätzte, dass die Panzerkolonnen 160 km lang waren, was beim deutschen Oberkommando starke Furcht hervorrief, die Alliierten könnten ihren Invasionsplan durch die Ardennen entdecken. Und die langen, oft stehenden Kolonnen bildeten ein ideales Ziel für Luftangriffe. Die deutsche Luftwaffe hielt über den Panzerformationen einen enormen Schutzschild aufrecht, doch die alliierte Luftaktivität war überraschend gering. Die Franzosen zeigten wenig Interesse an Luftaufklärung.

Deutsche Planung

Die vorzügliche Planung durch den Generalstab, die ein Merkmal deutscher Operationen war, stellte sicher, dass logistisch alles so glatt wie möglich lief. Alle Straßenkreuzungen wurden mit Militärpolizei besetzt, die den Verkehr nach sorgfältig festgelegten Richtlinien lenkten. Fahrzeuge, die zusammenbrachen, wurden von der Straße geschoben. Ein Panzerfahrer der 1. Panzerdivision beschrieb den Vorstoß über die Grenze:

Mit jeder Stunde, die vergeht, wird es auf den Zugangsstraßen belebter, immer mehr hier in der Eifel untergebrachte Truppen sind unterwegs. Wir überholen marschierende, reitende und fahrende

Kolonnen. Der Motorenlärm zehrt in dieser Nacht der Ungewissheit an den Nerven. Die Fahrer müssen sehr aufmerksam sein, um nicht in den Straßengräben zu landen. Es ist stockdunkel.

Als die Nachricht über die deutsche Offensive zum alliierten Oberkommando durchsickerte, wandte General Gamelin, der französische Oberbefehlshaber, den Dyle-Plan an. Gamelins Anweiung gemäß stieß der linke Flügel der 9. Armee Coraps zur Meuse vor. Die Panzerverbände der 9. und 2. Armee erhielten Befehl, sich deutschen Truppen, die durch die Ardennen kommen sollten, zu stellen. Da die Alliierten überzeugt waren, der Hauptstoß würde durch Zentralbelgien erfolgen, sollte der Panzervorstoß eine Aufklärungsaktion darstellen, um die deutsche Verteilung in dieser Region zu erkunden. Am 10. Mai traf die französische Panzertruppe der 9. Armee auf starke deutsche Panzerkräfte und zog sich zurück. Am folgenden Tag gab es etliche weitere Treffen französischer und deutscher Panzertruppen. Die 2. und 5. Leichte Panzerdivision der Französischen 2. Armee wurden unter schweren Verlusten zurückgeworfen, während die Panzerverbände der französischen 9. Armee über die Meuse zurückgetrieben wurden.

Ab 11. Mai war den Alliierten klar, dass die deutschen Truppen durch die Ardennen drängten, doch kannten sie die beteiligten Zahlen und die Absichten Deutschlands nicht. (Manche meinten, dies sei eine Finte, um die alliierte Aufmerksamkeit vom Hauptkampf in Zentralbelgien abzulenken – das genaue Gegenteil dessen, was tatsächlich geschah!) General d'Astier, Kommandeur der der Heeresgruppe 1 zugeteilten Luftstreitkräfte, beschrieb den Angriff als bloßen „Energieschub“. Das alliierte Oberkommando war nicht übermäßig besorgt und nahm die Haltung ein, „die Lage zu beobachten“.

Guderians Angriff

Während das XV. (Hoth) und das XLI. (Reinhardt) Panzerkorps relativ unbehindert zu ihrem ersten ernsthaften Hindernis, der Meuse, vorstießen, musste Guderians XIX. Panzerkorps das bewaldete, an den Seiten steil ansteigende Tal des Flusses Semois durchqueren. Obwohl seine Truppe nun aus der Luft angegriffen und nahe Sedan an der Meuse aus weiter Distanz von französischen 155-mm-Kanonen beschossen wurde, ging der Angriff über die Semois gut, hauptsächlich weil sich die Franzosen schlecht koordiniert zurück-

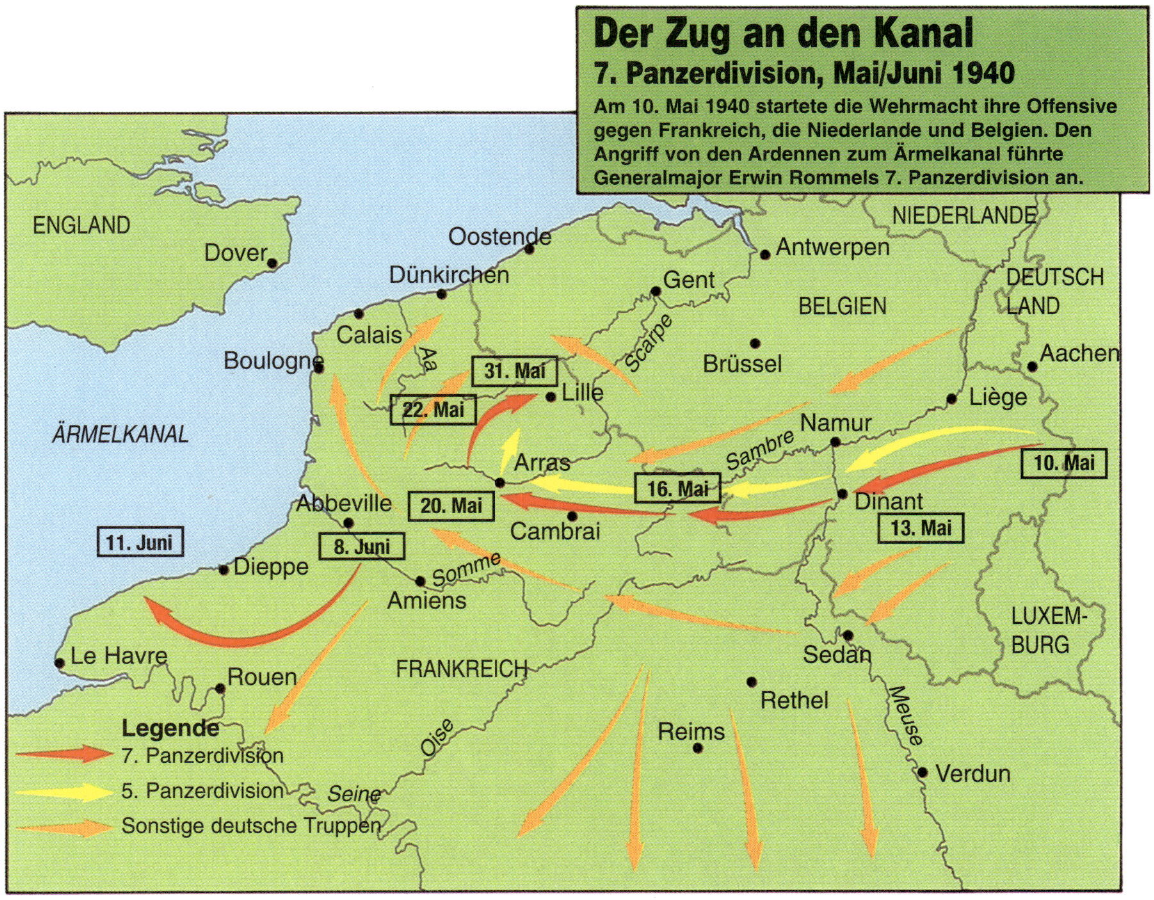

OBEN:
Guderian in seinem gepanzerten Stabswagen. Dieser ermöglichte ihm, mit den Spitzeneinheiten vorzurücken, doch über Funk auch mit dem Rest seines Korps und dem Heeresstab in Kontakt zu bleiben.

zogen und der deutschen Infanterie erlaubten, französische Stützpunkte zu infiltrieren und zu umgehen. Am 12. Mai kam Guderian knapp davon, als er in einem Hotel am Ufer der Semois den Vorstoß nach Sedan plante:

Plötzlich gab es in rascher Folge eine Reihe von Explosionen – ein weiterer Luftangriff. Als genüge dies noch nicht, fing ein Pionier-Versorgungszug, der Zünder, Sprengstoff und Handgranaten führte, Feuer, und es gab eine Detonation nach der anderen. Ein an der Wand unmittelbar über meinem Pult angebrachter Eberkopf löste sich und verfehlte mich um Haaresbreite. Die anderen Trophäen polterten herunter, und das dünne Fenster, hinter dem ich saß, ging zu Bruch. Glassplitter flogen mir um die Ohren.

Die Meuse wird erreicht

Am 12. Mai tauchten die Spitzenelemente der 1. und 10. Panzerdivision aus den Ardennen auf und erreichten die Meuse auf beiden Seiten der alten Festungsstadt Sedan (des Ortes des entscheidenden preußischen Siegs über Frankreich 1870). Am Abend sprengten die sich aus der Stadt (an der Ostbank) zurückziehenden Franzosen die Brücken über den Fluss, der an dieser Stelle nicht durchwatbar war. Guderian hatte wenig Artillerie, und die 2. Panzerdivision war etwas hinter den beiden anderen Verbänden zurück. Guderian war unschlüssig, ob er sofort am folgenden Tag angreifen sollte, doch Kleist, sein Vorgesetzter, war informiert, dass die scheinbar starken Stellungen auf der französischen Flussseite erst teilweise fertig gestellt waren. Er ermutigte Guderian zum sofortigen Angriff. Für den folgenden Tag versprach er die volle Stärke der Luftwaffe, was den Bedarf an Artillerieunterstützung verringern würde.

Am Mittag des 13. Mai erlebten die französischen Verteidiger das bisher schwerste Luftbombardement des Kriegs. Welle auf Welle von Stukas, leichten und schweren Bombern und Jägern schwärmten über den französischen Stellungen der 55. und 71. Infanteriedivision, Reserveverbänden der „B-Klasse", die vor allem „fette und schwammige Männer in den 30ern" enthielten. Das Bombardement war für den deutschen Erfolg entscheidend. Die Truppen, die bald über die Meuse gehen sollten, sahen angeregt zu. Ein Unteroffizier der 1. Panzerdivision beobachtete die Stukas:

Wie Raubvögel fallen sie gleichzeitig über ihr Opfer her und lassen ihre Bombenlast auf das Ziel los. Wir können die Bomben ganz deutlich sehen.

Es ist ein regelrechter Bombenregen, der auf Sedan und die Bunkerstellungen niederpfeift. Jedes Mal ist die Explosion überwältigend, der Lärm betäubend. Alles vermischt sich. Neben dem Heulen der Stukas beim Sturzflug pfeifen und krachen die Bomben. Ein schwerer Vernichtungsschlag trifft den Feind, und noch mehr Geschwader treffen ein, steigen hoch empor und stürzen sich dann auf dasselbe Ziel. Wir stehen da und sehen wie hypnotisiert zu. Die Hölle ist losgelassen!

Die Hauptwirkung der Stukas war psychologischer Art. In Wahrheit verursachten sie am hügeligen, bewaldeten Westufer der Meuse relativ wenige Verluste, doch dem entsetzten Soldaten schien es bei diesem Bombardement so, als ziele jedes Flugzeug direkt auf ihn. Ein französischer Offizier beschreibt die Wirkung auf seine Männer:

Die Kanoniere hörten zu feuern auf und gingen zu Boden, die Infanterie duckte sich in ihren Gräben, betäubt vom Krachen der Bomben und Kreischen der Sturzbomber. Sie hatten nicht den Instinkt, zu ihren Flugabwehrkanonen zu laufen und zurückzufeuern. Sie wollten nur die Köpfe unten behalten. Fünf Stunden dieses Alptraums reichten aus, ihre Nerven zu zerrütten. Sie wurden unfähig, gegen die feindliche Infanterie zu reagieren.

Die berüchtigte „88er“

Während des Bombardements schalteten deutsche 8,8-cm-Flugabwehrkanonen die feindlichen Geschützstellungen nahe der Wasserlinie aus. Sie waren eigentlich gegen Flugzeuge gebaut, doch ihre flache Hochgeschwindigkeitsgeschossbahn machte sie für diese Rolle ideal geeignet – und für das Ausschalten feindlicher Panzer.

Um 16 Uhr kehrten die deutschen Flugzeuge zur Basis zurück. Die französische Artillerie war ausgeschaltet. Nun ging die erste Angriffswelle über die Meuse. Das *Großdeutschland*- und das 1. Schützenregiment (der 1. Panzerdivision) begannen den Fluss auf Schlauchbooten zu queren. Einige Boote sanken. Trotzdem konnten am anderen Ufer die Fundamente eines Brückenkopfs gelegt werden. Die deutsche Eliteinfanterie kämpfte sich die Hänge am Ufer hinauf und schaltete dabei Bunker und andere Stützpunkte aus. Die Franzosen zogen sich ohne viel Kampf zurück, denn sie fürchteten getötet zu werden, falls sie in den Bunkern erwischt würden. Ein Offizier des *Großdeutschland*-Regiments beschreibt die Schnelligkeit und das Selbstvertrauen, das bei dieser Operation nötig war:

LINKS:
Ein deutsches 15-cm-Artilleriefeldgeschütz feuert auf französische Stellungen. Die Granaten wurden vor dem Feuern den Weidenhüllen (unten rechts) entnommen, die beim Transport als Schutz dienten.

OBEN:
Gut getarnte deutsche Soldaten paddeln in einem Schlauchboot einen Fluss entlang. Die Deutschen hatten die bei der Invasion Frankreichs und der Beneluxstaaten nötigen Flussquerungen ausgiebig geplant, und die deutsche Sturminfanterie machte von diesen leichten Booten guten Gebrauch.

Es darf keine Pause geben. Das Ziel muss bei Tageslicht genommen werden. Dann wird der Weg für die Panzer frei sein. Dem Feind darf keine Rast gewährt werden. Der zweite Bunker ist genommen, und wir können eine Panzerabwehrstellung ausmachen. Frische Sturmtruppen werden nach vorne gebracht, die Maschinengewehrgruppe kämpft die Schützenstellungen zur Linken nieder, und die Kompanie kann vorrücken. Wieder rücken die Grenadiere aus. Sie erklimmen den Hang voller Krater und queren tiefe Stacheldrahtsperren, bis die hinter einem Kamm liegenden Franzosen das Defensivfeuer eröffnen. Maschiengewehre und -pistolen versenden ihre todbringenden Kugeln. Handgranaten explodieren. Keiner nimmt Rücksicht auf das feindliche Feuer. Es ist keine Zeit anzuhalten. Die Spitzentruppen sind bereits in der feindlichen Stellung. Nahkampf, Mann gegen Mann – mit wildem Schwung wird der Angriff vorangetrieben.

Französische Auflösung

Die französischen Verteidigungslinien begannen zusammenzubrechen. Überlebende flohen nach hinten und verbreiteten Furcht. Um 20 Uhr griff die Panik im Dorf Bulson, 8 km von Sedan entfernt, auf französische schwere Artilleriebatterien über. Sie zerstörten ihre Kanonen und Munition und flohen ins Hinterland. Zu diesem Zeitpunkt saßen erst wenige deutsche Infanterieeinheiten am Westufer der Meuse. Die Panzer und die schwere Ausrüstung musste noch über den Fluss geschafft werden. Doch der Schock über den deutschen Angriff war so groß, dass sich die Franzosen in Auflösung befanden.

Um Mitternacht brachte Guderian seine Pioniere heran, um Pontonbrücken für die Panzer und Artillerie zu legen. Die 1. Panzerdivision war vorgestoßen, um die taktisch wichtigen Anhöhen bei Mafée zu besetzen, und das 1. Schützenregiment war in wenigen Kampfstunden 10 km tief eingedrungen. In den Morgenstunden des 14. Mai hatte sich das XIX. Korps einen Brückenkopf gesichert, der einen Aufbau der Kräfte für den dann folgenden Ausbruch erlauben sollte.

Die 6. und 8. Panzerdivision des XLI. Korps begannen ihren Angriff über die Meuse am Nachmittag des 13. Mai bei Monthermé. Es mangelte ihnen an Luftunterstützung, die bei Guderians Angriff so entscheidend gewesen war, und sie trafen auf starken Widerstand der französischen 102. Infanteriedivision, einer der wenigen regulären Verbände der französischen 9. Armee. Die deutsche Infanterie wurde von ihren Panzern unterstützt, die direkt in die Schlitze und Scharten der französischen Verteidigungsstellungen feuern konnten. Die Deutschen sicherten sich eine Stellung am gegenüberliegenden Ufer, doch das schlechte Terrain und harte Gegenwehr verhinderten weitere Fortschritte.

Weiter nördlich erreichte das XV. Panzerkorps in der Nacht vom 12./13. Mai die Meuse bei Dinant. Den Vorstoß führte die 7. Panzerdivision Rommels an. Wegen ständigen französischen Feuers konnten die Deutschen den Fluss nicht überqueren. Rommel versuchte, die Moral seiner Truppe aufrechtzuerhalten. Als sich der Morgennebel lichtete, gerieten die Deutschen wieder unter Feuer. Um seine Männer zu verbergen, ging Rommel an die Frontlinie und ließ einige Häuser in Brand stecken, um einen Rauchschirm zu schaffen. Doch er gab zu: „Als ich ankam, war die Lage nicht angenehm. Durch französisches Flankenfeuer wurden unsere Boote der Reihe nach zerstört, und die Überquerung kam schließlich zu Stillstand."

Der Hauptangriff stockte zwar, doch am Abend davor entdeckte ein Aufklärungstrupp des 7. Motorrad-(Krad-)Bataillons südlich Dinants ein Wehr über die Meuse, das intakt und unbewacht war. Der französische Kommandant dieses Flussabschnitts kannte das Wehr, doch das Bataillon, das er zu seiner Verteidigung ausgesandt hatte, hatte seine Befehle nicht befolgt. Auf Anweisung Rommels überquerten die Soldaten den Fußsteg des Wehrs und errichteten am gegenüberliegenden Ufer eine prekäre Stellung. Während des 13. Mai hielt der deutsche Motorradtrupp verbissen stand, als die Franzosen diese winzige Position zu vernichten suchten. Unter wiederholten Stuka-Angriffen konnten die verteidigende Infanterie sich nicht mit den Tanks der 4. leichten Panzerdivision abstimmen und wurde zurückgeschlagen.

Wachsender deutscher Druck

Am Nachmittag des 13. Mai erhielten Rommels Truppen am Fluss Panzer- und Artillerieverstärkung, was die Entschlossenheit der Verteidiger schwächte. Nach dem Bericht Hauptmann Königs vom 25. Panzerregiment erwiesen sich die Panzer wieder als erfolgreiche Bunkerknacker: „Das Feuer der Panzerkanonen, der 75-mm-Granaten sowie der gut verteilten 20-mm-Schnellfeuerkanonen zeigt rasch Wirkung. Die Kompanien schießen fast, als seien sie beim Training, und kein Ziel, keine verdächtige Bewegung des Feinds bleibt unbemerkt." Am Ende des Tages hatten Pioniere der 7. Panzerdivision eine Pontonbrücke errichtet. Am Morgen des 14. Mai hatten 15 deutsche Panzer den Fluss überquert.

UNTEN:
Deutsche Schlauchboote queren unter Kampfbedingungen einen Fluss. Während der Überfahrt waren Boote und Männer extrem verwundbar durch feindliches Feuer, obwohl ihre Kameraden Feuerschutz gaben, um den Gegner niederzuhalten.

OBEN:
Der Fieseler Storch wurde von den Deutschen als Aufklärungs- und leichtes Mehrzweckflugzeug eingesetzt. Hier überfliegt einer in Frankreich eine deutsche Panzerkolonne während einer kurzen Kampfpause. Die Tanks sind von Tschechen gebaute PzKpfw 38(t), die nach der Machtübernahme der Deutschen in der Tschechoslowakei 1939 hergestellt wurden.

Überholte alliierte Taktik

Der 13. Mai war für die deutschen Panzerverbände ein entscheidender Tag: Sie hatten das Haupthindernis zwischen sich und dem offenen Land überwunden. Ihre Brückenköpfe waren klein, doch ausreichend zum Aufbau ihrer Kräfte für die nächste Kampfphase.

Die Reaktion der Alliierten auf die deutsche Offensive beruhte auf dem alten Konzept des Ersten Weltkriegs, dem In-Schach-Halten. Man verlegte französische Verstärkungen an die Frontlinie, doch anstatt sofort in den Kampf zu gehen, um die deutschen Brückenköpfe zu zerschlagen, stoppten sie und warteten auf den nächsten deutschen Zug. So konnten die Deutschen ihre Konsolidierung fortsetzen. Den ganzen 14. Mai hindurch überquerten Panzer und Fahrzeuge die Meuse. Die einzige wirkliche Gefahr kam vom Himmel, da die Luftwaffen Frankreichs und Englands erneut die Meuse-Brücken angriffen. Am 14. attackierten etwa 200 alliierte Bomber die Pontonbrücken bei Sedan mit fast selbstmörderischer Entschlossenheit. Doch so, wie die Deutschen bei Maastricht in Holland weiter abwärts am Fluss Abwehranlagen aufgebaut hatten, geschah es auch um Sedan. Die Alliierten erlitten durch Flugabwehrfeuer und umherstreifende deutsche Jäger schreckliche Verluste. Am Ende des Tages waren 85 alliierte Flugzeuge abgeschossen, und die Panzer überquerten weiter den Fluss.

Am Boden setzte das französische Oberkommando seine strategischen Reserven ein, die zwar aufgrund der „Breda-Planungsvariante" beschnitten waren, doch immer noch zwei mächtige Panzerdivisionen einschlossen. Am 14. Mai erhielt die der 2. Armee Huntzigers zugeteilte 3. Panzerdivision Befehl, den Brückenkopf bei Sedan anzugreifen. Der Zug dorthin war wegen Problemen mit dem Nachtanken langsam, und als sich die Division ihrem Ziel näherte, wurde der Befehl widerrufen. Stattdessen sollte sie eine Defensivstellung einnehmen und ihre Tanks entlang einer 18-km-Front verteilen.

Weiter nördlich erhielt die 1. Panzerdivision Befehl zum Vorstoß nach Dinant. Doch auch ihr Zug war langsam, wie ein französischer Beobachter berichtete: „Sie brauchten lange, ihre Stellungen zu erreichen, da die Straßen durch fliehende Truppen und Zivilisten verstopft waren. Für 32 km benötigte die Panzerdivision sieben Stunden. Sie war knapp an Benzin. An diesem Tag würde sie nicht kämpfen können. Ihr Kommandeur hielt sie an." Während das XV. Panzerkorps seine Stellung am Dinant-Brückenkopf ausbaute, bestätigte General Corap von der französischen 9. Armee den Haltebefehl für die 1. Panzerdivision, die die Ankunft der 4. Nordafrikanischen Infanteriedivision abwarten sollte, ehe sie einen Gegenangriff startete.

Die erfolgreichen deutschen Querungen der Meuse hatten Corap tief schockiert, und am Abend des 14. Mai begann er einen Rückzug von der Meuse an eine neue „Halte-Linie" zu erwägen. Weiter südlich an der französischen Linie befahl General Huntziger, Kommandeur der 2. Armee, den Verbänden an seinem linken Flügel, die beim Angriff auf Sedan lädiert worden waren, sich südwärts zurückzuziehen. So begann sich eine große Lücke zwischen den beiden französischen Armeen zu öffnen, genau an der Stelle, wo Guderians XIX. Panzerkorps den Ausbruch aus dem Sedan-Brückenkopf vorbereitete.

Guderians Plan für die 1. und 2. Panzerdivision bestand in einem Angriff genau westwärts gegen die rechte Flanke der französischen 9. Armee, während die 10. Panzerdivision und das Regiment *Großdeutschland* in einer mehr defensiven Strategie den linken Flügel der französischen 2. Armee zurückstoßen sollte. Die Tanks der 10. Panzerdivision waren noch nicht richtig in Stellung, als am 15. Mai die Schlacht gegen das XXI. Korps der französischen Armee begann. Daher wurde der Kampf großteils von der Infanterie, mit dem *Großdeutschland*-Regiment an der Spitze, gefochten. Das französische XXI. Korps umfasste die 3. Motorisierte Division, unterstützt von den Tanks der 3. Panzerdivision. Theoretisch hätte diese starke Truppe Guderians linken Flügel stark beschädigen können, doch die Aufteilung der Panzer und ihre Unterordnung unter die Erfordernisse der „Infanterieschlacht" verhinderten diesen Erfolg.

Die Franzosen greifen an

Am 15. Mai ging das XXI. Korps vorsichtig zur Offensive über. Gleichzeitig konterte ein Angriff von *Großdeutschland* den Vorstoß. Während des Tages drehte sich der Kampf um das auf einer Hügelspitze liegende Dorf Stonne. Deutsche Panzerabwehrkanonen trafen auf französische Tanks. Die „B-Panzer" (32-Tonner) der französischen 3. Panzerdivision waren gewaltige Waffen. Ihre Frontpanzerung war für die deutschen 3,7-cm-Panzerabwehrkanonen undurchdringlich. Trotzdem konnte das *Großdeutschland*-Regiment durch seine überlegene Kampffähigkeit wiederholte französische Panzerangriffe abwehren und einen Durchbruch durch die deutsche Front bei Stonne verhindern. Leutnant Beck-Broichsitter, Kommandeur der 14. Panzerjägerkompanie, erhielt für die Verteidigung Stonnes das Ritterkreuz. Er beschreibt den französischen Angriff von einer Position neben dem Wasserturm des Dorfs aus:

10 französische Panzer fahren in breiter Front. Bei etwa 40 km/h schwenken die Fahrer ihre Fahrzeuge und feuern dann. Sie feuern vom Wasserturm. Drei Männer werden mitten auf der Straße getroffen. Drei werden sofort verwundet, doch die Gruppe hält! Das Duell beginnt! In einem stundenlangen Kampf stoppt Hindelangs Gruppe mit ihrem Feuer die angreifende Infanterie sowie das Flankenfeuer vom Wasserturm und vom bewaldeten Hügel aus. Der Kampf um das Dorf lässt nach. Durch die harten französischen Angriffe zersplittern einige unserer Schützenkompanien allmählich. Selbstfahrlafetten helfen wieder und wieder ... Vier schwere Infanteriegeschütze werden in offene Stellungen gebracht und feuern mit 15-cm-Granaten auf den Wasserturm. Doch er bewegt sich nicht. Die Verluste werden größer. Einige Panzerabwehrkanonen sind löchrig geschossen. Sie feuern weiter.

Eine Gruppe der Kompanie Beck-Broichsitters mit zwei Geschützen wurde von drei französischen „B"-Panzern angegriffen:

Das Feuer der drei Panzer droht unsere Panzerabwehrgruppe wegzufegen. Doch sie bleibt in Stellung. Einen Augenblick lang quert einer der Kolosse die Front. In der Mitte seiner rechten Seite sieht der linke Geschützkommandant, Obergefreiter Giesemann, eine gerippte Fläche. Offenbar der Kühler! Er ist kaum größer als eine Munitionsschachtel. Giesemann zielt darauf. Eine Feuerzunge schießt aus dem Panzer. Beide Geschützkommandanten schießen nun auf das kleine Quadrat an der Seite der 32-Tonner. Der linke wird rasch durch einen direkten Treffer ausgeschaltet. Nun zieht sich Hindelang mit der einen verbleibenden Kanone ins Dorf zurück. Die drei 32-Tonner sind ausgeschaltet!

Die Entschlossenheit des *Großdeutschland*-Regiments, einer Eliteeinheit, bei der Verteidigung war wirklich bemerkenswert.

UNTEN:
Deutsche Jagdflugzeugpiloten brachten es während der Invasion Frankreichs auf hohe Trefferquoten, ebenso wie anschließend im Luftkampf um England. Der hier gezeigte Oberleutnant Joachim Müncheberg vom Jagdgeschwader 26 trägt das Eiserne Kreuz Erster und Zweiter Klasse sowie um den Hals das Ritterkreuz des Eisernen Kreuzes, Anerkennungen seiner Erfolge beim Abschießen gegnerischer Flugzeuge. Bis zu seinem Tod im März 1943 hatte er 135 Siege errungen.

OBEN:
Eine französische Geschützcrew bereitet eine 155-mm-Haubitze für den Einsatz an der Front der 2. Armee vor. Die Franzosen besaßen zwar lange Erfahrung im Einsatz von Artillerie, konnten aber die Deutschen nicht am Überqueren der Meuse und am Ausbruch in offenes Gelände hindern.

Verteidigung bis zum Letzten

Gegen Ende des 15. Mai begannen die französischen Panzerangriffe den Deutschen Sorge zu bereiten, obwohl sie sich weit über die Front des XXI. Korps erstreckten. Gegen 17 Uhr meldete der Kommandeur des *Großdeutschland*-Regiments, Oberst Schwerin, General Schaal von der 10. Panzerdivision, dass seine Truppen aus Stonne vertrieben worden und „in einem Zustand körperlicher Erschöpfung und kaum fähig zum Kampf" waren. Doch trafen Verstärkungen vom XIV. Motorisierten Infanteriekorps ein, gerade als der französische Kommandeur seinen Angriff abblies. Am folgenden Tag eroberten die Deutschen Stonne zurück.

Während ihre linke Flanke vom *Großdeutschland*-Regiment und der 10. Panzerdivision gedeckt wurde, stießen die 1. und 2. Panzerdivision in die rechte Flanke der französischen 9. Armee. Corap versuchte, ihnen den Weg mit der 3. Brigade der Spahis, dem 152. Regiment (von der zerbrochenen 14. Infanteriedivision) und der 53. Infanteriedivision zu versperren. Die 2. Panzerdivision hatte wenig Mühe, sich ihren Weg durch die heruntergekommene 53. Reservedivision zu schlagen, doch die 1. Panzerdivision wurde von den Spahis und dem 152. Regiment praktisch zum Halten gebracht. Doch schließlich mussten die erschöpften Franzosen das Schlachtfeld räumen. Die letzte französische Widerstandslinie vor Guderians XIX. Panzerkorps war gebrochen.

Die Meuse weiter abwärts war Reinhardts XLI. Panzerkorps vom französischen XLI. Korps innerhalb seines Brückenkopfs Monthermé eingeschlossen worden. Die Franzosen hielten ihre Stellungen, litten aber schwer unter Angriffen der deutschen Luftwaffe. Als ihm Corap den Rückzug an seine „Halte-Linie“ befahl, begann das XLI. Korps auseinander zu fallen. Am Morgen des 15. Mai brachen die Panzer der 6. und 8. Panzerdivision von Monthermé aus und krachten durch das abziehende französische XLI. Korps, wobei sie es zerstückelten.

Am Abend waren die ersten deutschen Panzer bis Montcornet vorgestoßen – fast 60 km von der Meuse und nur 17 km von Coraps Hauptquartier in Vervins entfernt. Während des Vorstoßes nach Montcornet fielen Reinhardts Tanks über Teile der französischen 2. Panzerdivision her, die sich gerade umgruppierten. Dabei ging die meiste von deren Divisionsartillerie verloren, und die Panzer und ihre Transporter wurden über ein weites Gebiet verstreut, sodass sie nicht mehr als Division agieren konnte. Die 2. Panzerdivision (die letzte der drei voll gebildeten Panzerdivisionen Frankreichs) war zerstört, ehe sie noch den Kampf aufgenommen hatte.

Unglückliches Timing

Der Schlag, den die rechte Faust der deutschen Offensive – Hoths XV. Panzerkorps – landete, war ebenso dramatisch, wobei Rommels 7. Panzerdivision in vorderster Linie stand. Wieder konnten die Deutschen Coraps Rückzugsbefehl zu ihrem Vorteil ausnutzen. Während die Franzosen den Abzug vorbereiteten, wurden sie von den Panzern getroffen. Die französische 1. Panzerdivision, die in Vorwegnahme des Rückzugsbefehls bereits ihre Artillerie nach hinten abgezogen hatte, wurde beim Auftanken von der 7. und 5. Panzerdivision in die Zange genommen. Während die Deutschen zum Transport ihres Benzins große, handliche Kanister benutzten, wurden die französischen Panzer mühsam aus Tanklastwagen betankt, die verwundbar durch Angriffe waren. Die französischen Panzersoldaten fochten zwar zurück, konnten aber nur vereinzelt Widerstand leisten. Am Abend des 15. Mai war die 1. Panzerdivision als Kampfverband zerstört. Die Infanterie des französischen 11. Korps wurde dabei überrannt. Bei Nachteinbruch waren Rommels Panzer durch Philippville und jenseits von Coraps zunehmend fiktiver „Halte-Linie“ gestoßen.

Wachsender Defätismus

In fünf Kampftagen hatten Kleists Panzergruppe und das XV. Panzerkorps acht Divisionen der französischen 9. und 2. Armee zerstört und eine 70 km breite Lücke in die französische Linie gerissen. Die 9. Armee war am Rande der Auflösung, und ihr gebrochener Kommandeur Corap wurde in der Nacht des 15./16. Mai seines Kommandos entho-

LINKS:
Ein deutscher Stabswagen gerät unter feindliches Feuer. In den Eröffnungsphasen des Feldzugs waren die deutschen Verluste bemerkenswert gering, bedenkt man die Größe des eroberten Gebiets.

ben. Sein Nachfolger General Giraud (von der 7. Armee in Flandern geholt) konnte wenig tun, um die Lage zu retten. Er wurde am 19. Mai von einer deutschen Patrouille gefangen genommen. Der Defätismus in der französischen Armee begann nach dem ersten Schock des Kampfes zuzunehmen. Immer mehr französische Soldaten warfen ihre Waffen fort und flohen vom Schlachtfeld oder ergaben sich kampflos.

Ein deutscher Soldat der 6. Panzerdivision verfasste einen Bericht für das Kriegstagebuch der Division, in dem er eine Kolonne französischer Soldaten beschrieb, die sich wohl geordnet und von ihren Offizieren geführt in Gefangenschaft begaben:

Sie trugen jedoch keine Waffen und hielten den Kopf gesenkt. Sie marschierten freiwillig und ohne Bewachung in die Gefangenschaft. Es waren schließlich 20.000 Mann, die hier im Abschnitt unseres [XLI. Panzer-]Korps an diesem einen Tag als Gefangene zurückkehrten. Wie war es möglich, dass diese französischen Soldaten und ihre Offiziere sich völlig demoralisiert und mehr oder weniger freiwillig in Gefangenschaft begaben?

Wie leicht sich die Franzosen ergaben, überraschte die deutschen Soldaten, die eher Kämpfe wie im Ersten Weltkrieg erwartet hatten. Nachdem er die Franzosen durch Philippville zurückgetrieben hatte, sah Rommel, wie „hunderte französische Motorradfahrer aus den Büschen kamen und gemeinsam mit ihren Offizieren ihre Waffen niederlegten. Unter ihnen waren etliche Offiziere, die mich neben anderen Dingen um die Erlaubnis baten, ihre Burschen behalten zu dürfen und ihr Gepäck aus Philippeville holen zu lassen."

Die Reaktion des französischen Oberkommandos auf die deutsche Offensive durch die Ardennen war langsam und verworren, großteils eine Folge der schwerfälligen Befehlskette, die ein schnelles Reagieren auf neue Vorfälle verhinderte. Die französischen Generäle handelten nach den im vergangenen Krieg angewandten Richtlinien. Sie gründeten ihre Annahmen darauf, dass die deutschen Angriffe im Ersten Weltkrieg – wie die große Offensive von 1918 – tief in die alliierte Front eindringen konnten, doch stets zum Halten gebracht wurden. Mit der Logik von 1918 meinten die französischen Generäle von 1940, die deutsche Offensive würde schließlich ihren Schwung verlieren und gebändigt werden. Doch in Wahrheit verstärkte die Offensive durch die Ardennen ihren Schwung eher, als ihn zu verlieren.

General Gamelin, der französische Oberbefehlshaber, ahnte bis zum Abend des 13. Mai, als die Panzer bereits die Meuse überquert hatten, wenig von der Ernsthaftigkeit des deutschen Angriffs durch die Ardennen. Sogar da glaubte er noch, die Lage könne

RECHTS:
Mittels eines Teils einer Pontonbrücke setzen SS-Soldaten ein Infanteriegeschütz über einen Fluss. Dies war das erste Mal, dass die SS-Truppen ausgiebig im Kampf eingesetzt wurden. Die meisten von ihnen hielten sich dabei gut.

durch die Entsendung der strategischen Reserve „gekittet" werden. Doch diese war durch die Aufteilung des Großteils ihrer besten Truppen für die Breda-Variante des Dyle-Plans fatal geschwächt. In den folgenden Tagen verströmte Gamelin weiterhin eine Atmosphäre der Zuversicht. Die Wende kam am Abend des 15. Mai, als ihm gemeldet wurde, die 9. Armee sei zerfallen und deutsche Truppen hätten Montcornet erreicht. Nun telefonierte der geschockte Gamelin mit Daladier, seinem alten politischen Verbündeten und nunmehrigen Verteidigungsminister. William Bullitt, der US-Botschafter in Frankreich, befand sich bei Daladier, als Gamelins Anruf kam. Er notierte das verzweifelte Gespräch der beiden Männer. Als Gamelin erklärte, er habe keine Reserven zum Kontern des deut-

OBEN:
Britische Soldaten rasten am Straßenrand. Sie sehen dem Treffen mit dem deutschen Heer entgegen.

Mittlerer SOMUA-S-35-Panzer
Frankreich

LINKS:
Der französische mittlere SOMUA-S-35-Panzer war 1940 das bestgepanzerte Kampffahrzeug der Alliierten. Er war schnell und wendig, gut gepanzert und ausgerüstet mit einer 47-mm-Kanone, die sowohl Wuchtgeschosse als auch Hochexplosiv-Granaten verschießen konnte.

schen Stoßes, rief Daladier aus: „Das bedeutet also die Vernichtung der französischen Armee?" Darauf Gamelin: „Ja, das bedeutet die Vernichtung der französischen Armee!"

Ein verzweifelter Appell

An jenem Abend bat die französische Regierung Winston Churchill selbst um mehr Truppen und Flugzeuge. Dieser flog am 16. Mai nach Paris und war „sprachlos", als ihm Gamelin den Ernst der Lage erklärte. Die bei der französischen Regierung und dem Militär verbreitete Selbstgefälligkeit war von Verzagtheit, Verzweiflung und manchmal Panik abgelöst worden. In Angst, der deutsche Durchbruch ziele auf Paris, bereitete die Regierung ihre Flucht nach Tours vor. Während Gamelin die missliche Lage der französischen Armee erklärte, bemerkte Churchill „draußen im Park des Quai d'Orsay von großen Feuern aufsteigende Rauchwolken, und ich sah ehrwürdige Beamte Schubkarren voll Akten zu ihnen führen". Churchill zog zwar ungern Flugzeuge von der Verteidigung Englands ab, sagte den Franzosen aber trotzdem weitere sechs Staffeln zu.

Seltsamerweise fühlte sich Hitler ebenso unbehaglich wie die Alliierten. Die deutschen Kommandeure an der Front meinten zwar, der Sieg liege in Griffweite, doch Hitler war über den Aufmarsch der französischen Panzerdivisionen bestürzt. Die französischen Angriffe waren zwar schlecht koordiniert gewesen und hatten wenig erreicht, doch Hitler fürchtete, sie seien vielleicht nur die erste Phase eines großen Gegenangriffs. Die ansonsten übliche Rollenverteilung – Hitler der Spieler und die Generäle des OKH die Vorsichtigen, die ihn zurückzuhalten suchten – kehrte sich um. Am 16. und 17. Mai argumentierte General Halder, Generalsstabschef im OKH, die Alliierten seien für einen Gegenangriff auf Sedan zu schwach und die Panzer sollten ohne Aufschub weiter vorstoßen. Doch Hitler blieb vor Angst gelähmt und verlangte, dass die Panzerdivisionen hielten und auf die Ankunft der Infanterie warteten.

In der Nacht des 15./16. Mai erhielt Guderian von Kleist die telefonische Anweisung, jeden Vormarsch aufzuschieben, bis die Infanterie zur Unterstützung käme. Guderian protestierte heftig und erhielt die Erlaubnis, 48 Stunden lang vorzurücken. Am Morgen des 17. Mai bestellte Kleist ihn zu sich und befahl knapp, dem Haltebefehl zu gehorchen. Der erboste Guderian bot seinen Rücktritt an und wurde erst durch die Intervention General Lists, des Kommandeurs der 12. Armee, besänftigt. Es gab den Kompromiss, dass Guderian formell Kleists Autorität (und die des deutschen Oberkommandos) akzeptierte, doch den Vorstoß mit einer „bewilligten Aufklärung" fortsetzen durfte. Guderian nutzte dieses Hintertürchen voll aus und führte die „Aufklärung" mit der gesamten 1. und 2. Panzerdivison durch!

LINKS:
Deutsche Panzer – leichte PzKpfw 38(t) – rücken über offenes Gelände vor. Der 38(t)-Tank rüstete die 7. und die 8. Panzerdivision aus. Die deutsche Panzertruppe schätzte ihn sehr.

GEGENÜBER:
Das Gesicht der Niederlage: Ein demoralisierter französischer Soldat starrt in die Kamera, ehe er in Gefangenschaft geführt wird.

De Gaulle greift an

Während Guderian vorwärts stieß, startete Oberst Charles de Gaulle am 17. Mai einen Angriff entlang der Südflanke der Deutschen. Als er das Kommando über die 4. Panzerdivision erhielt, sah er, dass diese nur dem Namen nach eine Division war. Sie bestand aus wenigen unzulänglich ausgebildeten Panzereinheiten und einiger motorisierter Infanterie. Am Morgen des 17. griff de Gaulle gegen Montcornet hin an und drang 32 km tief in die feindlichen Linien ein, ehe er angesichts deutscher Luft- und Bodenüberlegenheit halten musste. In seinen Memoiren schrieb er: „Den ganzen Nachmittag hindurch griffen die Stukas unsere Panzer und Lastwagen an. Wir besaßen nichts, um zu antworten. Dann begannen immer mehr und immer aktivere deutsche mechanisierte Verbände in unserem Rücken mit Scharmützeln." Bei Nachteinbruch hatten sich die Franzosen mit 130 deutschen Gefangenen zurückgezogen.

Zwei Tage darauf griff die 4. Panzerdivision wieder an. Ihr Ziel waren die Brücken über die Serre, die für die zwischen dem Fluss Oise und Amiens vorstoßenden Panzer wichtig waren. Die französischen Tanks überrannten fast Guderians Hauptquartier, mussten sich aber wegen wiederholten Bombardements durch Stukas zurückziehen. General Georges befahl de Gaulle, seine Tanks zu schonen, und wegen der Gefahr einer Einkreisung durch deutsche Kräfte zog dieser seine lädierten Truppen hinter die Aisne in zeitweilige Sicherheit zurück.

Nachdem sie die französische Verteidigung durchbrochen hatten, eilten die deutschen Panzerdivisionen nun, ihre Ernte einzufahren. Am 16. Mai machte Rommels Division bei minimalen eigenen Verlusten etwa 10.000 Gefangene und erbeutete 100 Tanks. Am 17. erreichten die Panzer den Sambre-Oise-Kanal und Leon. Die Alliierten befanden sich an allen Fronten auf dem Rückzug. Die Deut-

UNTEN:
Deutsche Truppen schwärmen einen Hang hinauf, bereit zum Angriff auf französische Defensivstellungen. Die deutsche Infanterie erwies sich als ebenso draufgängerisch wie ihre Panzerkameraden.

schen merkten, wie der der französische Widerstand abnahm. Guderian und die anderen Panzerkommandeure hatten zwar am 17. wegen eines Gefühls der Unsicherheit bei Hitler und Kleist anhalten müssen, doch am folgenden Tag setzten sie ihre Jagd fort. Sie querten die alten Schlachtfelder des Ersten Weltkriegs. Am Abend des 18. Mai erreichte Guderian St-Quentin, und Rommel sicherte Cambrai (den Ort der britischen Panzeroffensive von 1917).

Deutsche Verstärkungen

Die alliierten Armeen im Norden des Panzerkorridors zogen sich nun westwärts zurück. Um jede Störung aus dieser Richtung zu verhindern, erhielt das XV. Panzerkorps Befehl, seine Stellung bei Cambrai zu festigen. Rommel konnte seinen Korpskommandeur überreden, ihn vorstoßen zu lassen, um am 20. Mai die Anhöhen um Arras zu besetzen. Am Tag zuvor hatte sich Höpners XVI. Panzerkorps von der Heeresgruppe B gelöst, um am Hauptstoß im Süden teilzunemen, und eine Position zur Linken des XV. Panzerkorps eingenommen. Die Heeresgruppe A verfügte nun über insgesamt neun Panzerdivisionen, gefolgt von sechs motorisierten Divisionen.

Den 19. Mai verbrachten die Divisionen Guderians und Reinhardts in Vorbereitung für den Schlussstoß nach Amiens und an die Kanalküste großteils mit dem Heranschaffen von Nachschub und kleineren Reparaturen. Die Panzertruppen waren 10 Tage lang fast ständig gefahren und hatten gekämpft. Die Aussicht auf einen vernichtenden Sieg über die Franzosen hatte ihre Müdigkeit beseitigt. Die außerordentliche Schnelligkeit des deutschen Vorstoßes verdankte viel dem Geschick und der Entschlossenheit der Panzergeneräle. Der Kommandostil vom Männern wie Guderian oder Rommel war Welten vom langsamen, methodischen Zugang ihrer Feinde entfernt. Walther Nehring, Guderians Stabschef, erklärte, wie sein Kommandeur seine Männer von der Front her führte:

Guderians Arbeitsweise war interessant. Er pflegte am Morgen mit seinem kleinen Stammpersonal in einem gepanzerten Befehlswagen, in dem sein Adjutant und ein Fernmeldeoffizier mit Funkausrüstung saßen, loszufahren. Begleitet wurde er von einem kleinen Halbkettenfahrzeug für schlechten Boden und zwei Meldefahrern, damit er die Operationen von der Front her lenken konnte. Er stand dabei in ständigem Funkkontakt mit mir, und bei seiner Rückkehr am Abend gab es stets eine sorgfältige Besprechung zur Bewertung der Lage. Diese Methode erwies sich als effizient und wurde im gesamten Panzerkorps eingeführt. Der Korpsstab war immer bemüht, seinen Divisionen im Interesse kurzer Kommunikationslinien so eng wie möglich zu folgen.

Am Morgen des 20. Mai waren die Panzer wieder unterwegs. Um 9 Uhr fuhr die 1. Panzerdivision nach Amiens hinein, während die 2. Panzerdivision im überschlagenden Einsatz gegen Abbeville zog. Wieder überrumpelte die Schnelligkeit des Vorstoßes die Alliierten: Eine britische Artilleriebatterie wurde auf einem Exerzierplatz nur mit Übungsmunition gefangen, da die Kanoniere gerade übten. Eine RAF-Staffel entging demselben Schicksal nur, weil sie im letzten Moment abhob. Am 20. Mai fuhr um 20 Uhr ein Bataillon der 2. Panzerdivision in die Küstenstadt Noyelles ein. Die erschöpften, doch glücklichen Panzercrews konnten nun über das Meer blicken. Allein an jenem Tag waren sie unglaubliche 100 km vorgestoßen. In den vergangenen Tagen hatten sich die Panzer durch die französischen Stellungen gekämpft und waren fast

OBEN:
Ein französischer Panzersoldat ergibt sich deutscher Infanterie. Sein ausgeschalteter Char B steht hinter ihm. Trotz ihrer schweren Panzerung wurden große Mengen von Char B von den deutschen Bodentruppen ausgeschaltet.

OBEN:
Die Messerschmitt Bf 110 war zwar für den Kampf gegen Hochleistungsjagdflugzeuge wie die Spitfire und die Hurricane zu langsam, doch war sie ein nützliches Erdkampfflugzeug. Später wurde sie erfolgreich als Nachtjäger eingesetzt.

400 km vorgerückt. Sie hatten der französischen Armee einen Schlag versetzt, von dem sich diese nicht mehr erholen würde.

Hitler ist entzückt

Hitler und das OKW waren über die Schnelligkeit und Leichtigkeit des deutschen Sieges erstaunt. General Jodl notierte in seinem Tagebuch: „Der Führer ist voll Freude. Er sieht Sieg und Frieden in Griffweite." Tatsächlich hatte die ganze Operation die deutschen Militärplaner überrumpelt. Sie hatten noch keine neuen Befehle unter Berücksichtigung des Panzer-Erfolgs entwickelt, wie Guderian bemerkte: „Am Abend dieses bemerkenswerten Tages wussten wir nicht, in welche Richtung wir weiterstoßen sollten. Auch die Panzergruppe Kleist hatte keine Anweisungen für die künftige Fortsetzung der Offensive."

In den nächsten beiden Tagen taten die deutschen Panzerkräfte am Kanal praktisch nichts, außer sich von ihrem wilden Sturm durch Frankreich zu erholen. Erst am 22. Mai gab es Befehle, Guderians Panzer für einen Vorstoß nordwärts einzusetzen und die Falle, in der die französische 1. Armee und die BEF saßen, zu schließen. Guderian bemerkte prophetisch: „Wir haben zwei Tage vergeudet. Bei Dünkirchen werden wir sie benötigen."

Am 18. Mai hatte General Gamelin endlich die Absicht des deutschen Stoßes durch die Ardennen erkannt. Er war nicht gegen Paris gerichtet, wie viele befürchtet hatten, sondern wollte den Kanal erreichen, um die alliierten Armeen zu spalten. Die langen Flanken auf beiden Seiten des Panzerkorridors machten Gegenangriffe möglich, und am Morgen des 19. erließ Gamelin seine „Persönliche und geheime Anweisung Nr. 12" für einen koordinierten Angriff auf den Korridor vom Norden und vom Süden her. Leider kam der Plan um etliche Tage zu spät. Inzwischen waren dafür nicht mehr genügend mobile Truppen verfügbar.

Ehe Gamelins Pläne umgesetzt werden konnten, entließ ihn Premierminister Paul Reynaud und ersetzte ihn am Morgen des 20. Mai durch General Maurice Weygand, einen 73-jährigen Veteranen, der in einem letzten Versuch, das Desaster von Frankreich abzuwenden, aus Syrien geholt wurde. Trotz seines Alters war Weygand ein dynamischer Soldat. Er weigerte sich zwar, eine Erfolgsgarantie abzugeben, doch brachte er endlich etwas Entschlossenheit ins französische Oberkommando. Weygand bezweifelte allerdings die Umsetzbarkeit des Plans Gamelins und beschloss, dessen Befehl aufzuheben, bis er sich selbst ein Bild an der Front verschafft hatte. So ging noch mehr Zeit verloren – und Frankreich durfte keine Zeit verlieren.

Ein neuer Plan der Alliierten

Am 20. Mai konferierte General Ironside, britischer Generalstabschef des Empire, mit dem Kommandeur der BEF, Lord Gort, und danach mit General Billotte, dem Kommandeur der französischen Heeresgruppe 1. Ironside kannte die wahre Lage ebenso wenig wie Weygand und befahl Gort, sich mit der BEF nach Amiens durchzukämpfen und die alliierte Frontlinie wiederherzustellen. Gort erklärte, der Hauptteil seiner Truppen sei bereits im Osten mit der deutschen 6. Armee beschäftigt und ihm mangelten Ressourcen, den Panzerkorridor zu durchschneiden, besonders jetzt, da dieser durch deutsche Infanteriedivisionen verstärkt werden sollte.

Gort informierte Ironside, er plane bereits einen begrenzten Angriff auf die Deutschen um Arras mit den beiden Divisionen, die nicht an den Kämpfen entlang der Escaut-Linie beteiligt waren. Ironside traf hierauf Billotte und Blanchard (den Kommandeur der französischen 1. Armee) und war über ihren Mangel an Entschlossenheit bestürzt. Er notierte, dass sie „in einem Zustand völliger Depression waren. Kein Plan, kein Gedanke eines Plans. Bereit, abgeschlachtet zu werden. Besiegt im Kopf, ohne Verluste." Ironsides Kommentar war zwar nicht ganz fair, doch wurde ihm nun zumindest den Ernst der Lage klar. In einem hitzigen Gespräch mit Billotte vereinbarten sie, dass die Franzosen den britischen Angriff am 21. unterstützen würden. Gort aber hatte nicht viel Vertrauen in die französische Zusage. Er meinte: „Sie werden niemals angreifen."

Die für die Operation verfügbaren britischen Kräfte bestanden aus der unterbemannten 5. und 50. Division und der 1. Army Tank Brigade unter dem Befehl General Franklyns. Die Truppe war zusätzlich dezimiert, da Einheiten Stellungen entlang der Escaut-Linie halten mussten. Den Angriff würden also nur zwei Panzer- und zwei Infanteriebataillone mit begrenzter Artillerie- und Panzerabwehrunterstützung durchführen. Sie hatten 58 Mark-I- und 16 Mark-II-(Matilda-)Tanks. Diese waren gut gepanzert, der Mark I jedoch

UNTEN:
Zwei RAF-Jagdflieger diskutieren 1940 in Frankreich über Taktik. Aus Angst vor einem Angriff auf England hielt das RAF Fighter Command den Großteil seiner Staffeln für die Verteidigung zurück. Dies erwies sich als klug, da die Flugzeuge dann für die Schlacht um England verfügbar waren.

nur mit einem Maschinengewehr bewaffnet, sodass sich die effektive Offensivkapazität auf die Mark II mit ihrem 2-Pfünder beschränkte. Zwar hatte man einige Luftdeckung versprochen, doch es kam keine, und der Himmel stand der deutschen Luftwaffe offen.

Nachträglich gesehen hatte der Angriff bei Arras größere Bedeutung, als Franklyn und Major General Martel, der die Truppe in den Kampf führte, dachten. Sie hatten einfach befohlen, „die Garnison in Arras zu unterstützen und die Straßen südlich von Arras zu blockieren, um die deutschen Verbindungswege (über Arras) vom Osten abzuschneiden".

Für den französischen Anteil am Angriff sollte General Altmayers V. Korps sorgen, doch als Blanchards Verbindungsoffizier, Major Vautrin, Altmayer über die geplante Operation informierte, erfuhr er, dass das V. Korps in einem für einen solchen Angriff nicht geeigneten Zustand sei. Vautrin brachte Blanchard die beunruhigende Nachricht, dass „General Altmayer, der ausgebrannt und ernsthaft entmutigt schien, still auf seinem Bett weinte." Am Abend des 20. Mai informierte Blanchard Gort, Altmayers Truppen könnten sich bis 22. Mai nicht bewegen, sagte jedoch auch, Prioux' Panzerkorps könne für Flankenschutz sorgen.

Prioux war einer der wenigen fähigen und entschlossenen Kommandeure in der französischen Armee, doch seine Truppe war bereits durch vorherige schwere Kämpfe und ihre

UNTEN:
Zivilisten fliehen angesichts des deutschen Vormarsches. Im Mai und Juni 1940 füllten Millionen von Zivilisten die Straßen Nordfrankreichs und behinderten die Bewegungen der alliierten Streitkräfte.

Verstreuung unter die Infanterieverbände dezimiert. So würde ihr Beitrag zur Aktion am folgenden Tag zwangsläufig gering sein. Nichtsdestotrotz beschloss Gort, den Angriff durchzuführen.

Schlechte Information

Das Wissen der Alliierten über die deutsche Stärke südlich von Arras war gering. Diese bestand aus Rommels 7. Panzerdivision und der motorisierten SS-Division *Totenkopf* mit der 5. Panzerdivision in Reserve. Rommel führte seine Truppe in einem Flankenmanöver um Arras, als die Briten losschlugen. Diese waren beim Gruppieren ihrer Kräfte langsam gewesen. Erst am Nachmittag des 21. Mai brachen die Tanks auf. Der Vorstoß bestand aus zwei Kolonnen – in jeder ein Panzer- und ein Infanteriebataillon –, die die in einer südöstlichen Bewegung um Arras herum zogen. An ihrer rechten Flanke befanden sich Teile der französischen 3. Leichten Mechanisierten Division. Fast sofort trafen sie auf Spitzentruppen der 7. Panzerdivision.

Die rechte britische Kolonne überrumpelte im Dorf Diusans einen deutschen Verband und zog dann nach Wailly, wo sie Einheiten der *Totenkopf*-Division überwältigte. Viele Männer der Waffen-SS flohen beim Eintreffen der rumpelnden, doch mächtigen britischen Tanks in Panik. Rommel und sein Stab rückten in der Mitte der Division vor, als die Briten losschlugen. Mit gewohntem Eifer ging er daran, die Lage in Wailly zu klären:

Das feindliche Panzerfeuer hatte Chaos und Konfusion unter unseren Truppen im Dorf erzeugt, und sie blockierten mit ihren Fahrzeugen die Straßen und Plätze, anstatt mit allen verfügbaren Waffen in den Kampf gegen den nahenden Feind zu gehen. Wir versuchten, Ordnung zu schaffen. Wir informierten den Divisionsstab über die kritische Lage in und um Wailly und zogen sodann zu einem Hügel 900 m westlich des Dorfes, wo wir in einer Senke und einem kleinen Wald einen Flugab-

OBEN:
Deutsche Infanterie rückt in Nordfrankreich über offenes Gelände vor, nachdem sie die französische Verteidigung durchbrochen hat. Diese Männer mussten hart marschieren, um zu den schnellen Panzern aufzuschließen und deren Erfolge zu festigen.

wehrtrupp und etliche Flugabwehrkanonen vorfanden, die meisten davon in guter Deckung. Etwa 1000 m westlich unserer Stellung hatten die führenden feindlichen Panzer, darunter ein schwerer, bereits die Arras-Beaumetz-Bahnlinie gequert und einen unserer Panzer III abgeschossen. Die Gefahr war groß, da auch an der Nordseite etliche feindliche Panzer Wailly sehr nahe waren. Die Mannschaft einer Haubitzenbatterie wurde von sich zurückziehender Infanterie mitgeschwemmt und verließ ihre Geschütze. Ich brachte mit Höchstgeschwindigkeit jedes verfügbare Geschütz gegen die Panzer in Stellung. Da der Feind so nahe war, konnte nur Schnellfeuer aus jedem Geschütz die Lage retten. Bald konnten wir die führenden Panzer ausschalten. Etwa 130 m westlich unseres Wäldchens kletterte ein britischer Captain aus seinem schweren Panzer und ging mit erhobenen Händen unsicher auf uns zu. Wir hatten seinen Fahrer getötet. Durch das Schnellfeuer unserer Panzerabwehr- und Flugabwehrkanonen konnten wir – trotz einer Entfernung von 1000 bis 1300 m – den Feind stoppen und zum Abdrehen zwingen.

Rommels Bericht beschreibt das Ende des Vorstoßes der rechten britischen Kolonne. Die linke kam noch besser voran, nahm etliche Dörfer ein und fiel über deutsche Stellungen her. Eine Vorausabteilung erreichte sogar Wancourt und den Fluss Cojeul – das Endziel des Vorstoßes –, doch wegen Nachschubmangels und des Eingreifens der deutsche Luftwaffe mussten die Briten umkehren. Die Briten waren 16 km weit vorgstoßen, hatten viele deutsche Panzer, Geschütze und Transporter zerstört und über 400 Gefangene gemacht. Wie bei früheren Kämpfen gegen alliierte Tanks erwiesen sich die deutschen 8,8-mm-Flugabwehrkanonen als hochwirksam. Sie waren die einzigen Geschütze der Panzerdivision, die die Frontpanzerung der britischen Mark II durchschlagen konnten. Am Ende des Tages waren nur noch 26 Mark I und zwei Mark II kampftauglich. Für die Briten war der Angriff zu Ende.

Die Folgen von Arras

Die Bedeutung des Angriffs von Arras lag nicht in seinem Ausmaß – zahlenmäßig war er kaum mehr als ein Überfall –, sondern in seiner psychologischen Wirkung auf die Deutschen. Das Ausmaß der deutschen Überraschung erkennt man an Rommels Meldung vom Abend des 21. Mai: „Zwischen 15.30 und 19 Uhr gab es sehr schwere Kämpfe mit hunderten von Panzern und ihren Grenadieren." Tatsächlich schätzte Rommel die sehr bescheidene britische Truppe als fünf Divisionen stark ein. Hitler war so besorgt, dass er Keitel persönlich nach Arras sandte, wo dieser die deutsche Aufstellung völlig revidierte. Die

RECHTS:
Ein französischer B-1-Tank, der in der Somme-Region Nordfrankreichs ausgeschaltet wurde. Man sieht deutlich die an der Wanne montierte 75-mm-Kanone. Anders als die deutschen wurden die französischen Panzer nicht gemeinsam in großer Zahl eingesetzt und zeigten daher weniger Wirkung.

7. und 5. Panzerdivision (plus der *Totenkopf*) stellten sich defensiv auf, und die 6. und 8. Panzerdivision wurden zur Unterstützung der Deutschen um Arras ostwärts gesandt.

Von nun an wurden die deutschen Operationen zunehmend vorsichtiger. Rundstedt gestand, nur dieser Angriff habe ihm während des Feldzugs wirkliche Sorge bereitet, und die Aufmerksamkeit des OKH wandte sich vom Ausnutzen des Vorstoßes Guderians zum Kanal den Defensivangelegenheiten um Arras zu. Dies schenkte natürlich den Alliierten wertvolle Zeit, was schließlich die Evakuierung Dünkirchens zu einer realistischen Option machte.

Die Alliierten wussten nichts von dieser Mäßigung der deutschen Haltung in Bezug auf Panzeroperationen. Stattdessen überzeugte die Stärke der deutschen Stellungen um Arras – und die Unfähigkeit der Alliierten zu einer koordinierten Aktion – Gort davon, dass das Überleben der BEF von einem Rückzug zu den Kanalhäfen und der Evakuierung nach England abhinge.

Während die Briten bei Arras kämpften, war General Weygand dabei, die alliierten Befehlshaber in Belgien zu treffen. Er war tags zuvor über den Panzerkorridor nordwärts geflogen und hatte viel Zeit mit dem Aufspüren der höheren alliierten Generäle vergeudet. Am 21. Mai berief er eine Konferenz der Oberbefehlshaber der französischen, britischen und belgischen Armeen in Ypern ein. Als er eintraf, war nur König Leopold da. Billotte kam später am Nachmittag, doch Gort traf erst ein Ypern ein, als Weygand schon hatte abfahren müssen.

Angriff auf den Panzerkorridor

Weygands Plan sah gleichzeitige Angriffe auf den Panzerkorridor vom Norden und vom Süden her vor. Zunächst verlangte er einen

OBEN:
Deutsche mechanisierte Truppen passieren eine Kolonne französischer Gefangener. Den Deutschen fehlten Männer, ihre Gefangenen richtig zu überwachen. Sie fanden aber die Franzosen überraschend willfährig, da die Geschwindigkeit des deutschen Vorstoßes deren Moral gebrochen hatte.

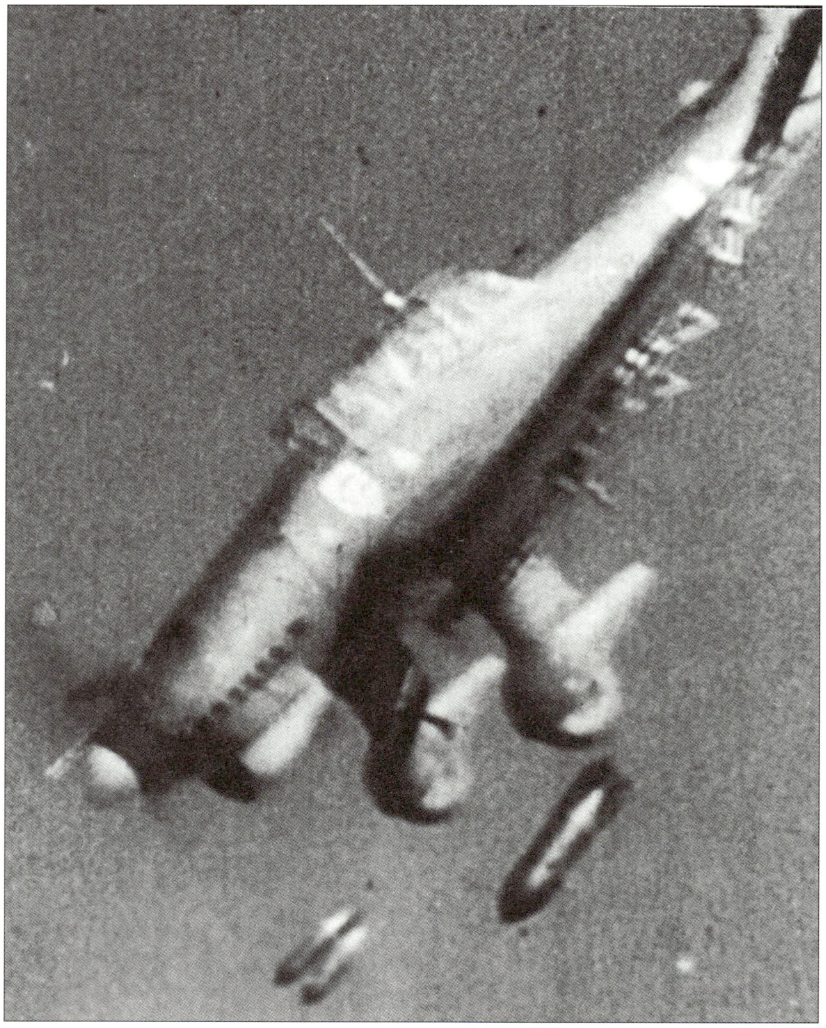

OBEN:
Ein Stuka wirft seine Bombenlast ab – für die feindliche Infanterie darunter ein demoralisierender Anblick.

großen Beitrag der Belgier und der französischen 1. Armee zum Angriff im Norden, doch König Leopold und Billotte konnten ihn überzeugen, dass ihre Truppen bereits zu beschäftigt seien, um sie für eine solche Hauptoperation umzugruppieren. Man entschied daher, die BEF müsse den Hauptteil der Truppen stellen. Nun musste noch Gort überredet werden, dem Plan zuzustimmen. Als dieser in Ypern eintraf, informierte er die Konferenz, dass deutsche Kräfte bereits den Fluss Scheldt – die Hauptstütze der Escaut-Linie – überquert hatten und seine Kräfte im Süden abzuschneiden drohten. Zusätzlich behauptete Gort, die Alliierten seien im Norden für eine Gegenoffensive zu schwach. Am Ende der Konferenz vereinbarte man, dass die Belgier und Franzosen die britischen Stelungen entlasten würden, sodass Gort fünf Divisionen für den Gegenangriff aufbringen konnte. Letzterer sollte am 23. Mai starten.

Das Unglück, das die Alliierten den ganzen Feldzug hindurch verfolgt hatte, setzte sich fort. Auf der Rückfahrt zu seinem Hauptquartier wurde Billotte bei einem Autounfall tödlich verletzt. Dies beseitigte mit einem Schlag den Mann mit dem klarsten Bild des geplanten Gegenangriffs. Blanchard folgte Billotte als Kommandeur der Heeresgruppe 1 nach, während Prioux den Befehl über die 1. Armee erhielt. Die Konfusion durch diese Wechsel schwächte die ohnehin wackelige alliierte Kommandostruktur noch mehr, und für den Rest des Feldzuges agierten die drei alliierten Armeen unabhängig von einander.

Am 22. Mai hatte die Panzergruppe Kleist Befehl erhalten, die Offensive wieder aufzunehmen. Guderians drei Panzerdivisionen sollten sich ihren Weg nordostwärts entlang der Kanalküste bahnen, wobei jeder Division einer der drei Haupthäfen – Calais, Boulogne und Dünkirchen – zugeteilt wurde. Die Ein-

RECHTS:
Soldaten aus den französischen Kolonien werden nach ihrer Kapitulation von einer Wache der Bodentruppen der Luftwaffe bewacht. Wie für die Briten kämpften auch für die Franzosen eine Reihe von Soldaten aus ihren Kolonien in Übersee.

nahme dieser Häfen würde die Alliierten jeder Chance auf eine Massenevakuierung von Truppen nach England berauben.

Erstmals in diesem Feldzug begannen die Deutschen auf verstärkte Luftaktiviät der Alliierten zu treffen. Die deutsche Luftwaffe operierte immer entfernter von ihren Stützpunkten, die RAF immer näher von den ihren. Das verlangsamte den Vormarsch. Trotzdem stand die 2. Panzerdivision am Abend des 22. Mai vor den Toren Boulognes, und die 10. Panzerdivision näherte sich Calais. Die franko-britischen Garnisonen beider Häfen weigerten sich zu kapitulieren und verteidigten sich, was wertvolle Zeit für den alliierten Rückzug in Richtung Dünkirchen, den letzten verfügbaren Evakuierungshafen, brachte.

Boulogne hielt bis 25. Mai stand, Calais wurde erst am Abend des 26. eingenommen. Als man ihm Gelegenheit zur Kapitulation gab, antwortete der britische kommandierende Offizier von Calais, Brigadier Nicholson: „Nein. Es ist die Aufgabe der britischen Armee, wie die der deutschen, zu kämpfen."

Die 1. Panzerdivision erhielt Befehl, ostwärts zu ziehen und Dünkirchen einzunehmen. Am Abend des 23. Mai erreichte die Vorhut der Division den Fluss südlich von Gravelines, wo sie durch starken französischen Widerstand gestoppt wurde. Guderian bereitete den Angriff für den folgenden Tag vor, doch manche höhere deutsche Generäle hatten wieder Zweifel. Rundstedt fühlte sich wegen der französischen Armeen im Süden des Panzerkorridors unwohl, und er hatte den Schock von Arras noch nicht überwunden. So befahl er am Abend des 23. Kleist zu halten und seine Panzerkräfte für den Fall neu zu ordnen, dass sie zur Abwehr eines französischen Angriffs im Süden benötigt würden.

Hitler hält die Panzer an

Am folgenden Tag besuchte Hitler Rundstedts Hauptquartier in Charlesville. Dieser

UNTEN:
Eine gemischte Gruppe britischer und französischer Gefangener, die bei der Verteidigung Dünkirchens geholfen haben, wird fort geführt.

OBEN:
General Erwin Rommel, Kommandeur der 7. Panzerdivision, bespricht das Schicksal der britischen und französischen Offiziere, die in seine Hände gefallen sind. Aufgrund der Schnelligkeit des deutschen Vorstoßes gerieten viele hochrangige alliierte Offiziere in Frankreich in Gefangenschaft.

erklärte seine Besorgnis wegen einer möglichen Gefahr aus dem Süden. Er meinte, dass das marschige Tiefland Flanderns für Panzeroperationen nicht geeignet und es ohnehin nur eine Frage der Zeit sei, bis die Alliierten im Norden kapitulierten. Hitler stimmte voll zu. Auch wollte er mit seinen Panzerkräften für den bevorstehenden Kampf gegen die verbleibenden französischen Verbände südlich der Somme haushalten. Brauchitsch und Halder im OKH argumentierten für die Fortsetzung des Panzerangriffs auf die alliierten Verteidiger Dünkirchens, um ein Entkommen zu verhindern, doch Hitler blieb hart und gab in einem „Führerbefehl" vom 24. Mai Anweisung, die Panzer anzuhalten.

Guderian ordnete seine Truppen für einen letzten Angriff, um sich den Hafen von Dünkirchen zu sichern. Das Eintreffen des Führerbefehls – dem bei Todesstrafe gehorcht werden musste – war ein Schock für ihn. „Hitler befahl dem linken Flügel, an der Aa zu halten", schrieb er. „Der Strom durfte nicht überquert werden. Über den Grund dafür wurden wir nicht informiert. Der Befehl enthielt die Worte: ‚Dünkirchen ist der Luftwaffe zu überlassen.' Wir waren sprachlos."

Der „Haltebefehl" war der große Fehler, den die Deutschen im Westfeldzug von 1940 begingen. Wären die Panzer weitergestoßen, so wären die Alliierten gefangen und zur Kapitulation gezwungen gewesen. Über 200.000 der besten Soldaten Englands wären mit all den Folgen verloren worden.

Trotz der Probleme durch Billottes Tod versuchten die Alliierten den in der Ypern-Konferenz vom 21. Mai gefassten Plan auszuführen. Doch wieder sollten äußere Umstände die Umsetzung verhindern. General Küchlers 18. Armee – die zuvor die Niederlande erobert hatte – wurde zum Kampf an der rechten Flanke der 6. Armee Reichenaus umgruppiert. In der Nacht des 23./24. Mai kündigte ein schweres Bombardement eine Offensive beider deutscher Armeen gegen die alliierte Linie an. Die Belgier, die den Großteil der Linie hielten, wankten angesichts eines so starken, von der deutschen Luftwaffe unterstützten Angriffs. Die Richtung des Anschlages, zu beiden Seiten von Courtrai an der Lys, der Verbindung zwischen den Truppen der belgischen Armee und der BEF, war gut gewählt. Die Belgier mobilisierten ihre letzten Reserven, um die Lücke zu schließen.

Der britische Kommandeur, Lord Gort, erkannte nur zu gut die Gefahr durch den deutschen Angriff: Brachen die Deutschen durch, so würden sie die Verbindungswege der BEF zum Kanal und nach England abschneiden. Noch dazu geschah die Versorgung mit Munition gefährlich langsam, und da die Straßen mit panischen Flüchtlingen und sich zurückziehenden Soldaten verstopft waren, konnte es geschehen, das die BEF nicht mehr als Kampfverband operieren konnte, falls das Versorgungssystem zusammenbrach.

Gorts Entscheidung

Am 25. Mai nahm es Gort auf sich, den Befehl, Truppen für die kommende „Weygand-Offensive" – die bereits aufgeschoben worden war – bereitzustellen, zu missachten. Er sandte sie stattdessen los, eine Position gegen den deutschen Angriff aus dem Osten einzunehmen. Damit hatte er stillschweigend entschieden, den Feldzug in Nordfrankreich und Belgien aufzugeben. Es war eine schwere Entscheidung, die die Alliierten Britanniens ihrem Schicksal überließ, doch Gort meinte, für ihn als britischen Kommandeur habe die Bewahrung der BEF für einen späteren Kampf Priorität. Um nicht von vorrückenden deutschen Kräften umfasst zu werden, waren General Franklyns mechanisierte Einheiten bereits von Arras abgezogen, was bei den französischen Einheiten, die nun ihrerseits von den Deutschen umfasst zu werden drohten, einige Bitterkeit verursacht hatte. Gort begann nun, seine Truppen für einen kämpfenden Rückzug nach Dünkirchen zu ordnen.

Schon am 19. Mai hatten das britische Kriegsministerium und die Admiralität die „mögliche, doch unwahrscheinliche Evakuierung einer sehr großen Streitmacht unter gefährlichen Umständen" erwogen. Die Planung der „Operation Dynamo" wurde Vizeadmiral Sir Bertram Ramsay, dem energischen und fähigen Flaggoffizier von Dover, anvertraut. Ramsay requirierte alle Boote und kleinen Schiffe, die er finden konnte, um eine Flotte von Fischerbooten, Fähren, Motorjachten und sogar flachen holländischen *Schuyten* zu versammeln. Neben diesen etwa 850 Handelsbooten konnte Ramsay über eine Flotte von 39 Zerstörern und weiteren leichten Marineschiffen verfügen. Die Planung verlief streng geheim. Auch die Franzosen wussten nichts davon, sodass die französischen Marinekräfte nur eine relativ geringe Rolle spielen konnten, als die Evakuierung begann.

Während die Planung der Operation Dynamo im Gang war, kämpften britische und belgische Truppen verzweifelt, die vereinte Macht der deutschen 18. und 6. Armee in Schach zu halten. Am 25. Mai durchbrach der deutsche Angriff die belgische Front an etlichen Stellen. Am folgenden Tag begann deutsche Infanterie tief in die belgischen Stellungen zu stoßen. Am Nachmittag des 26. Mai meldete König Leopold den Generälen Blanchard und Gort, Belgien könne nicht mehr lange standhalten. Ebenfalls am 26. Mai – um

UNTEN:
Eine am Strand bei Dünkirchen aufgegebene schwere britische Flugabwehrkanone. Zwar wurde solches Gerät wegen Platzmangels zurückgelassen, doch Flugabwehrwaffen wurden benötigt, um die deutsche Luftwaffe vom Angriff auf die Schiffe im Hafen abzuhalten.

RECHTS:
Die Lage in Dünkirchen verlangte von den Bodentruppen Anpassungsfähigkeit. Hier werden britische Lastwagen als improvisierter Pier benutzt, damit die Männer zu den wartenden Evakuierungsbooten gelangen können, ohne längere Entfernungen waten oder schwimmen zu müssen.

18.57 Uhr – setzte die britische Admiralität die Operation Dynamo in Gang. Doch zu diesem Zeitpunkt kämpfte der Hauptteil der BEF noch in einiger Entfernung von den Küsten gegen die Deutschen.

Die Belgier kapitulieren

Am Vormittag des 27. Mai sah das belgische Oberkommando ein, dass es den Kapitulationsprozess einleiten musste, obwohl dies die britischen und französischen Truppen in Flandern in eine schreckliche Lage bringen würde, da es noch mehr deutsche Truppen gegen sie freisetzte. Um 12.30 Uhr meldete König Leopold Gort: „Die Armee ist sehr entmutigt. Sie kämpft seit vier Tagen ständig unter starkem Bombardement, und es naht der Augenblick, wo sie nicht mehr weitermachen kann. Unter diesen Umständen wird der König kapitulieren müssen, um den Zusammenbruch zu vermeiden.“ Die Franzosen erhielten am Nachmittag eine ähnliche Botschaft.

Um den Alliierten etwas mehr Zeit für den Rückzug ihrer Truppen an vorteilhaftere Positionen zu verschaffen, dehnten die Belgier am Abend des 17. Mai die Verhandlungen über den Waffenstillstand auf etliche Stunden aus, doch am 28. Mai um 4 Uhr erhielten die belgischen Streitkräfte Befehl, die Waffen zu strecken, da Belgien das deutsche Angebot einer bedingungslosen Kapitulation akzeptiert habe. Die Briten und vor allem die Franzosen, deren Truppen durch die Entscheidung der Belgier, den Kampf einzustellen, in einer besonders heiklen Stellung zurückgelassen wurden, verurteilten die Kapitulation.

Noch dazu hob Hitler nun seinen Haltebefehl auf, sodass die motorisierten Einheiten der Panzerdivisionen ab dem 27. Mai wieder in den Kampf geworfen wurden. Die Tanks des XV. Panzerkorps Hoths stießen, angeführt von Rommel, als der eine Teil einer Zangenbewegung in Richtung Armentières vor. Der anderen Teil war die Infanterie der 6. Armee, die vom Osten her vorrückte.

Als sich beide Flügel am Abend des 27. Mai trafen, waren zwei Korps der französischen 1. Armee unter dem Kommando General Moliniés bei Lille umzingelt. Moliniés Truppen – hauptsächlich Nordafrikaner – kämpften in ihrer hoffnungslosen Lage äußerst entschlossen und tapfer und halfen dadurch der BEF und den Resten der 1. Armee, nach Dünkirchen in relative Sicherheit zurückzufallen. Die Deutschen waren von der Entschlossenheit bei der Verteidigung Lilles so beeindruckt, dass sie der Garnison nach deren schließlich erfolgter Kapitulation erlaubten, unter einer Ehrengarde vom XXVIII. Korps General Wägers in ehrenvoller Schlachtordnung aus der Stadt zu marschieren.

Der Verlust der Garnison von Lille belastete die Beziehungen zwischen Briten und Franzosen noch mehr, als von französischen Kommandeuren, darunter General Blanchard, behauptet wurde, der Rückzug der BEF nach Dünkirchen habe die Verteidiger von Lille in einer unmöglichen Stellung im Stich gelassen. Aus französischer Sicht erschien der Rückzug besonders egoistisch, doch andererseits blieb den Briten kaum etwas anderes übrig. Auch sollte man bedenken, dass die Hauptursache der ganzen Katastrophe die militärische Unfähigkeit der Franzosen gewesen war.

UNTEN:
RAF-Jagdflieger warten in ihrer Freizeit-Baracke, bereit zum Einsatz über Nordfrankreich. Zwar waren den Männern am Boden die Kämpfe der britischen Flugzeuge am Himmel oft nicht bewusst, doch die RAF schränkte die Aktivitäten der deutschen Luftwaffe über Dünkirchen stark ein.

Weiter nördlich erkämpfte sich Guderians Truppe ihren Weg über die Aa. Am 28. Mai eroberte sie Wormhoudt und Bourbourville. Am 29. wurde Gravelines, die letzte Stadt vor Dünkirchen, genommen. Doch von nun an hatten es die Deutschen mit dem gut verteidigten Brückenkopf Dünkirchen zu tun und kamen langsamer voran. Schließlich wurden die meisten Panzer zur Vorbereitung von „Fall Rot", der kommenden Offensive gegen den Rest Frankreichs, vom überfüllten Kampffeld abgezogen. Guderians Schlusskommentar über diese Phase des Feldzugs zeigt die Frustration der Panzerkommandeure: „Welchen Verlauf der Krieg genommen hätte, hätten wir damals in Dünkirchen die British Expeditionary Force gefangen nehmen können, lässt sich heute unmöglich beurteilen."

Die RAF hatte die schwierige Aufgabe, über dem Umkreis von Dünkirchen einen Luftschirm zu spannen, um die deutsche Luftwaffe in Schach zu halten. Die flog in der Evakuierungsphase 2739 Einsätze und verlor dabei 177 Flugzeuge. Göring hatte vor Hitler geprahlt, die „nationalsozialistische" Luftwaffe solle statt des „reaktionären" Heeres mit der Vernichtung des alliierten Kessels von Dünkirchen beauftragt werden. Hitler war zwar skeptisch, doch gab er der Luftwaffe die Priorität. Die Kombination von Schlechtwetter und RAF hinderte Göring, seine Prahlerei einzulösen. Nur am 27. Mai und am 1. Juni hatte die Luftwaffe die Oberhand, obwohl für die Männer an den Stränden die ständigen Bombenangriffe der Stukas und anderer Bomber psychologisch hart waren.

In den Anfangsphasen der Evakuierung war die Disziplin oft schlecht. Trunkenheit und Panik waren keineswegs selten. Offiziere und Marineränge mussten körperliche Gewalt anwenden, um manche Männer unter Kontrolle zu halten. Doch die Ankunft der Frontlinientruppen brachte größere Ordnung, und der Hauptteil der alliierten Truppen wartete geduldig in langen Kolonnen auf seine Einschiffung.

Die Evakuierung geht voran

Am 27. Mai wurden nur 7669 Mann evakuiert. Ironside meinte, die BEF könne sich glücklich schätzen, wenn sie 30.000 Mann zurück nach England brächte. Doch am 28. Mai wurden die Hafenanlagen bessser genutzt, und die Zahl stieg auf 17.804. In den folgenden Tagen stiegen die Gesamtzahlen weiter bis zu einer Spitze von 68.104 am 31. Mai. Ein wachsendes Problem war, dass mehr britische als französische Soldaten evakuiert wurden, teils wegen ausbleibender Befehle des französischen Oberkommandos, die Evakuierung seiner Männer zu erlauben. Als sich Weygand deshalb bei Churchill be-

RECHTS:
Erschöpfte, kampfesmüde britische Soldaten gehen nach ihrer Feuerprobe in Dünkirchen in einem englischen Hafen an Land. Fast 340.000 Mann vor der Nase der deutschen Armee zu retten, war eine militärische Meisterleistung.

klagte, befahl dieser, Briten und Franzosen gleichermaßen von den Stränden zu holen.

Am 3. Juni waren die letzten britischen Truppen evakuiert, doch eine französische Nachhut besetzte weiterhin die Verteidigungsstellungen um Dünkichen, während die Deutschen etwa 2 km vor den Stränden standen. Am folgenden Tag sandte Ramsay seine Schiffe zum letzten Mal, um so viele Franzosen wie möglich aufzunehmen. Etwa 27.000 von diesen entkamen aus Dünkirchen, doch 30.000 Mann, die nun dem deutschen Vorstoß alleine gegenüberstanden, mussten zurückgelassen werden. (Dies benutzten die Deutschen, um bei den Franzosen antibritische Gefühle anzustacheln.) Am 4. Juni marschierten die Deutschen in Dünkirchen ein. Nach weniger als einem Monat war der Krieg in Nordfrankreich zu Ende.

Sieg oder Niederlage?

Insgesamt wurden etwa 338.000 Mann aus Dünkirchen evakuiert (etwa 110.000 davon Franzosen). Dabei gingen sechs britische und zwei französische Zerstörer sowie zahlreiche kleinere Boote verloren. Es war ein Triumph der Improvisation, ein Fall, in dem der Sieg den Klauen der Niederlage entrissen wurde. Und zu einem Zeitpunkt, wo die Briten eine Folge von Miseren erlebt hatten, stärkte es die Moral sehr. Doch Premierminister Churchill warnte am 4. Juni das britische Unterhaus: „Kriege werden nicht durch Evakuierungen gewonnen." Der Großteil der Waffen und Ausrüstung der BEF war in Frankreich zurückgelassen worden (2473 Geschütze, 63.879 Fahrzeuge, 20.548 Motorräder und 500.000 Tonnen Vorräte und Munition). Es würde Zeit brauchen, die Evakuierten neu auszurüsten. 68.111 Briten wurden getötet, verwundet oder gefangen. Die Holländer verzeichneten 2890 Tote und 6889 Verwundete, die Belgier 7500 Tote und 15.850 Verwundete.

Die deutschen Verluste beliefen sich an diesem Punkt des Westfeldzugs auf 10.252 Gefallene und etwa 50.000 Verwundete und Vermisste. Nach deutschen Quellen hatten ihre Truppen über eine Million Gefangene gemacht. Doch der Feldzug war noch nicht beendet. Während die letzten aliierten Truppen aus Dünkirchen den Deutschen entkamen, zogen die Panzerdivisionen südwärts, um den restlichen Teil der französischen Armee zu vernichten und Paris einzunehmen.

OBEN:
Alliierte Gefangene beginnen hinter Draht ein neues Leben, eine Prüfung, die weitere fünf Jahre andauern sollte. Die Männer im Vordergrund geben sich der uralten militärischen Tätigkeit des Kartoffelschälens hin.

KAPITEL SIEBEN

DER FALL FRANKREICHS

Nach der belgischen Kapitulation und der Evakuierung von Dünkirchen standen den Deutschen nur noch Reste der französischen Armee entgegen. Das Ende kam schnell.

Am 5. Juni, dem Tag nach der Einnahme Dünkirchens, begann das deutsche Oberkommando mit dem „Fall Rot", der Vernichtung der bewaffneten französischen Kräfte südlich der Somme-Aisne-Linie. Nach Guderians Vorstoß an die Küste und der Bildung des Panzerkorridors hatten die Deutschen sogleich Brückenköpfe jenseits von Somme und Aisne erobert. Diese sollten als Sprungbrett für die kommende Offensive dienen. Alle französischen Anstrengungen, sie auszuschalten, scheiterten.

Während die Panzerdivisionen von Dünkirchen nach Süden vorstießen, wurden sie für Fall Rot verstärkt und neu gegliedert. Sie wurden in fünf getrennte Korps zu je zwei Panzerdivisionen und einer motorisierten Infanteriedivision aufgeteilt. Das XV. Panzerkorps operierte auf der rechten deutschen Flanke nahe am Kanal. Das XIV. und XVI. Korps wurden zur Panzergruppe Kleist zusammengefasst und Bocks Heeresgruppe B zugewiesen. Sie marschierten zwischen Amiens und Peronne auf. Das XXXIX. und XLI. Korps, die Panzergruppe Guderian, wurden auf der rechten Seite der deutschen Linien als Teil von Rundstedts Heeresgruppe A entlang der Aisne stationiert. Neue Verbände aus Deutschland erhöhten in dieser Phase des Feldzugs die Zahl der gesamten deutschen Streitkräfte in Frankreich auf 104 Divisionen.

Die Deutschen wollten die französische Verteidigung durchbrechen und mit den motorisierten Verbänden so schnell wie möglich nach Frankreich hineinstoßen, um die wichtigsten Gruppierungen des französischen Heeres einzukesseln und zu isolieren. Das XV. Korps sollte auf schnellstem Wege die Kanalküste entlang bis zur Bretagne vorstoßen, die Panzergruppe Kleist nach Zentralfrankreich jagen und dabei Paris umgehen, das man der Infanterie überlassen würde. Die Panzergruppe Guderian sollte mit dem Ziel, den Hauptteil der französischen Truppen an und hinter der Maginot-Linie abzuschneiden, durch Ostfrankreich nach Süden vorstoßen. General Leebs Heeresgruppe C, gegenüber der Maginot-Linie in Stellung, sollte dann die dortigen Verteidiger festnageln und ein mögliches Entkommen nach Südfrankreich verhindern.

Französische Schwäche

Die französischen Verluste der Anfangsphase des Feldzugs konnten nicht ersetzt werden. Selbst nach Abzug von Reserven von der Alpenfront zu Italien konnte Weygand nur etwa 60 Divisionen für die 360 km lange Front zwischen dem Kanal und der rechten Flanke an der Meuse aufbieten. Unter diesen Verbänden waren zwei polnische Divisionen, die britische 51. Division sowie die britische 1. Panzerdivision. Letztere litt immer noch an

GEGENÜBER:
Das Hakenkreuz flattert als Symbol deutscher Herrschaft über einer Straße in Paris. Die französische Regierung erklärte Paris zur „offenen Stadt". Die Deutschen besetzten es am 14. Juni ohne Gegenwehr.

OBEN:
Deutsche Soldaten entspannen sich nach ihrem Durchbruch am Westabschnitt der französischen Front am 8. Juni an der Küste.

Mangel an Panzern, Artillerie und Panzerabwehrgeschützen. Zwei weitere britische Divisionen waren auf dem Weg nach Frankreich, doch zahlenmäßig war der britische Beitrag zum Endkampf um Frankreich gering.

Weygands Plan gab die Idee der geschlossenen Front auf und führte ein schachbrettartiges System von Verteidigungsstellungen, so genannte „Igel“, ein. Diese Stellungen sollten um Hügel oder Dörfer herum aufgebaut und mit Infanterie und Geschützen voll gepackt werden. Die Verteidiger sollten in den Stellungen bleiben, auch wenn die Deutschen an ihnen vorbeistießen und sie isolierten. Hinter den Igelstellungen sollten mobile Reserven jeden deutschen Vorstoß mit einem Gegenangriff beantworten. Den Franzosen mangelte es jedoch an genügend motorisierten Verbänden, um der Stärke der fünf deutschen Panzerkorps begegnen zu können. Und als der Verteidigungsschild erst einmal durchstoßen war, hatten die Deutschen freie Hand.

Die französische Luftwaffe hatte ihre Verluste ausgeglichen und konnte mit Unterstützung der RAF mehr Flugzeuge stellen. Trotzdem hatte die deutsche Luftwaffe immer noch das zahlenmäßige Übergewicht, war besser organisiert und wurde besser geführt.

Fall Rot

Fall Rot stockte anfangs, als die Heeresgruppe B am 5. Juni ihren Angriff startete, während die Heeresgruppe A bis zum 9. Juni wartete. Das französische Heer zeigte jetzt weit größere Entschlossenheit als wenige Wochen zuvor an der Meuse. Die deutschen Panzer konnten nicht aus ihren Brückenköpfen ausbrechen, und die deutsche Infanterie wurde aus den französischen Befestigungen mit Feuer eingedeckt. „In diesen zerstörten Dörfern“, schrieb ein deutscher Soldat, „kämpften die Franzosen bis zum letzten Mann. Einige Igel kämpften noch, als unsere Infanterie sie bereits 20 Meilen hinter sich gelassen hatte.“ Entlang der gesamten Weygand-Linie fochten die Franzosen verzweifelt. Geschütze aus dem Ersten Weltkrieg zerschossen die deutschen Panzer, während die Infanterie standhielt.

Das deutsche XXIII. Korps bezog Prügel von der 14. Infanteriedivision, einem der wenigen französischen Verbände, die sich bei den Kämpfen um Sedan ausgezeichnet hatten.

Unter General de Lattre de Tassigny unternahm die 14. Division einen Gegenangriff auf das deutsche Korps und eroberte die Brückenköpfe an der Aisne zurück, wobei 1000 Gefangene gemacht wurden. Der Kommandeur des deutschen Korps, General Schubert, zollte der stark verbesserten Leistung seiner Widersacher Respekt:

Der Angriff traf auf einen Gegner, dessen Moral ungebrochen war und der in wohl geordneter Stellung unser vorbereitendes Artilleriefeuer mit nur geringen Verlusten überstand. Die Haltung und das taktische Geschick des Gegners unterschied sich total von dem früherer Schlachten. Die Einheiten der 14. Division ließen die deutsche Infanterie bis auf Kernschussweite herankommen, um sie sicher zu erledigen. An vielen Stellen waren französische Scharfschützen auf Bäume geklettert und schossen bis zur letzten Patrone, ohne sich vom deutschen Vormarsch beeindrucken zu lassen.

Die Moral der französischen 14. Division war außerordentlich. Die Franzosen versorgten ihre Verwundeten selbst, wenn diese nicht evakuiert werden konnten. Sie ließen Proviant bei den Verwundeten, die nicht mitgenommen werden konnten, als sie sich zurückzogen. Die 14. Division kämpfte am 9. und 10. Juni auf eine Weise, die an die besten französischen Truppen bei Verdun 1914–1918 erinnerte.

OBEN:
Ein deutscher Soldat blickt von seinem Aussichtspunkt auf eine französische Stadt, die in Trümmern liegt.

Verlustreiche Verteidigung

Die Verteidigung der Weygand-Linie verschlang die besten Truppen des französischen

LINKS:
Ein Trupp deutscher Infanterie marschiert selbstbewusst und wohl bewaffnet durch eine bei Kämpfen schwer beschädigte Stadt. Trotz anfänglicher Rückschläge überwältigten die deutschen Sturmtruppen schließlich die französischen Verteidiger an der Somme-Linie.

OBEN:
Inmitten von Zerstörungen ergeben sich französische Soldaten den Deutschen. Sobald die Deutschen die französische Linie durchbrochen hatten, begann der französische Widerstand zu wanken und brach dann bald zusammen.

Heeres, und die überlegene Zahl sowie die höhere Feuerkraft der deutschen Verbände begannen sich durchzusetzen. Der erste deutsche Durchbruch geschah an der rechten Seite des deutschen Angriffs mit Rommels 7. Panzerdivision an der Spitze. Nachdem dieser während der Kämpfe des ersten Tages von den Franzosen festgenagelt wurde, konnte er eine Lücke in ihrer Verteidigung ausnutzen, indem er seine Panzer über flaches Gelände und über zwei unbeschädigte Eisenbahnbrücken schickte, die zu zerstören die Franzosen versäumt hatten. Nachdem die französischen Linien durchstoßen waren, strebten die Panzer direkt auf die Seine zu. Am 8. Juni erreichte die Vorhut Elbeuf an der Seine, isolierte Rouen und bog nach Norden, um den Kanal bei Fécamp zu erreichen.

Kapitulation bei St-Valery

Durch dieses Vorgehen saß das französische 9. Korps mit der britischen 51. Division und Teilen der französischen 2. und 5. leichten Kavalleriedivisionen in der Falle. Zwar leisteten die Franzosen und Briten Widerstand, doch befanden sie sich in einer unhaltbaren Stellung. Am 12. Juni kapitulierten 45.000 alliierte Soldaten, darunter zwölf Generäle, vor Rommel bei St-Valery. Etwa 3000 Mann konnten durch die deutschen Reihen entkommen. Rommel war von der zähen Verteidigung der britischen Truppen beeindruckt, und so war er besonders erfreut, den Kommandeur der 51. Division, General Victor Fortune, gefangen zu nehmen. Für die britischen Truppen war es trotz Rommels Beschreibung ein verzweifelter Moment:

Es war erstaunlich, mit welcher Gelassenheit sich die britischen Offiziere in ihr Schicksal fügten. Der General und mehr noch die Offiziere seines Stabes flanierten lachend auf der Straße vor dem Haus. Das Einzige, das sie zu stören schien, war das häufige Fotografieren und Filmen durch unsere Propagandakompanie, dem sie ausgesetzt waren. Die gefangenen Generäle wurden zu einem Mittagessen an der frischen Luft bei einer deutschen Feldküche eingeladen, was sie dankend ablehnten mit den Worten, dass sie noch eigenen Proviant hätten. So aßen wir alleine.

Nach der Einnahme von Le Havre am 14. Juni wurde die 7. Panzerdivision zum Vorstoß auf Cherbourg beordert, während ihr Schwesterverband, die 5. Panzerdivision, nach Westen in die Bretagne vorstieß. Der Widerstand war gering, und als letzte Aktion der 7. Panzerdivision in diesem Feldzug wurde am 19. Juni Cherbourg genommen.

Im Gegensatz zum Erfolg des XV. Panzerkorps Hoths konnten die beiden Korps der Panzergruppe Kleist keinen Durchbruch an der Somme erzwingen. Damit der Angriff nicht abriss, lenkte Bock die Panzergruppe nach Osten, um die Aisne neben der Panzergruppe Guderian zu überqueren. Nach zwei Tagen harten Kampfes, darunter einem Flankenangriff von General Buissons Panzerverband auf das XXXIX. Panzerkorps, begann die erschöpfte und zahlenmäßig unterlegene französische 4. Armee zu wanken. Am 11. Juni brach Guderian, gefolgt von Kleists Panzern, durch die Weygand-Linie. Am 11. Juni wurde bei Einbruch der Nacht Reims genommen und am folgenden Abend erreichte Guderian Châlon-sur-Marne. Kleists Panzergruppe rollte auf Paris zu, während deutsche Infanterieverbände von Norden her direkt auf die französische Hautstadt marschierten.

Weygands Pessimismus

Die Lage der Franzosen war verzweifelt. Weygand hatte den Geist des französischen Heeres gestärkt, doch war er gegenüber Frankreichs Fähigkeit, dem deutschen Ansturm standzuhalten, stets skeptisch gewesen. Zur Bestürzung des französischen Premiers Reynaud, der den Kampf fortsetzen wollte, äußerte er zunehmend Zweifel. Am 9. Juni informierte Weygand die Regierung, dass jederzeit ein deutscher Durchbruch stattfinden könne. Er beendete die Botschaft mit der düsteren Vorhersage: „Wenn das eintreten sollte, werden unsere Armeen bis zur Erschöpfung, bis zur letzten Runde kämpfen, aber ihre Zerschlagung wird nur eine Frage der Zeit sein.“ Ein paar Tage später, als die Deutschen die französische Verteidigung durchbrachen, war Weygands Pessimismus derart gestiegen, dass er der Regierung mitteilte: „Wenn man es mir befiehlt, werde ich weiterhin Widerstand leisten. Aber zu diesem Zeitpunkt sage ich offen: Die Einstellung der Kampfhandlungen muss bald erwogen werden.“

Frankreichs Lage verschlechterte sich weiter, als Mussolini dem Land am 10. Juni den Krieg erklärte. Der italienische Diktator, der den Deutschen den militärischen Erfolg gegen Frankreich neidete, wollte sich einen Teil der Beute sichern und verkündete, er werde Savoyen, Nizza und Korsika von französischer Herrschaft befreien. Die zynische Art der Erklärung, während Frankreich am Rand der Niederlage stand, wurde von den Führern der Welt weithin verdammt. Präsident Roosevelt meinte zornig: „Die Hand, die den Dolch hielt, hat ihn in den Rücken ihres Nachbarn gestoßen.“

Die italienischen Truppen für den Angriff auf Frankreich bestanden aus zwei 24 Divisionen starken Armeen mit weiteren acht Divisionen als Reserve. Die Alpenpässe zwischen beiden Ländern wurden von nur drei französischen Reservedivisionen und drei Festungsdivisionen unter dem Kommando General Orlys verteidigt. Der Angriff begann am 20. Juni, doch Orly hatte seine Truppen geschickt in Stellung gebracht und hielt die Italiener in den langen Bergtälern fest, während seine Truppen die Anhöhen hielten. So verpuffte die zahlenmäßige Überlegenheit der Italiener großteils. Der Angriff kam bald zum Stillstand. Lediglich an der Côte d'Azur kamen die Italiener etwas voran. Als der Waffenstillstand geschlossen wurde, hielten die Franzosen immer noch ihre Stellungen in den Alpen. Während die Franzosen mit dem militärischen Verhalten ihrer Truppen zufrieden sein konnten, offenbarte die Invasion schmerzlich die Defizite des italienischen Heeres.

Als sich die Deutschen Paris näherten, zogen lange Flüchtlingskolonnen von dort nach Süden. Die Regierung hatte sich bereits nach Tours und dann Bordeaux abgesetzt. Die Wahl, die Hauptstadt zu verteidigen oder sie den Deutschen zu überlassen, blieb bis zum 11. Juni offen, als Weygand Paris zur „offenen

UNTEN:
Eine deutsche Haubitzen-Mannschaft quert eine Pontonbrücke. Das Hauptartilleriegeschütz der deutschen Infanteriedivisionen war die 10,5-cm-Haubitze, die eine 14,81-kg-Granate bis zu 12.000 Meter weit schießen konnte.

OBEN:
Ein französisches Fort an der italienischen Grenze. Zwar mied die italienische Armee solche Stützpunkte, doch auch beim Angriff unter offeneren Kampfbedingungen war sie erfolglos.

Stadt" erklärte. Die Entscheidung hatte gute Gründe: Die Deutschen wollten Paris umgehen, falls es verteidigt wurde, um es nach Beendigung des Feldzugs durch Bombardierung zur Aufgabe zu zwingen. Eine Verteidigung würde keinen militärischen Sinn haben. Sie war daher wegen der Zerstörung und der großen Verluste, die sie mit sich bringen würde, wenig sinnvoll. Aber die Preisgabe der Hauptstadt war trotzdem ein schwerer Schlag für das französische Volk. Als der Schriftsteller André Maurois von dem Befehl hörte, Paris nicht zu verteidigen, erklärte er: „In diesem Augenblick wusste ich, dass alles vorbei war. Frankreich ohne Paris war ein Körper ohne Kopf. Der Krieg war verloren."

RECHTS:
Erschöpfte deutsche Soldaten rasten kurz nach dem Einmarsch in Paris auf der Protze eines Geschützwagens. Der Verlust ihrer Hauptstadt war für die Franzosen psychologisch verheerend.

Am 14. Juni drang die Vorhut der deutschen 18. Armee ohne Widerstand in die Stadt ein. Die Besetzung durch die Deutschen verlief wohl geordnet und zurückhaltend. Nach ein paar Tagen gingen die Bewohner von Paris wieder ihren normalen Geschäften nach, während tausende deutsche Soldaten als Schaulustige in der Stadt umherwanderten.

Der Erfolg setzt sich fort

Während die Infanterie in Paris einmarschierte, nutzten die Panzer ihren Durchbruch aus. Hoths XV. Panzerkorps nahm die Normandie und die Bretagne ein, die Panzergruppe Kleist überquerte die Seine bei Romilly und steuerte auf das Zentralmassiv und Burgund zu, und die Panzergruppe Guderian drang nach Südosten vor, um General Pretelats Heeresgruppe 2, die hinter der Maginot-Linie aufmarschiert war, zu umgehen und zu isolieren.

In Verbindung mit Guderians Vorstoß startete Leebs Heeresgruppe C ihre Offensive gegen die Maginot-Linie. Die Deutschen kamen nur langsam voran, da sich die Franzosen zwar aus einigen Gebieten zurückgezogen hatten, damit aber den neu gebildeten Verteidigungslinien Rechnung trugen, die wegen des deutschen Durchbruchs an der Aisne gebildet wurden. Während dieser Phase der Feindseligkeiten konnten die Deutschen trotz schweren Artilleriebeschusses und wiederholter Stuka-Angriffe mit panzerbrechenden Bomben keine der Hauptbefestigungen der Maginot-Linie erobern. Die Linie hatte ihre Widerstandsfähigkeit bewiesen, doch ihre Verteidigung hatte wenig Bedeutung für den Feldzug als Ganzen.

Die Panzergruppe Guderian war nun in die Heeresgruppe C eingegliedert worden und stieß auf die Schweizer Grenze zu. Am 16. Juni wurde Belfort eingenommen, und am nächsten Tag erreichte die 29. Motorisierte Division die Schweizer Grenze bei Pontarlier. Die französische Heeresgruppe 2 saß nun zwischen der Maginot-Linie und Guderians Ring aus Stahl in der Falle. 400.000 Mann wurden gefangen genommen. Es war eine der einfachsten und zugleich perfektesten Kesselschlachten der Geschichte.

Inzwischen stürmte Kleists Panzergruppe nach Zentralfrankreich hinein und erreichte am 16. Juni Dijon. Einzelne Verbände rückten auf Clermont-Ferrand und Lyon vor. Das einzige Hindernis für den Panzervorstoß trat bei Saulieu auf, als das XVI. Panzerkorps von der polnischen 10. Panzerbrigade und den

UNTEN:
Ein höherer Offizier salutiert einer Batterie deutscher Artillerie bei ihrem Ritt durch Paris entlang der Champs Élysées. Die deutsche Propaganda gab rasch Bilder wie dieses an die Weltpresse weiter, um ihren totalen Sieg zu unterstreichen.

RECHTS:
Die Erniedrigung durch die Niederlage: Untröstliche Pariser beobachten die Übernahme ihrer Stadt durch die Deutschen.

UNTEN:
Jeder kannte die symbolische Bedeutung der französischen Hauptstadt. Im Ersten Weltkrieg konnten die Deutschen Paris in vier Jahren des Kampfes nicht erobern. 1940 brauchte es dafür weniger als sechs Wochen. Die französischen Streitkräfte waren total zusammengebrochen. Viele meinten, England würde bald folgen.

Resten der französischen 3. Panzerdivision in ein kurzes, doch heftiges Gefecht verwickelt wurde. Es gab kaum noch geordneten Widerstand. Der Vormarsch war nun eher ein Zuverlässigkeitstest für Fahrzeuge als eine Prüfung des Kampfesmuts. Ein letztes Aufbäumen gab es durch die Kadetten der Militärakademie in Saumur an der Loire. Am 19. Juni leisteten die Kadetten und einige in der Gegend stationierte Truppen, nur mit uralten Waffen aus der Waffenkammer der Akademie ausgerüstet, zwei Tage lang erbitterten Widerstand, bis ihnen die Munition ausging.

Politischer Zusammenbruch

Der Zusammenbruch des französischen Heeres ging mit der Auflösung der französischen Regierung einher. Reynaud führte die Kriegsfraktion an. De Gaulle, der als Unterstaatssekretär im Kriegsministerium in die Regierung eingetreten war, unterstützte ihn. Ihnen stand die Friedensfraktion gegenüber, die von Weygand und Pétain angeführt wurde. Am 11. Juni hatte Churchill seinen letzten Krisenbesuch in Frankreich unternommen und die Franzosen gedrängt, den Kampf fortzusetzen. Weygand forderte seinerseits Flugzeuge und Truppen von ihm. Churchills Unvermögen, größere Mengen von Truppen zur Verfügung zu stellen, wurde von der Friedensfraktion kalt aufgenommen. Sie sah nun keine Alternative, als die Deutschen um Waffenstillstand zu bitten.

Reynaud und seine schwindende Anhängerschar versuchten eine Art organisierter Front gegen die Deutschen aufrechtzuerhalten, da der Krieg von den französischen Besitzungen in Nordafrika aus weitergeführt werden könnte, falls Frankreich fiel. Eine verzweifelte Bitte um militärischen Beistand an die USA wurde von deren damals zu Neutralität verpflichteten Regierung abgelehnt. Das britische Kabinett und de Gaulle versuchten von London aus mit der „Erklärung der Einheit" der französischen und britischen Völker (einem bemerkenswerten Kunstgriff, um beide Nationen zusammenzuschweißen)

Frankreichs militärischen Willen zu stärken. Reynaud unterbreitete die Erklärung am Nachmittag des 16. Juni der französischen Regierung, aber die Idee wurde abgelehnt. Reynaud bot nun dem französischen Staatsoberhaupt, Präsident Lebrun, seinen Rücktritt an. Dieser ernannte den 84-jährigen Marschall Petain zu seinem Nachfolger.

Am 17. Juni sandte Pétain zur Einleitung von Friedensverhandlungen Unterhändler zur spanischen Regierung. Einige, die den Waffenstillstand mit Deutschland ablehnten, verließen Frankreich, um den Kampf von Übersee aus fortzuführen. Am Abend des 17. Juni flog de Gaulle mit dem britischen Verbindungsoffizier General Spears nach Großbritannien. Dort hisste de Gaulle die Fahne für ein „Freies Frankreich", um die sich eine wachsende Zahl Franzosen scharen sollte. Anderen misslang der Fluchtversuch. Sie landeten zunächst in französischen Gefängnissen, später dann in deutschen Konzentrationslagern. Briten und andere nichtfranzösische Verbündete versuchten während dieser Zeit verzweifelt, rechtzeitig zu entkommen. Über 145.000 Mann dieser „zweiten BEF" gemeinsam mit einer beträchtlichen Zahl Polen und Tschechen konnten den heranstürmenden Deutschen entschlüpfen.

Hitler akzeptierte das Angebot für Friedensgespräche durch Vertreter der spanischen Regierung. Die deutschen Streitkräfte hatten zwar einen überwältigenden Sieg über Frankreich errungen, doch forderte er keine totale Kapitulation. Er wollte vermeiden, dass eine französische Exilregierung von den Kolonien in Nordafrika aus den Krieg weiterführte, denn dort besaßen die Franzosen immer noch starke Land- und Seestreitkräfte. Die Deutschen ließen Frankreich seine Souveränität, und die großen Überseebesitzungen blieben unter französischer Hoheit (damit sie nicht zu den Briten überliefen). Frankreich selbst sollte in eine Besatzungszone im Norden und Nordwesten und eine nicht besetzte Zone im Süden geteilt werden, die unter die Herrschaft einer neuen nationalen Regierung mit Pétain an der Spitze gestellt werden sollte. Obwohl das französische Heer demobilisiert werden sollte, wurde der französischen Regierung gestattet, zur Aufrechterhaltung der Ordnung lokale Militäreinheiten zu unterhalten. Die französische Flotte, die großteils im Mittelmeer stationiert war, sollte auf neutraler Basis unter deutscher oder italienischer Aufsicht in französischer Hand bleiben.

OBEN:
Nahe der berühmten Kathedrale Notre-Dame schmökert ein deutscher Offizier an einem der Bücherstände am Seineufer. Die deutschen Soldaten bemühten sich eifrig um eine Stationierung in Paris.

LINKS:
Deutsche Soladten an einem Kontrollpunkt. Die Kämpfe waren zwar beendet, doch zur Überwachung des neu gewonnenen Besitzes war ein großes Besatzungsheer nötig.

OBEN:
Hitler posiert vor dem Eiffelturm für die Kamera. Der deutsche „Führer" war über seinen Sieg so entzückt, dass er kurz nach Frankreich kam und Sehenswürdigkeiten in Paris und die Schlachtfelder besuchte, auf denen er im Ersten Weltkrieg gekämpft hatte.

Die Friedensbedingungen fielen zwar relativ milde aus, doch Hitler sorgte für äußerst demütigende Waffenstillstandsverhandlungen. Am 20. Juni musste Pétain eine Delegation nach Paris entsenden. Am folgenden Tag traf sie in der Hauptstadt ein. Am 21. Juni wurde die Delegation unter Leitung von General Huntziger nach Compiègne gefahren, wo auf einer Waldlichtung genau jener Eisenbahnwaggon stand, in dem 1918 der Waffenstillstand unterzeichnet worden war. (Der Salonwagen war eilig aus einem Museum in Paris herbeigeschafft worden.)

Ein entzückter Hitler nahm in der Einleitungsphase der Verhandlungen teil. Er wollte seine Rache über die Sieger des Ersten Weltkriegs auskosten. Huntziger wurde der Waffenstillstandsvertrag überreicht und mitgeteilt, dass es keine Diskussionen gebe. Nach Rücksprache mit der politischen Führung in Bordeaux unterzeichneten die Franzosen am 22. Juni 1940 um 8.50 Uhr. Wegen der italienischen Intervention am Ende des Feldzugs wurde in Rom am 24. Juni ein zweiter Waffenstillstand unterzeichnet. Am 25. Juni um 1.35 Uhr endeten alle Kampfhandlungen in Frankreich.

Hitlers Sieg

Hitler, der Gefreite des Ersten Weltkriegs, hatte Frankreich in nur sechs Wochen besiegt, eine Leistung, die der deutsche Kaiser in vier Jahren nicht zu Stande gebracht hatte. Während die deutschen Verluste im Ersten Weltkrieg in die Millionen gingen, beliefen sich die Ausfälle der Deutschen im Jahr 1940 nach Schätzungen des OKH auf 27.074 Tote, 111.034 Verwundete und 18.384 Vermisste (von denen die meisten gefallen waren). Die tägliche Verlustrate war während der „Schlacht um Frankreich" im Juni doppelt so hoch wie während der Kämpfe im Mai, was die verbesserte französische Taktik und den größeren französischen Kampfeswillen in der zweiten Phase des Feldzugs widerspiegelt.

Die französischen Verluste waren mit mindestens 90.000 Toten und 200.000 Verletzten höher als die der Deutschen. Die Zahl der französischen Gefangenen variiert von 1.450.000 bis 1.900.000, von denen die meisten als Druckmittel für „gutes Verhalten" seitens der französischen Regierung (also als Geiseln) in deutschen Gefangenenlagern blieben.

Der deutsche Westfeldzug war einer der großen Triumphe der modernen Kriegsgeschichte. Die Ursachen für den Sieg lagen sowohl in der Qualität der deutschen Streitkräfte bei Planung und Durchführung als auch in den Defiziten der französischen Streitkräfte auf allen Ebenen, vom Infanteriesoldaten bis zum Oberkommando. Die Unbeholfenheit der Franzosen überraschte sowohl ihre Alliierten als auch ihre Gegner. Weshalb zerfiel eine Armee, die im Ersten Weltkrieg mit so großer Überzeugung gekämpft hatte und im späteren Verlauf des Zweiten Weltkrieg wieder so kämpfen würde, im Jahr 1940 so leicht?

Die Politik der Zwischenkriegsjahre trug dazu bei, die französische Entschlossenheit zu unterminieren. Letztendlich muss aber das militärische System Frankreichs verantwortlich gemacht werden. Die Armee war unzureichend bewaffnet und ausgerüstet, der strategische Aufmarsch hatte große Schwächen, die Taktik war die von 1918. Die Kom-

mandeure glaubten kaum an den Sieg. Die Franzosen hatten bereits in den ersten Kampftagen verloren.

Deutschland triumphiert

Deutschland beherrschte nun den Großteil Europas. Nur die Briten führten den Krieg weiter. Nach allgemeiner Meinung war es nur eine Frage der Zeit, bis auch sie sich Hitler unterwerfen müssten, sei es durch einen Verhandlungsfrieden, sei es durch Gewalt. Doch Churchills Weigerung, mit Nazi-Deutschland zu verhandeln, und der Sieg der RAF in der „Schlacht um England" ließen den Krieg fortdauern. England und das neue Deutsche Reich waren nur durch den Kanal getrennt. Während Luftangriffe direkt über den Kanal durchgeführt werden konnten und wurden, verlagerte sich der Landkrieg an andere Schauplätze.

OBEN:
Eine deutsche Militärkapelle auf den Kanalinseln, dem einzigen Stück britischen Bodens, das an die Deutschen fiel. Sie blieben bis Kriegsende besetzt, da sie bei den Normandie-Landungen umgangen wurden.

LINKS:
Hitler inspiziert den Eisenbahnwaggon, in dem die Kapitulationen von 1918 und 1940 unterzeichnet wurden. Der deutsche Sieg von 1940 beseitigte für Hitler und die Deutschen die Erniedrigung des Vertrags von Versailles.

KAPITEL ACHT

Italienische Desaster

Die deutschen Erfolge von 1939/40 überzeugten Mussolini, seine Streitkräfte könnten es Hitlers Eroberungen gleichtun und in Afrika ein neues Römisches Reich schaffen.

Seit der Machtübernahme im Jahr 1922 hatte der Faschistenführer Benito Mussolini davon geträumt, neue Besitzungen anzuhäufen und dem antiken Rom nachzueifern. Doch Italien mangelte es an wirtschaftlichen und militärischen Mitteln, um die großen Ziele des „Duce" zu verwirklichen, die auch wenig Unterstützung bei der Mehrheit der italienischen Bevölkerung fanden. Den vorhandenen Kolonien Libyen, dem Dodekanes, Eritrea und Italienisch-Somaliland fügte Mussolini 1936 Abessinien (Äthiopien) und 1939 Albanien hinzu. Diesen beiden Nationen fehlten die Mittel, um sich gegen die italienischen Streitkräfte zu verteidigen, doch als Mussolini 1940 beschloss, seine Operationen gegen Frankreich und Großbritannien und im folgendem Oktober gegen Griechenland auszuweiten, nahm er Italien die militärische Deckung und beanspruchte die geringen italienischen Mittel aufs Äußerste, was verheerende Folgen hatte. Dieses militärische Abenteurertum war später die direkte Ursache für den Untergang des faschistischen Regimes und die Absetzung und Verhaftung Mussolinis durch seine Landsleute im Jahr 1943.

Deutschlands Triumph über Frankreich im Jahre 1940 hatte Musssolini zum Handeln ermutigt. Durch Kriegserklärungen an Frankreich und Großbritannien wollte er seinen Teil an der Beute sichern, die bei der Niederlage dieser Großmächte und dem Wegbrechen ihrer umfangreichen Kolonien und Überseebesitzungen anfallen würde. Doch wurde England nicht besiegt und die deutsch-französischen Waffenstillstandsgespräche brachten den neuen Staat „Vichy-Frankreich" hervor. Die französischen Kolonien in Afrika, durch die sich Mussolini Gebietsgewinne erhofft hatte, blieben intakt und unter französischer Hoheit. Da Italien nur der Juniorpartner der Achsenmächte war, missachteten die Deutschen Italiens Interessen stets dann, wenn sie nicht zu Deutschlands Vorteil waren.

Italienische Kommandostruktur

Marschall Pietro Badoglio war Generalstabschef der Streitkräfte, doch seine Position als oberster Soldat Italiens wurde von Mussolini untergraben, der als Minister aller drei Teilstreitkräfte agierte. Mussolini beherrschte die gesamte Militärmaschinerie auf Kosten der Effizienz, da die drei Teilstreitkräfte unabhängig voneinander operierten. Badoglio wurde Ende 1940 durch General Ugo Cavallero ersetzt, der das gesamte Oberkommando *(Commando Supremo)* besser zu koordinieren und effizienter zu machen versuchte.

Für das Kommando der italienischen Truppen in Libyen war Marschall Italo Balbo zuständig. Er wurde jedoch am 28. Juni 1940 von eigenen Truppen niedergeschossen und

GEGENÜBER:
Frisch eingetroffene britische Truppen heben in der Libyschen Wüste einen Graben aus. Nach dem Fall Frankreichs und der Schlacht um England war der Mittlere Osten der nächste große Kriegsschauplatz für die Briten und die Achse.

OBEN:
Mussolini (hier gemeinsam mit dem deutschen Außenminister Joachim von Ribbentrop) sah sich selbst gern als schicksalhaften Mann. Die Ereignisse sollten es bald anders zeigen.

getötet. Marschall Rodolfo Graziani ersetzte ihn. Er war auch Stabschef des Heeres. Der Herzog von Aosta war oberster Kommandeur der italienischen Streitkräfte in Ostafrika. Er übte aufgrund der Isolation der Kolonie und der Entfernung zu Italien wenigstens in Maßen eine wirkliche Kontrolle über die Männer unter seinem Kommando aus.

Weitere Probleme, mit denen das italienische Oberkommando konfrontiert war, bestanden in serienweisen impulsiven Entscheidungen Mussolinis, der seine Streitkräfte dort hinsandte, wo sie ihm nach seiner Überzeugung den meisten Einfluß und Ruhm bringen würden. Während der „Schlacht um England" entsandte er ein Expeditionskorps von Jägern und Bombern, das von der Royal Air Force übel zugerichtet wurde. Das Gleiche geschah während der deutschen Invasion der Sowjetunion. Mussolini schickte eine Heeresstreitmacht sowie Luftwaffenverbände. Sein Beitrag geriet zur Katastrophe: Von der 230.000 Mann starken italienischen Truppe, die an die Ostfront geschickt wurde, ging über die Hälfte verloren. Mussolinis Versuch, Hitler zu beeindrucken, führte dazu, dass Italiens ohnehin schon magere militärische Mittel bis zum Reißen beansprucht wurden.

Die Stärke des Heeres

1940 standen dem italienischen Heer 73 Divisionen mit einer Gesamtstärke von 1,6 Millionen Mann zur Verfügung. Das Heer sollte schließlich 126 Divisionen aufbringen, was aber nie realisiert wurde, nicht so sehr wegen Mangels an Menschen, sondern wegen Knappheit an Ausrüstung und Unfähigkeit, eine so große Anzahl von Rekruten auszubilden und einzugliedern. Die große Masse dieser Truppen war in Infanterieverbände gegliedert. 17 Infanteriedivisionen waren ähnlich mobil wie die normale motorisierte britische Infanteriedivision. Die Italiener besaßen nur eine begrenzte Panzerkapazität. Sie umfasste gerade drei gepanzerte, zwei motorisierte und drei leichte Divisionen, ausgerüstet mit schwach armierten und unterbestückten Panzern, die für die damalige Zeit veraltet waren. Dieses Manko wurde während der Wüstenfeldzüge in Nordafrika erbarmungslos aufgedeckt, da dort gepanzerte Verbände eine größere taktische Bedeutung besaßen als an anderen Kriegsschauplätzen.

Zu den besseren Truppen der Armee zählten sechs für die Kriegführung in den Bergen ausgebildete alpine Divisionen, die in Norditalien und auf dem Balkan aufmarschiert waren. Gemeinsam mit dem Heer kämpfte eine faschistische Miliz – als „Schwarzhemden“ bekannt –, die in Legionen von je zwei Infanteriebataillonen organisiert war. Jede Infanteriedivision des Heeres wurde durch eine Schwarzhemden-Legion ergänzt, teils um ihre Stärke zu erhöhen (die meisten italienischen Divisionen hatten zwei anstelle der üblichen drei Infanterieregimenter), teils um faschistisches Gedankengut in das Heer zu tragen. Zusätzlich wurden drei kleine Schwarzhemden-Divisionen für den Dienst in Libyen aufgestellt, deren Gliederung (im Gegensatz zu der regulären Infanteriedivision von 13.500 Mann) auf der Mannschaftsstärke von 8000 Mann einer kolonialen Division basierte.

Die italienische Luftwaffe war 1940 im Niedergang begriffen. Die chronisch geringe finanzielle Ausstattung der *Regia Aeronautica* bewirkte, dass die meisten Flugzeuge bei Kriegsaususbruch veraltet waren. Dies galt besonders für die Jäger. Die Fiat CR-32- und CR-42-Doppeldecker wurden von den Hurricane Jagdflugzeugen der Royal Air Force deklassiert. Außerdem war ihre Zahl zu gering, sodass die deutsche Luftwaffe mit Fortdauer des Krieges begann, die Verantwortung für die Führung des Luftkrieges der Achsenmächte zu übernehmen und der italienischen Luftwaffe nur Heimatverteidigung, Aufklärung und unbedeutende Bomberaufgaben überließ.

Italienische Ziele

Mussolini wollte die Kololonie Libyen als Sprungbrett für Eroberungen in Afrika benutzen. Libyen war im Westen und Süden von französischen Besitzungen und im Osten durch das von Großbritannien kontrollierte Ägypten umgeben. Ursprünglich nahmen die Italiener eine defensive Position ein, aber da Frankreich aus dem Krieg war und seine Kolonien durch den deutsch-französischen Waffenstillstand geschützt wurden, begann sich das italienische Oberkommando einen Einmarsch

LINKS:
Der Suezkanal war Großbritanniens Lebensader nach Indien und Fernost. Die Achse versuchte daher, ihn der britischen Kontrolle zu entreißen, während die Briten bereit waren, ihn mit äußerster Entschlossenheit zu verteidigen.

in Ägypten, dem Eckstein britischen Einflusses im Mittleren Osten und Nordafrika, zu erwägen. Seine Eroberung sollte den Italienern den Respekt Deutschlands bringen

Ägypten schützte britische Territorien in Palästina und Jordanien und besaß Einfluss und Kontrolle über Syrien und die ölreichen Länder Irak und Iran. Der Hafen von Alexandria erlaubte der Royal Navy, das östliche Mittelmeer zu beherrschen, und der Suezkanal war die englische Lebensader nach Indien und Fernost. Der Verlust Ägyptens wäre für England eine strategische Katastrophe gewesen, während für Italien der Weg nach dem Sudan offen gewesen wäre und eine direkte Verbindung zu seinen Besitzungen in Ostafrika geschaffen hätte.

Die italienische Militärpräsenz in Libyen bestand 1940 in etwa 250.000 Mann, 1800 Geschützen, 350 leichten Panzern und über 8000 Lastwagen. Die italienischen Luftstreitkräfte waren vergleichsweise schwach, aber ihre 150 Kampfflugzeuge waren besser als alles, das die Royal Air Force damals aufbieten konnte, da die Schlacht um England für diese Priorität hatte. Die Italiener waren in zwei Armeen aufgeteilt. In Tripolitanien, stand die 5. Armee unter Genenral Italo Gariboldi mit sechs regulären Infanteriedivisionen sowie zwei kleineren Schwarzhemden-Divisionen. Die 10. Armee unter General Francesco Berti stand im Osten, in der Cyrenaika, und umfasste drei Infanteriedivisionen, eine Schwarzhemden-Division und eine einheimische libysche Division. Da Ägypten nun das Primärziel war, wurde Bertis 10. Armee auf neun und später auf zehn Divisionen verstärkt.

Britische Truppen in Ägypten

Die britischen Streitkräfte in Ägypten waren General Sir Archibald Wavell, dem Oberkommandierenden im Nahen Osten, unterstellt. Wavell hatte weniger als 100.000 Mann, um ein Gebiet abzudecken, das sich vom Irak

OBEN:
Britische Truppen üben für die kommende Offensive gegen die italienische Armee. Die Briten waren den Italienern zwar zahlenmäßig unterlegen, doch besser ausgebildet, bewaffnet und geführt. Im kommenden Feldzug sollten sie die Italiener entscheidend schlagen.

GEGENÜBER:
Britische und Commonwealth-Truppen grinsen bei ihrer Ankunft an den Docks Alexandrias. Sie waren Teil eines Konvois von Verstärkungen für das britische Middle East Command in Ägypten.

UNTEN:
General Sir Archibald Wavell, Oberbefehlshaber der britischen Streitkräfte im Mittleren Osten. Sein Kommandobereich war zu groß für nur einen Mann. In der Frühphase des Kriegs verzeichnete Wavell eine Reihe von Erfolgen, darunter den Sieg über die Italiener in der Cyrenaika und in Ostafrika, doch Misserfolge in Griechenland und gegen die besser ausgebildeten und bewaffneten Deutschen in Nordafrika führten zu seiner Entlassung.

über Jordanien, Palästina und Ägypten bis zum Sudan erstreckte. In Ägypten konnte er 36.000 Mann aufbieten. An der Grenze zu Libyen standen den Italienern zwei unterbesetzte Divisionen gegenüber: die 4. indische Division (Major General Noel Beresford-Peirse) und die berühmte 7. Panzerdivision (General O'Moore Creagh). Obwohl es an Mannschaften, Fahrzeugen und Geschützen mangelte, waren beide Divisionen von höchster Qualität. Sie bildeten einen Teil der neu gegründeten Western Desert Force unter Lieutenant General Richard O'Connor.

Die 4. indische Division bestand aus einer Mischung indischer und britischer Truppen mit langer Erfahrung unter Wüstenbedingungen, was ihnen in den folgenden Monaten zugute kommen sollte. Die 7. Panzerdivision, die im Wüstenkrieg eine Hauptrolle spielen sollte, war im Jahr 1938 in Ägypten von Major General Percy Hobart, einem englischen Pionier der Panzerkriegführung, aufgestellt worden.

Im Gegensatz zu vielen anderen Panzeroffizieren der britischen Armee wusste Hobart, wie man Panzerstreitkräfte organisieren und einsetzen soll. Auch war er ein unermüdlicher Ausbildner der Truppen seines Kommandos. Er schweißte so verschiedenartige Einheiten wie Panzertruppe, Infanterie, Fernmeldetruppe und Verwaltung zu einem in sich geschlossenem Verband zusammen, der mit Bewegung und Kampf unter Wüstenbedingungen gut vertraut war. Divisionsemblem war die Jerboa (Wüstenratte). Der ansonsten reservierte O'Connor drückte 1939 seine Hochachtung gegenüber dem kommandierenden Offizier und den Mannschaften der Division aus, als er sagte, die 7. Panzerdivision sei „die bestausgebildete Division, die ich je gesehen habe".

OBEN:
Ein britischer leichter Mark VI der äyptischen Armee, Teil der unzureichenden Streitmacht, die im Herbst 1940 Ägypten gegen die Italiener verteidigte. Verstärkungen sollten den Briten eine stärkere Truppe verschaffen, die selbst in die Offensive gehen konnte.

Britische Vorkehrungen

Die 7. Panzerdivision stand längs der Grenze und unternahm kleine Vorstöße auf feindliches Gebiet, was den Italienern nicht gefiel und sie die Stärke der britischen Truppen überschätzen ließ. Vor seiner Ernennung zum Kommandeur in Libyen hatte Marschall Graziani zur Offensivaktion gegen die Briten gedrängt. Der Stichtag für einen italienischen Einmarsch in Ägyten war bereits für den 15. Juli 1940 angesetzt.

In Libyen wurde Graziano jedoch vorsichtiger und begann Zeit zu fordern, um Vorräte für den Vormarsch, der entlang einer einzigen Küstenstraße stattfinden sollte, bereitzustellen. Mussolini aber forderte sofortiges Handeln, und eine Reihe immer ärgerlicher werdender Telegramme ging zwischen Italien und Libyen hin und her, bis die Offensive am 13. September endlich in Gang kam.

Während die italienischen Generäle noch schwankten, traf das britische Kriegskabinett in London eine mutige Entscheidung. Im Sommer 1940 war die Gefahr einer deutschen Invasion sehr real. Am Himmel tobte die Schlacht um England, und das deutsche Heer zog eine Invasionsflotte aus umgebauten Rheinkähnen auf der anderen Seite des Kanals zusammen. Nach den Katastrophen in Frankreich und Belgien mangelte es dem britischen Heer akut an Waffen und Ausrüstung für die Heimatverteidigung, doch wenn Ägypten verteidigt und die Lebensader zu den britischen Kolonien erhalten bleiben sollte, würde Wavell Nachschub, besonders Panzer, Artillerie und Fahrzeuge, benötigen.

OBEN:
Ein italienischer Konvoi rückt auf der Via Balbia, der Hauptküstenstraße, durch Libyen nach Ägypten vor. Der italienische Vorstoß nach Ägypten geschah langsam und bedächtig. So hatten die Briten Zeit, ihre Kräfte aufzubauen.

Am 15. August wurde die Entscheidung getroffen, das ägyptische Kommando durch drei Panzerbataillone (insgesamt 154 Panzer), 48 Panzerabwehrkanonen, 48 Haubitzen (25-Pfünder), Infanteriewaffen und Munition zu verstärken. Sie wurden auf Schiffen nach Ägypten gebracht. Diese dampften am 19. September in das Rote Meer, bereit in den Suezkanal einzulaufen. Churchill schrieb später: „Die Entscheidung für diese Bluttransfusion, während wir uns selbst gegen eine tödliche Gefahr stemmten, war ebenso furchtbar wie richtig. Nicht einer schwankte."

Die Invasion beginnt

Am 13. September 1940 drangen vier Divisionen und ein Panzerverband der italienischen 10. Armee in Ägypten ein. Bei den hohen Temperaturen (zeitweise über 50 °C) ohne richtige Straße und wegen Panzerminen und Grazianis größerer Vorsicht ging es langsam voran. Nach vier Tagesmärschen 105 km weit über die Grenze besetzte eine Schwarzhemden-Division Sidi Barrani. Dort wurde die italienische „Invasion" von Graziani angehalten. Der Vormarsch kostete die Italiener 120 Tote und 410 Verletzte. Die britische 7. Panzerdivision, die sich kämpfend zurückzog, verlor nur 50 Mann.

Anstatt weiter auf Mersa Matruh vorzurücken, wo Wavell eine Verteidigungslinie aufgebaut hatte, befahl Graziani seinen Leuten sich einzugraben. Er setzte den Bau der Via Balbia, der Straße, die Libyen durchquerte, von der Grenze bis Sidi Barrani fort, wo die britische Straße nach Alexandria anfing. Die Italiener versahen Sidi Barrani mit Proviant und Munition und begannen mit dem Bau einer Süßwasserleitung. Graziani war ein erfahrener Kolonialoffizier. Unter der Voraussetzung, dass die Briten erheblichen Streitkräfte in Ägypten stationiert hatten, war sein methodisches Vorgehen bei der Invasion sinnvoll. Doch die Briten hatten im September und Anfang Oktober keine beträchtlichen Streitkräfte für Aktionen in Ägypten, und so versäumten die Italiener die Gelegenheit, auf Alexandria und Kairo vorzurücken, als die britischen Streitkräfte am schwächsten waren. Die von Großbritannien verschifften Verstärkungen trafen im Oktober ein und stießen zu den anderen britischen Einheiten im Feld.

Der britische Gegenangriff

Als Wavell erkannte, dass Grazianis Entscheidung, in Sidi Barrani zu halten, nicht nur vorübergehend war, beauftragte er O'Connor, die Italiener aus Ägypten hinauszuwerfen. Im

Erfolgsfall wäre die Operation auf Libyen auszudehnen. Mit der ersten Planungsphase wurde bereits am 21. September begonnen, es dauerte jeoch bis Mitte Oktober, ehe die „Operation Compass“ Gestalt anzunehmen begann.

Während der Planung wurde Wavells Verantwortungsbereich durch Ereignisse außerhalb Ägyptens erweitert und ließ Reserven schwinden. Am 28. Oktober fielen plötzlich in Albanien stationierte italienische Streitkräfte in Griechenland ein, und Wavell wurde vom britischen Oberkommando angewiesen, den griechischen Streitkräften militärischen Beistand anzubieten. Gleichzeitig war die Royal Navy im östlichen Mittelmeer stark beschäftigt, und auch eine Offensive gegen die Italiener in Äthiopien war in Vorbereitung.

Die britische Aufklärung hatte die schlechte Aufstellung der italienischen 10. Armee bei Sidi Barrani gezeigt. Die italienischen Stellungen waren in Lager an der Küste und Lager landeinwärts aufgeteilt. Zwischen beiden Lagergruppen klaffte eine Lücke von etwa 24 km. Der britische Angriff sollte mit einem Marsch der Western Desert Force O'Connors' starten und die Lücke zwischen den italienischen Positionen auszunutzen. Die Infanterie würde die italienische Haupttruppe an der Küste überrennen, während die Panzertruppen jeden Nachschub unterbanden. Der vorgesehene Angriff wurde vor allen außer einer Hand voll höherer Offiziere geheim gehalten. Sie erfuhren, dass es wenig mehr als ein fünftägiger Vorstoß sein würde. Im letzten Moment wurde O'Connor von Wavell informiert, dass der „Überfall“ voll ausgenutzt werden könnte, falls er Erfolg hatte.

Die Selby-Force

Die Briten konnten 30.000 Mann der 4. indischen Division und der 7. Panzerdivision sowie einen Verband, der nach seinem Kommandeur, Brigadegeneral A. R. Selby, „Selby-Force“ genannt wurde, aufbieten. Die Selby-Force, etwa 1750 Mann stark, bestand aus drei motorisierten Infanteriekolonnen, ergänzt durch ein kleines Kontingent gepanzerter Fahrzeuge, Flaks und Feldgeschütze. Sie hatte die Aufgabe, entlang der Küste vorzurücken und die Truppen des Feindes mit einem begrenzten Frontalangriff festzunageln, während

UNTEN:
Leichte britische Tanks rücken in der Wüste vor. Das Gelände in Ägypten und Libyen gab beiden Seiten viel Gelegenheit für Panzeroperationen.

die beiden anderen Divisionen die Stellungen der Italiener umfassen würden.

Die italienische Luftaufklärung hatte von erhöhtem britischen Motorverkehr berichtet, doch dies nur für eine Verstärkung der Verteidigung angesichts eines möglichen italienischen Angriffs gehalten. Als die Truppen O'Connors in der Nacht vom 8./9. vorrückten, fanden sie die Lücke im italienischen Zentrum. Die Überraschung war perfekt.

Sieg bei Sidi Barrani

Die 4. indische Division, verstärkt durch ein Panzerbataillon, überwältigte die Italiener um Sidi Barrani. Der italienische Kommandeur, General Maletti, kämpfte tapfer, obwohl er verwundet war. Er fiel an vorderster Front. Morgens um 8.30 Uhr waren die Kampfhandlungen beendet. Um den Preis von 63 Toten hatte die 4. indische Division 2000 Gefangene gemacht. Die 7. Panzerdivision schlug einen weiten Bogen bis an die Küste westlich von Sidi Barrani. Damit wurde das Eintreffen von Nachschub und jede Rückzugsmöglichkeit des Feindes aus Sidi Barrani verhindert. Der britische Sieg war vollkommen. Nach nur zwei Tagen betrugen die italienischen Verluste 38.000 Gefangene, 237 Geschütze und 73 Panzer. Die Italiener, die den Briten entkommen konnten, flüchteten über die Grenze zurück nach Libyen.

Plötzlich wurde O'Connor die 4. indische Division entzogen, die an der Invasion Italienisch-Ostafrikas teilnehmen sollte. Er musste auf australische Verstärkung warten, ehe er die Verfolgung der zurückweichenden Italiener fortsetzen konnte. „Es kam als totale, unangenehme Überraschung", sagte O'Connor, der von dieser Änderung des Plans keine Ahnung hatte. „Die 6. australische Division war nicht für Wüstenkriegführung ausgebildet und musste mit moderner Artillerie neu ausgerüs-

UNTEN:
Ein auf einem Laster montiertes italienisches Feldgeschütz. Die italienischen motorisierten Kräfte benutzten viel solcher beweglicher Artillerie, doch war sie in der Praxis wenig effizient.

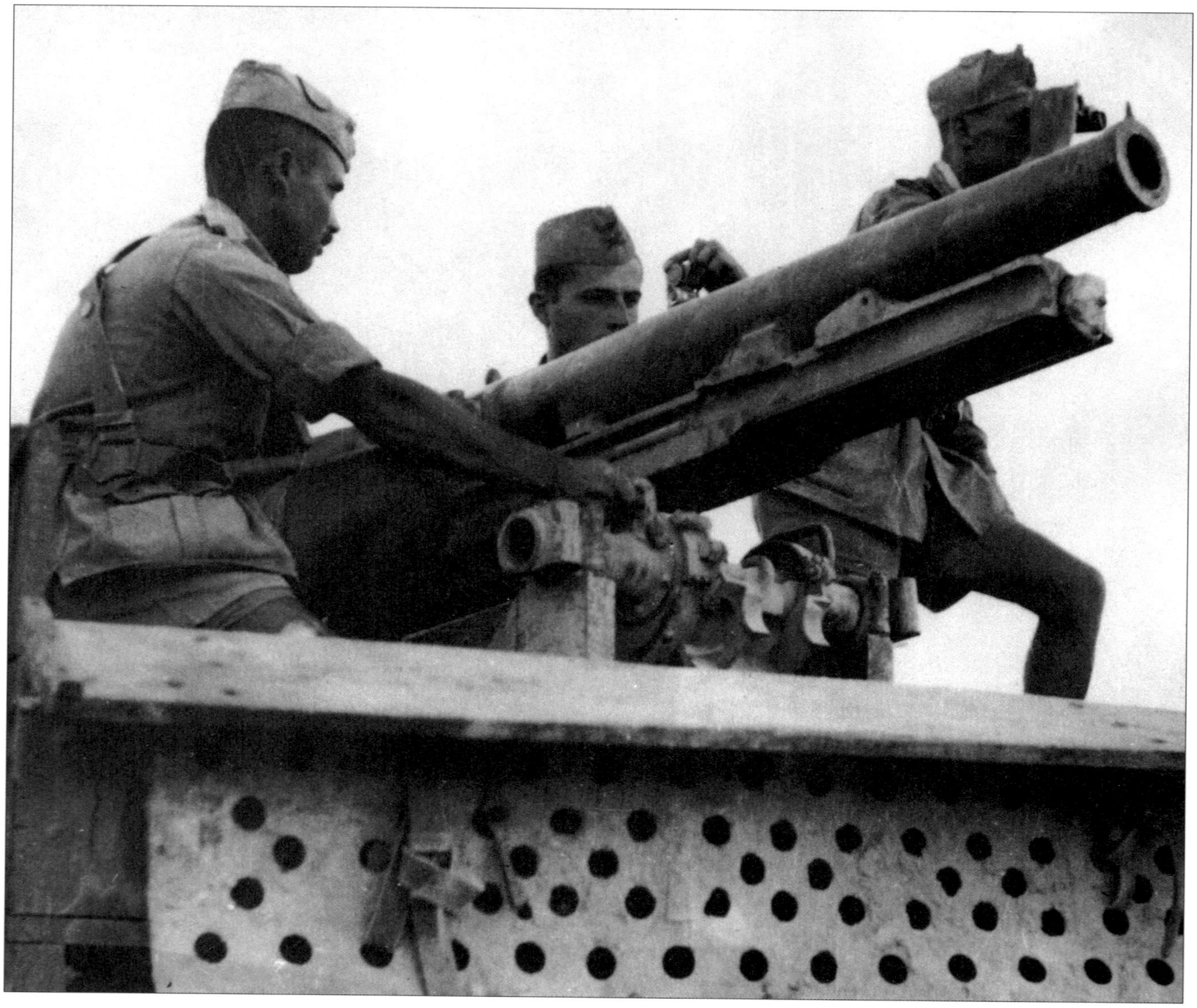

tet werden. So führte der Abzug der 4. indischen Division zu einer ernsten Verzögerung, ehe wir Bardia angreifen konnten, und das Überraschungsmoment war völlig dahin."

Die Belagerung Bardias

Inzwischen führte O'Connor seine verbliebenen Streitkräfte am 14. Dezember nach Libyen und schwenkte dann herum, um die von 45.000 italienischen Soldaten gehaltene Festung Bardia einzuschließen. Nach Ankunft der Australier wurde am 3. Januar 1941 mit dem Sturm auf den Verteidigungsring von Bardia begonnen. Der Angriff wurde von 23 Matilda-Panzern angeführt, unterstützt durch Geschützfeuer von Schiffen der Royal Navy, die den an Land stattfindenden Vormarsch begleiteten, und durch die Royal Air Force. Die 6. australische Division stellte die Infanterie. Der australische Vormarsch wurde durch Geschützfeuer einer 25-Pfünder-Batterie der Essex Yeomanry unterstützt. Kanonier L. E. Tutt beschrieb den Angriff:

Wir bezogen mit unseren Geschützen eine neue Stellung, um Bardia anzugreifen. Wir schossen unsere ersten Salven ab und bewegten uns dann durch die Drahtverhaue, die den Ort umgaben, um neue Ziele auszumachen. Wir stießen auf eine Batterie der Italiener. Oft machte man die Italiener als Soldaten verächtlich. Das mag für die Infanterie, nicht aber für die Artillerie zutreffend gewesen sein. In diesem Fall waren sie bei ihren Geschützen gefallen. Ihre Körper lagen verstreut neben ihren Feuerstellungen, und sie müssen gekämpft haben, bis unsere Infanteriepanzer und die Australier ihre Geschützstellungen überrannten.

Sobald die Australier den Panzergraben, der die Basis der Verteidigung Bardias bildete, durchstoßen hatten, stießen sie auf die Küste zu und teilten die italienischen Kräfte in zwei Hälften. Nach sporadischen Kämpfen kapitulierte die Garnison am 5. Januar. Im Bewusstsein, daß Eile geboten war, führte O'Connor die 7. Panzerdivsion wärend der Kämpfe um Bardia entlang der Küste nach Tobruk. Tobruk war einer der wenigen Tiefwasserhäfen der Region und von großer strategischer Bedeutung für den Nachschub entlang der libysch-ägyptischen Küste. Ihr Verlust hätte den italienischen Kriegsanstrengungen in Nordafrika ernsten Schaden zugefügt.

Die erste Schlacht um Tobruk

Die britische Panzertruppe unterbrach die Verbindungen um Tobruk. Sobald die australische Infanterie eingetroffen war, begann im Morgengrauen des 21. Januar der Angriff. Nach dem langen Vormarsch entlang der Küste waren nur noch zwölf Matildas einsatzfähig So ergänzte O'Connor seine Panzertruppe,

OBEN:
In einiger Entfernung sammelt sich eine große Menge italienischer Gefangener, ehe sie ins Hinterland gebracht wird. Zwar versuchten nur wenige italienische Kriegsgefangene zu fliehen, trotzdem blieben sie für die Briten ein logistischer Albtraum.

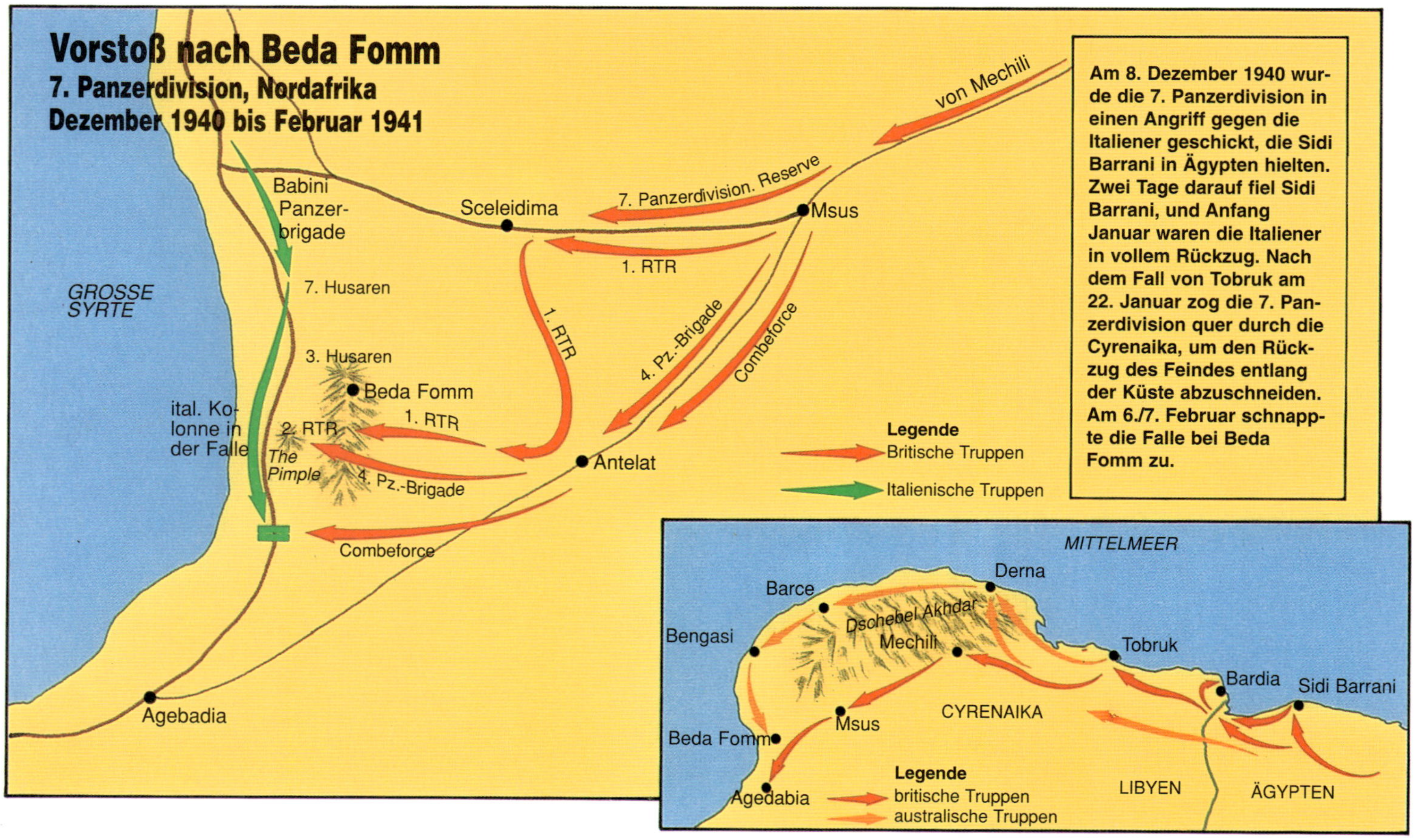

indem er eine Schwadron australischer Kavallerie mit erbeuteten italienischen M11/39- und M11/40-Panzern ausrüstete. Jetzt, da sie in Libyen waren, kämpften die italienischen Verteidiger härter als in den vorausgegangenen Gefechten, um ihre Kolonie zu schützen. Captain Baker, ein Offizier, der während der Kämpfe einen Trupp Matildas befehligte, beschreibt den Kampf:

Beim Anmarsch auf ein Wadi wurden wir auf einer Länge von etwa drei Meilen mit Granatfeuer eingedeckt. Ich nahm Mündungsfeuer hinter Steinen am Rande des Wadis wahr. Mein Trupp griff an, Maschinengewehre und Panzerabwehrfeuer von der Flanke her ignorierend. Es waren die Geschütze, hinter denen wir her waren. Ich hörte den Abschuss von Granaten in Kernschussweite. Es war nur die Frage, wer zuerst wen über den Haufen schießen würde. Ich hielt gerade drauf zu und befahl dem Kanonier loszuschießen, wenn wir nahe genug wären. Obwohl wir hin und her schwankten, traf er den Geschützstand mit dem ersten Schuss.

Dann gingen wir drei weitere Geschütze an. Ich wendete rasch, wobei eine Staubwolke aufgewirbelt wurde, fuhr um die Wolke herum und überrumpelte sie. Als wir nur noch Meter entfernt waren, konnten wir die Männer in ihren dunkelgrünen Uniformen mit offenen Jacketts sehen. Sie schwitzten, als sie versuchten, ihre Geschütze herumzureißen und auf uns zu richten. Feuernd fuhren wir einfach auf sie zu. Es wäre mit uns aus gewesen, wenn wir ihre Geschütze nicht ausgeschaltet hätten. Wir feuerten mit allem, was wir hatten, auf einen Unterstand. Und als Nächstes sahen wir eine weiße Fahne.

Die Schnelligkeit des britischen Vorstoßes auf Tobruk überrumpelte die Verteidiger. Trotz einiger Gegenangriffe war die Verteidigung am 21. bei Anbruch der Nacht gebrochen. Am folgenden Tag kapitulierte die Garnison. Der Vorstoß war so rasch erfolgt, dass Tobruks Seewasser-Destillieranlage den Briten unbeschädigt in die Hände fiel. Die strategisch wichtigen Hafenanlagen waren in wenigen Tagen repariert und wieder in Betrieb.

Ein Problem war die große Zahl der italienischen Gefangenen, die zu sammeln und und nach hinten zu schicken waren. Die meisten dieser Männer schien die Aussicht auf Gefangenschaft und das Gefühl, den Gefahren des Kampfes entkommen zu sein, nicht besonders zu betrüben, und gelegentlich gaben sie ihren Häschern Anlass zu Humor. Corporal Hoffmann, ein ehemaliger Journalist, der in die 6. australische Division eingetreten war, beschrieb einen solchen Zwischenfall, dessen Zeuge er wurde:

Faschistische Extravaganz zeigte ein gefangener Major in einem Gefangenenzug. Als wir eine siche-

re Stelle erreicht hatten, stürmte er an die Spitze der Kolonne, entböfßte seine Brust und schrie auf Italienisch: „Erschießt mich und rettet meine Ehre!" Bei dieser tapferen römischen Aufforderung muss man wissen, dass was auch immer die Gefangenen besaßen, sicher nichts hatten, mit dem man irgendwen erschießen konnte.

Der „selbstmörderische" Major wiederholte seine ehrenvolle Aufforderung, bis ein australischer Bewacher ein Bajonett auf seinen Hosenboden richtete und rief: „Zurück, du Trottel, ehe ich dich erschieße." Der eingeschüchterte faschistische Major reihte sich schnellstens wieder ein.

Die Offensive wird fortgesetzt

Der fünftägige Vorstoß, der die Italiener aus Ägypten hinauswerfen sollte, hatte sich zu einer Invasion in Mussolinis nordafrikanisches Imperium entwickelt. Die Briten waren nun im Dilemma, ob sie die Offensive ausweiten sollten, um Bengasi und die Cyrenaika einzunehmen, oder in die Defensive gehen sollten. Churchill war darauf bedacht, die Griechen in ihrem Kampf gegen die Italiener an der albanischen Grenze zu unterstützen. Am 6. Januar schrieb er an den Generalstab: „Für mich steht fest, dass die Unterstützung Griechenlands Vorrang haben muss, sobald die westliche Flanke Ägyptens gesichert ist."

Zunächst konnte O'Connor jedoch seine Offensive fortsetzen. Trotz Belastung von Truppe und Ausrüstung sowie Benzinmangels wurde das Tempo des Vormarschs nicht geringer. Derna wurde am 30. Januar kampflos eingenommen, und O'Connor sah jetzt die Chance, die gesamte 10. italienische Armee zu vernichten. Wenn er weiter entlang der Küste vorrückte, würde er mit Sicherheit den Feind aus der Cyrenaika hinausdrängen, aber der Hauptteil der italienischen Truppen würde nach Tripolis entkommen und damit eine Bedrohung für die britischen Interessen in Nordafrika bleiben. Wenn jedoch die verbliebenen Reste der 7. Panzerdivision eine Ab-

UNTEN:
Ein Bren-Träger einer Sikh-Einheit rückt in Afrika auf schwierigem Gelände vor. Die britische Armee stützte sich in Nordafrika stark auf erfahrene Truppen aus dem indischen Subkontinent.

kürzung durch die Wüste und einen Bogen um den Dschebel Ahkdar nehmen würden, konnte den Italienern der Rückzug abgeschnitten und ein überwältigender militärischer Sieg errungen werden.

O'Connors Wagnis

O'Connor wurde gesagt, daß eine solche Route für Motorfahrzeuge unpassierbar sei, doch er beschloss, es trotzdem zu versuchen. Die Zeit war der Hauptfaktor; die Briten mussten die Küstenstraße bei Beda Fomm erreichen, ehe die Italiener durchkamen und damit in Sicherheit waren. Trotz Mangels an einsatzfähigen Fahrzeugen fuhr die 7. Panzerdivision auf felsigem Terrain über Mechili nach Msus und erreichte am 5. Februar bei Beda Fomm die Küste. Sie kam gerade rechtzeitig, um auf die Vorhut der nach Süden in Richtung Tripolis strebenden italienischen 7. Armee zu treffen. Die australische Infanterie trieb die Italiener die Küstenstraße entlang in die bei Beda Fomm aufgestellte Falle.

Als die Italiener den Weg in Sicherheit nach Tripolis blockiert sahen, versuchten sie die Barrikade englischer Panzer zu durchbrechen, was ihnen trotz nummerischer Überlegenheit aufgrund mangelhafter Koordination kläglich misslang. Die Artillerie und die 7. Panzerdivision fuhren eine reiche Ernte brennender italienischer Fahrzeuge ein. Hinter den englischen Panzern beobachtete der berühmte Journalist Chester Wilmott das Gefecht. Nachdem 46 Panzer bei nur geringen eigenen Verlusten zerstört waren, dachten die Engländer, dass dem Feind nur noch wenige kampffähige Panzerkräfte blieben:

Nachmittags kamen unglaubliche Meldungen herein. Sie besagten, dass eine Transportkolonnne mit 15 Panzern an der Spitze, 25 verteilt in der Mitte und 30 am Ende unterwegs sei. Das ergab insgesamt 70 Panzer, die wir durch schnelles Manövrieren aufreiben konnten. Dies war harte Arbeit, und die Kämpfe dauerten den ganzen Nachmittag. Bei Einbruch der Dunkelheit konnten nicht mehr als 30 Panzer übrig geblieben sein. Zu diesem

UNTEN:
Ein britischer Konvoi fährt zur Front. In Nordafrika mussten die Soldaten mit allem, auch mit Wasser, versorgt werden. Die Anforderungen an die Logistik waren daher größer als an anderen Kriegsschauplätzen. Bei Vorstößen dehnten sich die Nachschublinien und bewirkten so ein langsameres Vorankommen.

Zeitpunkt war auch die Hälfte unserer mittelschweren Panzer wegen Maschinenschadens vorübergehend außer Betrieb, da sie seit Tagen ununterbrochen in Aktion waren. Bei einem Regiment ging den Panzern zweimal die Munition aus, und sie mussten zurück, um Nachschub zu holen. Davon abgesehen, hielten die Kämpfe ununterbrochen an.

Die Italiener kapitulieren

Nach dem Scheitern dieses letzten Versuchs, die englischen Linien zu durchbrechen, gaben die verbliebenen Italiener das Ringen auf und hissten die weiße Fahne. Die englische Offensive war 800 km vorangekommen. Bei eigenen Verlusten von 500 Toten und 1373 Verletzten wurden zehn Divisionen vernichtet und 130.000 Gefangene gemacht. O'Connor meldete Wavell nach Kairo: „Fuchs im Gelände getötet."

Es war ein großer Erfolg der britischen Armee, der erste seit Beginn der Feindseligkeiten 1939. O'Connor wollte den Sieg ausnutzen und die Italiener total schlagen, indem er den Schwung zum Vormarsch auf die libysche Hauptstadt aufrechterhielt. Übergeordnete strategische Überlegungen vereitelten aber jede Hoffnung auf Verfolgung dieses Zieles. Der Druck auf Churchill, Truppen nach Griechenland zu entsenden, hielt an, und der erste Wüstenfeldzug verlief im Sande. O'Connor

OBEN:
Soldaten des York-und-Lancaster-Regiments genießen gutes Trinkwasser, das in der Wüste stets knapp war.

Fiat CR 42
Italien

LINKS:
Die italienische Fiat CR 42 war nach den Standards Mitte der 30er-Jahre ein gutes Jagdflugzeug, doch 1940 war die Entwicklung so weit fortgeschritten, dass der Jäger im Vergleich zu den britischen Hurricanes der British Royal Air Force veraltet war. Sie war mit zwei 12,7-mm-MGs bewaffnet und konnte zwei 100-kg-Bomben tragen. Ihre Höchstgeschwindigkeit betrug 441 km/h.

GEGENÜBER:
Zwei britische Soldaten betrachten in der Wüste das ausgebrannte Wrack einer CR 42. In den Frühphasen des Wüstenkriegs waren die Luftstreitkräfte beider Seiten relativ klein. Keine besaß Luftüberlegenheit.

war über die verpasste Gelegenheit, die Achsenmächte in einem Zug aus Nordafrika hinauszuwerfen, enttäuscht, doch er akzeptierte die Entscheidung des Oberkommandos in loyaler Weise ohne Murren.

Während die englische Vorhut auf El Agheila zustieß, endete diese erste englische Offensive im Wüstenkrieg. Sie hatte einmaligen Charakter, da sich beide Seiten erst mit den Problemen der Kriegführung in der Wildnis Nordafrikas vertraut machen mußten. Die meisten erlebten die Extreme des Klimas als Schock. Im Sommer war es möglich, ein Ei auf der Motorhaube eines Lastwagens zu braten, im Winter konnte die Wüste von starkem Frost, gefolgt von Schneeschauern, überzogen sein. Die Entfernungen waren gewaltig und die Versorgung der Truppen sowohl an der Front wie auch in der Etappe mit Brennstoff, Munition, Lebensmitteln und Wasser musste mühsam über Hunderte von Meilen aus dem Hinterland herangeschafft werden. Neben den klimatischen Extremen mussten die Truppen heftige Sandstürme aushalten. Bob Sykes, ein englischer Wüstenneuling, erlebte seinen ersten Sandsturm als erschreckende Erfahrung:

Der Sandsturm brauste wie ein Expresszug mit etwa 65 km/h heran. Der Sauerstoff schien aus der Luft gesaugt zu werden, und Fliegenschwärme machten einen verrückt. Die Hitze war so groß, dass Schweiß den Sand in Nase, Augen und Ohren verkrusten ließ. Ich setzte mich in meinem Unterstand hin und erwartete, dass es in wenigen Minuten vorüber sein würde. Plötzlich geriet ich beinahe in Panik. Sand drang durch jede Ritze, und ich dachte, ich würde begraben werden. Ich kämpfte mich nach draußen, konnte mich aber gegen den Wind kaum aufrecht halten. Der Sand riss mir die Haut von den Händen. Es war dunkel wie die Nacht, und ich fühlte mich völlig allein. Dann erschien ein Licht, und die Sonne glich einer schmutzigen Apfelsine. Der Lärm legte sich langsam, der Wind schlief ein, und ich hatte meinen ersten Sandsturm überstanden. Als wir den Sand aus unseren Gesichtern wischten, bluteten sie.

Unannehmlichkeiten der Wüste

Die abgehärteten Wüstensoldaten nahmen Sandstürme, Hitze und Fliegen mit fast stoischem Gleichmut hin. Neulinge in der Wüste brauchten Zeit, um sich den harten Lebensbedingungen anzupassen. Ein Pilot der Royal Air Force, der das recht angenehme Leben auf Malta aufgeben musste, war gar nicht begeistert von seinem neuen Quartier im Sand:

Ich entdeckte bald, dass das Leben in der Wüste kein Picknick war. Destilliertes Seewasser, heiß und salzig, konnte unseren Durst nicht löschen, aber es erhielt uns am Leben. Wir hatten ständig Durst, der uns fast verrückt werden ließ. Durst ist schlimm, aber nachts wach zu liegen, an Milkshakes, Limonaden, Cidre und eiskaltes Wasser aus Gebirgsbächen zu denken, ist noch schlimmer. Tagsüber machten uns die furchtbare Hitze und die Fliegen fast verrückt. Nachts quälten uns Käfer, Läuse und Kakerlaken.

Sandstürme bedeckten Mund, Nase und Haare mit feinem Sand. Manchmal waren sie so stark, dass es als riskant galt, sich vom Zelt zu entfernen. Eines Nachts ging ein Freund von mir zu einem seiner Freunde zu einem Zelt, das etwa hundert

UNTEN:
Italienische Einberufene grinsen vor ihrer Abfahrt nach Italienisch-Somaliland am Kai von Neapel. Dort sollten sie in Abessinien (Äthiopien) einfallen und die Regierung Kaiser Haile Selassies I. stürzen.

Meter entfernt war. Er verfehlte es und war 14 Stunden lang vermisst.

Während Sandstürme relativ kurz, aber heftig auftraten, waren Fliegen eine ständige Plage. Sie waren Quälgeister, an die sich niemand gewöhnen konnte. „Es gab Tausende von ihnen", beschwerte sich ein Veteran. „Sie waren fest, grün und sehr groß. Sie setzten sich in die Augen, in die Ohren, überallhin. Man konnte nichts dagegen tun." Ein anderer englischer Soldat zeigte ein Problem der Truppen auf, die versuchten in der Wüste zu entspannen: „Fliegen waren eine große Plage. Oft musste man beim Teetrinken die Hand über die Tasse halten und den Tee zwischen Daumen und Zeigefinger hindurch schlürfen, sonst hätten sich die Fliegen an den Rand gesetzt und wären in den Tee getaucht."

Zwar betrachteten viele Männer die Wüste als feindseligen Ort, an dem man täglich ums Überleben kämpfen musste, doch andere lernten ihre Weite und karge Schönheit zu schätzen. „Ich war gern in der Wüste", schrieb ein Veteran über seine Erfahrungen in Nordafrika. „Es war ein gutes, Leben. Ich kann den Frieden bei Nacht, den Himmel nicht beschreiben, so wunderbar waren sie."

Britisch-Somaliland fällt

Für Mussolini folgte auf die Niederlage in der Cyrenaika der Verlust Italienisch-Ostafrikas. 1940 bestand das Horn von Afrika aus einer Reihe Kolonien. Die Italiener hielten Eritrea, Italienisch-Somaliland und seit der Vertreibung des Kaisers Haile Selassie im Jahre 1936 auch Äthiopien. Französisch-Somaliland war nach dem deutsch-französischen Waffenstillstand entmilitarisiert worden, wodurch Britisch-Somaliland für einen Angriff verwundbar wurde.

Am 1. August 1940 fiel eine italienische Streitmacht von fünf Infanteriebrigaden in Britisch-Somaliland ein. Die kleine britische Truppe konnte nur wenig Widerstand leisten. Auf Anraten des britischen Hauptquartiers für den Mittleren Osten in Kairo bereitete die britische Garnison den Rückzug aus den Häfen von Zeila und Berbera vor. Als die Italiener am 19. August eintrafen, waren die Häfen verlassen. Die Eroberung Britisch-Somalilands blieb der einzige militärische Sieg Italiens während des gesamten Krieges.

Mussolini befahl dem Herzog von Aosta einen Angriff nach Norden auf den von England kontrollierten Sudan. Knapp an Mitteln, wies Aosta das Ansinnen des Duce zurück und zog es vor, seine Streitkräfte auszubauen, um bei der Verteidigung Ostafrikas gegen die Möglichkeit eines britischen Gegenangriffs gefeit zu sein.

UNTEN:
Eine italienische Fernmeldeeinheit funkt während der Invasion Abessiniens. Lokale Stammesangehörige sehen zu. Die italienischen Truppen waren für die schwach bewaffneten abessinischen Streitkräfte viel zu stark.

RECHTS:
Ein seltenes Bild eines deutschen Freiwilligenverbands, der in Ostafrika auf italienischer Seite kämpfte. Offiziell waren zwar keine deutschen Kräfte an diesem Feldzug beteiligt, doch hielt man Freiwillige nicht vom Kampf für die italienische Sache ab.

UNTEN RECHTS:
Die Breda Ba.88 wurde bei ihrem ersten Erscheinen 1936 von Mussolini als Triumph gefeiert, doch im Kampf war sie ein Versager. Im September 1940 mussten Angriffe auf Sidi Barrani abgebrochen werden, da sich die Motoren durch die Sandfilter überhitzten und die Maschinen weder Formation noch Höhe halten konnten. Ab November hatte man die meisten Exemplare jeder nützlichen Ausrüstung beraubt . Sie dienten bloß noch als Köder für britische Kampfflugzeuge.

Anfang 1941 zogen die Briten Truppen aus allen Himmelsrichtungen zusammen, um die Italiener vom Horn von Afrika zu vertreiben und damit ihre eigenen Besitzungen im Mittleren Osten zu sichern. Die 4. indische Division, die man von O'Connors Offensive in der Wüste abgezogen hatte, und die 5. indische Division bildeten das Rückgrat einer Streitmacht unter Lieutenant General William Platt, die Eritrea vom Sudan aus angreifen sollte. Zu den anglo-indischen Truppen stieß ein Bataillon eines französischen Freikorps aus dem Senegal und ein Regiment der französischen Fremdenlegion. Im Süden drangen von Kenia aus britische und südafrikanische Truppen in Italienisch-Somaliland ein. Zuletzt überquerten britische Streitkräfte, die im Protektorat Aden stationiert waren, den Golf von Aden und landeten im Hafen von Berbera in Britisch-Somaliland.

Schwieriges Gelände

Die zerklüftete Gebirgslandschaft Ostafrikas machte jedes Vorwärtskommen äußerst schwierig, und beide Seiten benutzten vornehmlich Maultiere und sogar Kamele, um ihre Ausrüstung zu transportieren. Im Gegensatz zu den Erfahrungen in der Libyschen Wüste kämpften die Italiener hier sehr entschlossen. Platt eröffnete am 15. Januar 1941 den Angriff gegen die Bergbefestigung Keren, die die Verbindungen nach Eritrea und Nordäthiopien beherrschte. Die Italiener hatten eine feste Verteidigungsstellung aufgebaut, und die beiden indischen Divisionen mussten die Gipfel um Keren besteigen, um den Feind ins Visier zu bekommen. Die alliierten Streitkräfte wurden wiederholt durch starke Gegenangriffe zurückgeworfen. Erst nach weiterer Verstärkung, schweren Bombenangriffen und Artilleriebeschuss konnten die Italiener zum Rückzug gezwungen werden. Keren fiel schließlich nach einer Belagerung von 53 Tagen in die Hände der Alliierten. Platt stieß hierauf weiter bis zur eritreischen Hauptstadt Asmara vor, die am 1. April eingenommen wurde.

Vorstoß im Süden

In Kenia führte Generalleutnant Sir Alan Cunningham einen Verband, der die 11. und 12. afrikanische sowie die 1. südafrikanische

UNTEN:
Ein leichter italienischer L3/35-Tank rückt vor. Mit seinen Maschinengewehren war er für jede Funktion, außer für Polizei- oder Aufklärungsaufgaben, zu leicht bewaffnet.

Division umfasste. Beim Einmarsch in Italienisch-Somaliland durchbrach Cunninghams Armee am 19. Februar die italienische Linie am Fluß Juba. Die Briten marschierten rasch die Küste entlang und nahmen fünf Tage später Mogadischu ein. Von Mogadischu aus stieß die britische Truppe direkt nach Norden, nach Äthiopien vor, und am 29. März erreichte sie Jijiga, wo sie auf britische Verbände traf, die am 16. März in Berbera in Britisch-Somaliland gelandet waren. Die unter Cunningham vereinigten Streitkräfte querten am 30. März den Marda-Pass, unterbrachen die Eisenbahnline bei Diredawa und marschierten am 5. April in Addis Abeba ein. Kaiser Haile Selassie kehrte in die Hauptstadt zurück, während Cunningham nach Norden weitermarschierte, um General Platt zu treffen, der von Eritrea nach Süden vordrang.

Aosta verweigert Kapitulation

Die italienische Herrschaft in Äthiopien war zusammengebrochen, doch der Herzog von Aosta weigerte sich, vor den Invasionstruppen zu kapitulieren. Er beschloss, mit den Resten seiner Armee eine neue Verteidigungsstellung im Bergland um Amba Alagi aufzubauen. Am 3. Mai erreichten südafrikanische Truppen und äthiopische Partisanen das Gebiet und begannen auf die 3400 Meter hohen Berge vorzurücken, um die italienischen Stellungen dort zu belagern. Am 12. Mai vereinigten Cunningham und Platt ihre Streitkräfte, um Aostas Truppen noch mehr einzuschnüren.

Mangel an Munition und Wasser und schwerer Beschuss durch südafrikanische Artillerie machte die italienische Stellung hoffnungslos. Aosta begann, eine Kapitulation vor regulären britischen Truppen in Betracht zu ziehen. (Dass äthiopische Partisanen italienische Gefangene bei einer Attacke auf den Gipfeln hingemetzelt hatten, beeinflusste seine Entscheidung, vor wem er kapitulieren wollte.) Verhandlungen wurden aufgenommen, und nachdem die Übergabebedingungen feststanden, verließen Aosta und die ihm verbliebenen 5000 Männer Amba Alagi unter vollen militärischen Ehren.

Die italienische Kapitulation bei Amba Alagi erhöhte die Zahl der gefangenen italienischen Soldaten auf 230.000, doch 80.000 Soldaten blieben kampfbereit. Sie waren in zwei verschiedenen Regionen stationiert. Im Südwesten von Addis Abeba stand General Gazzeras Verband, etwa 40.000 Mann stark, während im Nordwesten um Gondar herum ein ähnlich großer Verband unter General Nasi stand. In dieser Phase wurden die meisten britischen und südafrikanischen Truppen abgezogen und an andere Kriegsschauplätze versetzt. Der letzte Teil des Feldzugs blieb den afrikanischen Truppen in Äthiopien überlassen. Die Truppenstärke der afrikanischen Verbände war jedoch relativ gering, und die Entfernungen, die bewältigt werden mussten, waren sehr groß. Als die Regenzeit einsetzte, behinderte Schlamm zwangsläufig den Vormarsch der Armee.

Die letzten Phasen des Feldzugs

Das britische Kommando wandte seine Kräfte gegen Gazzeras Truppen. Wolkenbruchartiger

RECHTS:
Mit seiner 47-mm-Kanone (auf einer Geschützplattform montiert) und den zwei Maschinengewehren war der M 11/39 bei Kriegsausbruch veraltet. Die meisten in der Wüste eingesetzten Exemplare wurden von den Briten im Winterfeldzug 1940/41 ausgeschaltet.

Mittlerer Fiat M 11/39-Tank
Italien

Regen und unwegsames Gelände machten jedes Vorwärtskommen schwierig, doch die afrikanischen Truppen verfolgten die Italiener mit großer Zähigkeit bis in die Provinz Galla-Sidamo. Am 21. Juni drangen britische Truppen in Jimma ein, während sich die Italiener tiefer ins Land zurückzogen, um dem Vorstoß zu entkommen. Sie wussten jedoch nicht, dass ein belgischer Verband aus dem Kongo direkt auf sie zukam, um sie abzufangen. Beide Seiten trafen am 3. Juli aufeinander, und nach einem kurzen Gefecht legten Gazzeras müde Männer die Waffen nieder und ergaben sich dem belgischen Generalmajor Gilliaert.

Das Ende Italienisch-Ostafrikas

Im Nordwesten hatten General Nasis Truppen in der Bergregion oberhalb des Tana-Sees mit Hauptquartier in Gondar Stellung bezogen. Der italienischen Stellung gingen die Vorräte aus. Wiederholte Angriffe durch indische und afrikanische Truppen wurden zurückgeschlagen. Die italienische Garnison von Wolchefit ergab sich erst am 27. September, als ihre Lebensmittelvorräte vollständig erschöpft waren. Die italienischen Hauptverbände in Gondar hielten stand, bis sie am 28. November 1941 – etwas mehr als eine Woche vor Pearl Harbor – durch eine ganze Serie britischer Angriffe überwältigt wurden. Es war ein langer, mühsamer Feldzug gewesen, aber Mussolinis ostafrikanisches Reich hatte aufgehört zu existieren.

Neben der Sicherung der Südflanke Ägyptens und anderer britischer Besitzungen in Ostafrika war es die Eroberung Äthiopiens, die es Präsident Roosevelt ermöglichte, die Sperre des Roten Meers für US-Handelsschiffe aufzuheben, die am 10. Juni 1940 erlassen worden war, um amerikanische Verluste zu vermeiden. US-Handelsschiffe konnten nun den wachsenden Nachschub aus den USA für die britischen Streitkräfte im Mittleren Osten direkt in Suez löschen.

OBEN:
Italienische Truppen marschieren nach der Kapitulation des Stützpunkts Amba Alagi im Mai 1941 in Gefangenschaft. Die entschlossene Verteidigung dieser Stellung gewann der italienischen Garnison die Anerkennung der britischen und Commonwealth-Truppen.

Als weitere Folge des britischen Sieges in Ostafrika wurde die „Takoradi-Route", der Luftweg von Westafrika über Takoradi, Fort Lamy, Khartum und dann nach Kairo, gesichert. Dieser Luftweg wurde vom „Freien Frankreich" organisiert und spielte eine lebenswichtige Rolle für den Transport von Flugzeugen und Nachschub für den Mittleren Osten. W. B. Kennedy, ein Pionier der British Long Range Desert Group (LRDG), bemerkte: „Als wir in Fort Lamy auf den Transport nach Kairo warteten, sah ich jeden Tag Dutzende von Flugzeugen auf der Route Takoradi–Khartum. Da merkte ich, welch großen Dienst uns unsere französischen Verbündeten mit der Schaffung dieser lebenswichtigen Verbindungslinie geleistet hatten."

Rommel trifft ein

Die Siege in der Cyrenaika und in Ostafrika stärkten die britische Moral, wurden jedoch bald durch anderweitige Ereignisse überschattet. Die Vernichtung der italienischen 10. Armee durch O'Connors Invasion in Libyen zwang Mussolini, das deutsche Angebot direkter militärischer Hilfe anzunehmen. Am 12. Februar 1941 traf der zum Kommandeur ernannte Generalleutnant Erwin Rommel in Tripolis ein. Mit ihm kamen Vorausabteilungen einer Armee, die als Afrika-Korps bekannt werden sollte. Am 24. Februar stießen deutsche Aufklärer zum ersten Mal in Nordafrika auf die britische Abschirmung vor El Agheila.

Dies war der Beginn einer großen deutschen Offensive. Doch das britische Oberkommando in Kairo war mehr wegen der deutschen Expansion auf dem Balkan besorgt. Churchill hatte Griechenland, dem einzigen Staat auf dem europäischen Festland, der sich noch aktiv gegen die Achse auflehnte, Hilfe zugesagt. Als die Deutschen in den Konflikt hineingezogen wurden, ging dieser Schuss für beide, Griechen wie Briten, nach hinten los.

GEGENÜBER:
Ein Teil des italienischen Stützpunkts bei Amba Alagi. Das zerklüftete, gebirgige Gelände war während des Feldzugs von beiden Seiten umkämpft.

UNTEN:
Die lokale Bevölkerung versammelt sich, um eine Rede Kaiser Haile Selassies bei seiner Rückkehr nach Abessinien zu hören. Während der Besatzung hatten die Abessinier den bewaffneten Widerstand gegen die Italiener aufrechterhalten.

KAPITEL NEUN

Blitzkrieg auf dem Balkan

Nach dem Fall Frankreichs beherrschten die Achsenmächte den Großteil Europas. Nur der traditionell instabile Balkan konnte Deutschlands Versorgung mit Öl aus Rumänien gefährden.

Im Zweiten Weltkrieg waren die Achsenmächte ebenso wenig wie die Alliierten an einem Engagement am Balkan interessiert. England hatte weder strategisches Interesse noch die technischen Voraussetzungen zur Durchführung militärischer Operationen von seinen Basen in Ägypten oder Palästina aus. Die Deutschen hatten zwar ein strategisches Interesse an der Region, begnügten sich aber damit, ihre südöstlichen Nachbarn wirtschaftlich und diplomatisch unter Kontrolle zu halten. Die Mehrheit der Balkanstaaten meist rechtsgerichtete Diktaturen unter konstitutionellem Deckmantel – war bereit, sich dem deutschen Einfluss unterzuordnen. Die gesamte Balkanregion blieb aber stets instabil. Das scheinbare Gleichgewicht war ebenso leicht durch Zwietracht im Inneren wie durch Einflüsse von außen zu stören.

Deutschlands Wirtschaft und Kriegsmaschinerie hing vom rumänischen Öl ab. Hitler fürchtete alles, was diese Ölversorgung gefährden konnte. Entsprechend Besorgnis erregend war der Gedanke, die Engländer könnten diese Ölfelder bombardieren. Obwohl das mangels technischer Voraussetzungen zu diesem Zeitpunkt nicht möglich war, war die Sicherung dieses Gebietes ein Punkt ständiger Sorge. Im Oktober 1940 sicherte sich Hitler das Recht, dieses wichtige Gebiet durch eigene Truppen zu schützen.

Ab Herbst 1940 bestimmte zunehmend ein anderer Aspekt die deutsche Balkanpolitik, und zwar Hitlers unumstößliche Entscheidung, in absehbarer Zeit in die Sowjetunion einzumarschieren. Hitler und das Oberkommando der Wehrmacht argumentierten, dass die Südflanke der geplanten Invasion vor einem Einmarsch abgesichert sein musste, und dazu seien gegebenenfalls militärische Operationen erforderlich. Die willfährigen Systeme in Ungarn, Rumänien und Bulgarien boten keinen Anlass zur Sorge. Jugoslawien und Griechenland jedoch gehörten nicht der Achse an und blieben deshalb für Hitlers Pläne stets eine Bedrohung.

Mussolinis Ambitionen

Mussolini gefiel der dominierende deutsche Einfluss auf dem Balkan gar nicht, weil er dieses Gebiet als italienischen Einflussbereich ansah. 1939 hatte er widerstandslos Albanien besetzt. Als nächsten Abschnitt seines Eroberungskonzeptes sah er die Besetzung Griechenlands an. Der zahlenmäßige Unterschied (45 Millionen Italiener und den 7 Millionen Griechen) spiegelte sich natürlich in der Truppenstärke der Italiener wider. Griechenland besaß keine modernen Waffen, sondern war auf Bestände aus dem Ersten Weltkrieg angewiesen. Mussolini glaubte, dass ihm die schlecht ausgerüstete kleine Armee der Grie-

GEGENÜBER:
Eine Flugabwehrkanone feuert in die Nacht (Griechenland 1939). Mussolinis Beschluss zur Invasion Griechenlands beschwor eine politische und militärische Krise herauf, in die England und Deutschland hineingezogen wurden.

OBEN:
Ein zum Feuern auf italienische Stellungen bereites griechisches Feldgeschütz. Die zähe und hoch motivierte griechische Armee war den Italienern, die von Mussolinis neuestem außenpolitischen Abenteuer wenig begeistert waren, mehr als ebenbürtig.

chen keine großen Schwierigkeiten machen könnte. Seine Eitelkeit machte ihn für die Mängel seiner eigenen Armee ebenso blind wie für die Tapferkeit seiner Gegner.

Italien hielt seine Invasionspläne vor den Deutschen, die eine so riskante Operation sicher unterbunden hätten, geheim. Hitler war in Frankreich, um mit der Vichy-Regierung zu verhandeln, als er von der bevorstehenden Invasion erfuhr. Er leitete sofort seinen Zug nach Florenz um, da er hoffte, seinen Achsenpartner noch vom Angriff auf Griechenland abbringen zu können. Als sie sich am 28. Oktober im Bahnhof trafen, prahlte Mussolini: „Wir sind auf dem Marsch! Im Morgengrauen haben unsere Truppen siegreich die albanisch-griechische Grenze überschritten!“ Hitler war nicht begeistert, doch die Würfel waren gefallen und vorläufig konnte er nichts anderes tun, als abzuwarten.

Italien hatte direkt vor der Invasion den Griechen ein Ultimatum gestellt, das die griechische Regierung unter sofortiger Mobilmachung zurückwies. König Georg II. war zwar Staatsoberhaupt der konstitutionellen Monarchie, die Macht aber besaß der Premierminister, General Ioannis Metaxas. General Alexandros Papagos war Oberkommandierender der griechischen Armee, die über 15 Infanteriedivisionen (davon neun mit etwas Ausbildung im Gebirgskampf), vier weitere Gebirgskampfbrigaden und eine Kavalleriedivision verfügte.

Der italienische Plan

Unter dem Befehl General Visconti-Prascas wurde der italienische Angriff mit vier Divisionen in der Epirus-Region im Westen vorgetragen und von zwei weiteren Divisionen gesichert. Für das ehrgeizige Ziel war die Streitmacht erstaunlich klein, möglicherweise wieder ein Zeichen für das übersteigerte Selbstvertrauen des italienischen Oberkommandos. Die Italiener hatten gehofft, die griechischen Grenzbefestigungen zu durchbrechen, ehe sich die griechische Mobilmachung auswirken würde, aber miserables Wetter, das Bäche in reißende Ströme und den Boden in Schlamm verwandelte, bremste den italienischen Angriff und hielt die italienische Luft-

OBEN:
Obwohl die P.24 der Königlich Griechischen Luftwaffe im Vergleich zu den neuesten Jägern veraltet war, lieferte sie gegen die deutsche und italienische Luftwaffe gute Leistungen. Sie wurde aus einem polnischen Modell von 1930 entwickelt. Griechenland besaß 36 Stück davon.

waffe am Boden. Diese Witterung, das gebirgige Terrain und der zunehmend hartnäckige Widerstand brachten den italienischen Vormarsch innerhalb einer Woche zum Stillstand.

Verärgert ersetzte Mussolini am 9. November Visconti-Prasca durch General Subaldo Soddu, den Vize-Stabschef der Armee. Soddu versuchte, seine viel zu weit auseinander gezogenen Streitkräfte umzugruppieren und zu verstärken. Aber die Verstärkungen kamen langsam. Inzwischen wuchs die Stärke der griechischen Infanterie entlang der albanischen Grenze ständig, sodass sie am 12. November fast doppelt so stark wie die italienische war. Papagos war entschlossen, die Fehler der Italiener auszunutzen, ehe italienische Verstärkungen die zahlenmäßige Überlegenheit seiner Truppen ausgleichen konnten. Am 14. November gingen die Griechen an der gesamten Front von der Adria bis zur jugoslawischen Grenze zur Offensive über.

Das griechische 5. Korps, auf 5 Divisionen verstärkt, konnte die italienischen Linien auf dem rechten Flügel durchbrechen und drei italienische Divisionen vernichtend schlagen und nach Albanien zurückwerfen. Dieser Offensive folgten weitere griechische Erfolge. Ende November waren die Italiener nicht nur aus Griechenland vertrieben, sie mussten sogar fürchten, auch Albanien zu verlieren.

Doch Anfang Dezember geriet die griechische Offensive ins Stocken. Der Mangel der Griechen an Panzern und Panzerabwehrwaffen verringerte ihre Kampfkraft in Tälern und Ebenen. Die griechische Führung beschränkte deshalb alle Operationen auf die Gebirgsregionen, wo ihre zähe Infanterie am effektivsten war. Das Wetter wurde jedoch erheblich schlechter und Temperaturen um –20 °C machten Angriffsoperationen praktisch unmöglich. Griechen und Italiener litten gleichermaßen unter dem Wetter und dem Mangel an Nachschub und medizinischer Versorgung. Am 10. Januar 1941 nahmen die griechischen Truppen zwar die wichtige Stadt Klisura ein, aber daraus entwickelte sich eine Pattsituation. Beide Seiten gruben sich ein und warteten auf besseres Wetter im Frühling.

Die Deutschen greifen ein

Das italienische Desaster in Griechenland hatte Hitler erzürnt. Er hatte kaum Sympathien für Italiens territoriale Ambitionen und sah das komplizierte diplomatische Gleichgewicht auf dem Balkan gestört. Mit dem italienischen Einmarsch waren die Engländer eingeladen worden, Luftwaffenbasen auf Kreta und dem griechischen Festland einzurichten, um den bedrängten Griechen durch Luftunterstützung zu helfen. Die Landung der RAF in Griechenland bereitete trotz ihrer zahlenmäßigen Schwäche Hitler große Sorgen, da nun die rumänischen Ölfelder um Ploesti angreifbar wurden. Hitler entschied, Deutschland müsse den Italienern zu Hilfe kommen. Am 12. November 1940 erhielt das OKH Befehl für einen Invasionsplan für den Balkan, um das griechische „Ärgernis“ zu beheben.

Vor irgendwelchen Militäraktionen gegen Griechenland gingen die Deutschen daran, die übrigen Balkanstaaten diplomatisch einzuschüchtern. Ungarn und Rumänien waren schon ins Lager der Achse eingebunden. Bulgarien - geographisch zwischen Rumänien und Griechenland gelegen – unterzeichnete am 8. Februar 1941 unter Druck

UNTEN:
Ein Leutnant eines griechischen Artillerieregiments zum Zeitpunkt der italienischen Invasion 1940. Er trägt ein képi, weite Reithosen und Reitstiefel und ein Fernrohr und eine Kartentasche. Im Gefecht trugen alle Dienstgrade einen Stahlhelm, entweder den britischen oder ein neues griechisches Modell. Griechische Soldaten schlugen sich tapfer, und dass sie die Invasion der Italiener zurückschlugen, überraschte die ganze Welt.

einen Stationierungsvertrag für deutsche Truppen. General Lists 12. Armee marschierte durch Bulgarien und bezog an der griechischen Grenze Stellung, während die deutsche Luftwaffe ihre Angriffsbasen für den Einsatz in Griechenland aufbaute. Die formale Einbindung Bulgariens in das Achsenbündnis als kleinerer Partner erfolgte am 1. März.

Schwieriger war es, Jugoslawien in das Lager der Achse zu bekommen. Geboren aus dem Versailler Vertrag, bestand dieser Staat aus sechs größeren ethnischen Gruppen, die sich gegenseitig spinnefeind waren. Die von den Serben dominierte Regierung war historisch und religiös mit den Griechen verbunden und nicht bereit, ihren vertragsmäßigen Zugang zum Hafen von Saloniki (Thessaloniki) zu verlieren, der im Falle eines italienischen Sieges aufgehoben worden wäre. Darüber hinaus vermuteten sie mit Recht, dass Italien auch hinsichtlich Jugoslawiens territoriale Änderungen im Sinn hatte. Gefühlsmäßig unterstützte Belgrad die Sache der Griechen.

Prinz Paul, der Regent Jugoslawiens, und seine Regierung waren zwar grundsätzlich

OBEN:
In einer Schlacht in den zerklüfteten Bergen der griechisch-albanischen Grenzregion gefallene Italiener. Die italienische Armee war für die Bedingungen, unter denen sie in Griechenland kämpfte, nicht ausgerüstet.

RECHTS:
Ein italienisches schweres Maschinengewehr wird während der Kämpfe in Griechenland für eine Funktion als Flugabwehrwaffe in Stellung gebracht

für die Achse, man sah aber auch die eigene Schwäche gegenüber deutschen Militäraktionen. Als der deutsche Druck auf Jugoslawien, der Achse beizutreten, zunahm, hatten Prinz Paul und seine Minister keine andere Wahl, als sich Hitlers Wünschen zu beugen. Am 25. März wurde Jugoslawien widerstrebend ein Signatarmitglied der Achse. Damit war der Weg für die deutschen Truppen durch den Balkan nach Griechenland frei. Unter dem Decknamen „Marita" wurde die Invasion für Anfang April festgelegt.

Britische Hilfsangebote

Die griechische Regierung verteidigte zwar ihr Land entschlossen gegen Italien, wollte aber Hitler nicht herausfordern, da Griechenland bei einem deutschen Angriff weitgehend zerstört werden konnte. Andererseits schwebte den Briten vor, eine Anti-Achsen-Allianz auf dem südlichen Balkan aufzubauen. Churchill und sein Außenminister Antony Eden hatten gehofft, die Türkei, Griechenland und Jugoslawien auf die Seite der Alliierten zu ziehen. Die Türkei entschied sich jedoch für die Neutralität, und Jugoslawien und Griechenland brauchten die Zusicherung massiver Militärhilfe, ehe man sich auf eine offene Feindschaft gegen Deutschland einlassen konnte. Natürlich war England nicht in der Lage, eine solche Zusicherung zu geben.

Die Griechen akzeptierten englische Hilfe aus der Luft gegen die Italiener, lehnten aber eine volle Militärhilfe so lange ab, wie dies als militärische Provokation Deutschlands gelten konnte. Obwohl Hitler ohnehin in Griechenland einmarschiert wäre, um seine südliche Flanke vor dem Eimarsch in die Sowjetunion zu sichern, war die definitive Einrichtung britischer Luftstützpunkte in Griechenland für die Deutschen Grund genug zu intervenieren. Als schließlich der griechischen Regierung die deutschen Truppenbewegungen an der bulgarisch-griechischen Grenze bekannt wurden, steigerte sich die Furcht vor einem deutschen Einmarsch so weit, dass Griechenland die britische Militärhilfe annahm.

Warum die Briten sich am Balkan engagieren wollten, wo doch ihre militärischen Kräfte im Mittleren Osten ohnehin stark ausge-

UNTEN:
Männer der RAF gehen in Athen als erste Welle der britischen Militärhilfe für Griechenland von Bord. England förderte den Kampf der Griechen gegen die Achse. Doch dies war keine tragfähige Strategie, da es im Mittleren Osten zu wenig britische Truppen gab.

RECHTS:
Der Kommandeur der deutschen Einheit, die die jugoslawische Hauptstadt Belgrad einnahm, SS-Hauptsturmführer Klingenberg, wird von einem Kriegsberichterstatter für eine Radiosendung interviewt.

dünnt waren, bleibt strittig. Churchill favorisierte das britische Engagement, weil sich damit Gelegenheit bot, den Deutschen entgegenzutreten. Churchill war jemand, dessen Enthusiasmus regelmäßig über strategisch sinnvolle Entscheidungen siegte und dessen strategische Berater seine abenteuerlichen Interventionspläne oft zügeln mussten. Trotzdem waren General Archibald Wavell, Oberkommandierender im Mittleren Osten, und andere hohe Offiziere im Frühjahr 1941 überraschenderweise mit den von Churchill und Eden entwickelten Interventionsplänen einverstanden.

Logistische Probleme

Abgesehen davon, dass eine britische Expedition nach Griechenland Truppen von der lebenswichtigen Front in Nordafrika abgezogen hätte, stand den Briten kaum das Material für eine erfolgreiche Intervention zur Verfügung. Die langen Nachschubwege von Ägypten nach Griechenland waren durch Luftangriffe extrem gefährdet, zumal die Briten im Mittleren Osten weder über geeignete noch zahlenmäßig ausreichende Flugzeuge zu ihrem Schutz verfügten. Im Gegensatz dazu

besaßen die Achsenmächte eine Luftflotte, die den Luftraum über dem Balkan und den umgebenden Küstengewässern leicht kontrollieren konnte. Diese Luftunterlegenheit sollte die britische Armee und Marine noch teuer zu stehen kommen.

Unter dem Befehl Lieutenant General Sir Henry Maitland Wilsons kam am 5. März 1941 eine Streitmacht von britischen und Commonwealth-Truppen nach Griechenland. Wavell hatte den Griechen zwei australische Infanteriedivisionen, eine neuseeländische Division, eine Brigade polnischer Infanterie, eine Panzerbrigade, Artillerie und Versorgungseinheiten, insgesamt 100.000 Mann, versprochen. Das Expeditionskorps wurde schließlich drastisch auf 58.000 Soldaten verringert: Die 2. neuseeländische und die 6. australische Division (fast 34.000 Mann) stellten die Infanterie, 100 Panzer und zwei Artillerieregimenter stellte die 1. Panzerbrigade.

Ehe die Briten jedoch in Nordgriechenland in Stellung gehen konnten, starteten die Italiener ihre Frühjahrsoffensive. Die Verstärkungen, die von den Italienern kontinuierlich über die Adria geschleust worden waren, erlaubte ihnen mit 28 Divisionen (9. und 11. Armee) unter dem Befehl General Ugo Cavalleros (der Ende Dezember Suddo ersetzt hatte) anzugreifen. Die Siegesgewissheit der Italiener war so groß, dass Mussolini selbst nach Albanien kam, um an dem bevorstehenden Sieg teilzuhaben.

Die italienische Offensive startet

Am 9. März 1941 eröffnete die 9. Armee unter General Pirzio-Biroli mit elf Infanteriedivisionen, unterstützt von einer Panzerdivision, den Angriff. Doch die stürmende Infanterie geriet in ein wildes Abwehrfeuer strategisch gut postierter griechischer Artillerie und erlitt ohne nennenswerten Bodengewinn schwere

OBEN:
Waffen-SS-Truppen fahren durch die Straßen Belgrads. Die Stadt fiel ohne viel Kampf, so total war der deutsche Sieg über die jugoslawische Armee.

UNTEN:
Italienische Gebirgstruppen marschieren in eine jugoslawischen, Stadt ein. Die Deutschen führten den Vorstoß an, doch als Besatzungsheer dienten große Mengen italienischer Soldaten.

Verluste. Am Abend des 9. März trug Cavallero in sein Tagebuch ein: „Die griechische Artillerie ist höchst wirkungsvoll positioniert. Alle Verteidigungskräfte sind gut in die Tiefe gestaffelt, wobei sie aus günstigen Positionen Angriffe abriegeln und sofortige Gegenangriffe starten können."

Die folgenden zwei Tage hindurch kämpften die Italiener verbissen, aber nutzlos darum, die Griechen aus ihren Verteidigungsstellungen zu werfen. Schließlich wurde der Angriff abgeblasen. Die drei angreifenden Korps beklagten 12.000 Tote und Verwundete. Mussolini kehrte wieder einmal mit ramponiertem Image nach Italien zurück. Der einzige positive Effekt für die Achsenmächte war eine deutliche Schwächung der griechischen Armee. Der größte Teil der Reserven General Papagos' war aufgebraucht.

Kap Matapan

Der italienischen Niederlage an Land folgte eine zur See. Die Deutschen hatten die italienische Kriegsmarine ermuntert, im Mittelmeer aggressiver aufzutreten und die Schiffskonvois, die das britische Expeditionskorps nach Griechenland brachten, anzugreifen. Die Deutschen versprachen Hilfe vom kurz zuvor nach Sizilien verlegten X. Fliegerkorps. Die Italiener sagten zu, in einer zweitägigen Aktion das Gebiet bis zu den Gadvos-Inseln (50 km südlich von Kreta) zu durchkämmen. Die Briten knackten mit dem deutschen Code verschlüsselte italienische Funksprüche und waren dadurch alarmiert. Der britische Marinechef für das Mittelmeer, Admiral Sir Andrew Cunningham, zog sofort Streitkräfte zusammen, um die italienische Flotte abzufangen. In der Nacht zum 28. März überraschten die Briten die ahnungslosen Italiener am Kap Matapan und konnten durch den Einsatz von Radar drei italienische Kreuzer versenken und das Schlachtschiff *Vittorio Veneto* beschädigen. Die erhoffte deutsche Hilfe aus der Luft blieb aus, und so zog sich die italienische Flotte in den Hafen zurück, wo sie bis Kriegsende verblieb.

Obwohl der britische Seesieg bei Kap Matapan die britische Versorgung gegen Angriffe von der See her sicherte, gewann die deutsche Luftwaffe zunehmend an Stärke, um britische Schiffe im Mittelmeer anzugreifen und den deutschen Einmarsch nach Griechenland zu unterstützen. Aber ehe Hitler seinen Angriffs-

LINKS:
Eine Kolonne deutscher Panzer fährt durch die Straßen Salonikis. Griechen sehen zu. Einige entbieten den Hitlergruß, vielleicht um sich ihren neuen Herren anzubiedern. Die deutsche Herrschaft würde hart sein und die große jüdische Bevölkerung in Saloniki praktisch ausgerottet werden.

UNTEN:
Ein von Sturzkampfbombern im Hafen versenktes griechisches Kriegsschiff – ein Bild der deutschen Luftüberlegenheit.

plan umsetzen konnte, erzwang die Entwicklung in Jugoslawien drastische Änderungen.

Die Meldung, Jugoslawien sei der Dreierachse beigetreten, löste im Land bei vielen Entsetzen aus. Am 27. März setzte eine Militärjunta unter General Bora Mirkovic die Regierung des Regenten Prinz Paul ab und berief eine neue unter General Dusan Simovic. Die Rolle des Regenten wurde Prinz Peter übertragen, der zum König Peter II. gekrönt wurde. Der Umsturz fand bei der Belgrader Bevölkerung begeisterte Aufnahme. Die Masse drängte sich in den Straßen und sang progriechische und britische Lieder. „Lieber Krieg als Pakt, lieber Tod als Sklaverei!“, war ein typisches Motto. Churchill erklärte begeistert, die jugoslawische Nation habe nun ihre Seele gefunden.

Hitler tobt

Trotz der britischen Hoffnung, der Umsturz könne der Beginn einer Anti-Achsen-Allianz sein, verhielt sich die neue Regierung nicht offen deutschfeindlich, sondern wollte die Neutralität bewahren. Hitler jedoch war über die Entwicklung wütend. In seinen Augen war dies nicht nur eine persönliche Beleidigung, sondern auch eine Bedrohung seiner Pläne für Griechenland und seines Russlandfeldzuges. Einen Tag nach dem Putsch gab er einen Tagesbefehl heraus, der seinen Unmut über die Jugoslawen ausdrückte: „Der Führer ist entschlossen, ohne eventuelle Loyalitätser-

OBEN:
Deutsche Infanterie blickt auf, als Stukas sich für die Bombardierung eines Bodenziels vorbereiten. Zur guten Koordination der deutschen Luft-Boden-Operationen kam noch die überlegene Materialstärke.

klärungen der neuen Regierung abzuwarten, alle Vorbereitungen zu treffen, um Jugoslawien militärisch und als Nationalstaat zu vernichten. Der Angriff wird erfolgen, sobald die Mittel und erforderlichen Truppen dazu bereitstehen. Politisch ist es wichtig, dass der Schlag gegen Jugoslawien mit erbarmungsloser Härte geführt wird und die militärische Vernichtung in blitzartiger Geschwindigkeit erfolgt."

Deutsche Pläne

Es gab keine Kriegserklärung. Die Operationen sollten mit Luftangriffen auf Flugplätze und auf Belgrad beginnen. Einmarschpläne sollten mit denen für das Unternehmen Marita, die Invasion Griechenlands, kombiniert werden. Wie immer erwies sich der deutsche Generalstab den neuen Aufgaben gewachsen. Er legte sofort einen Plan für den Einmarsch in beide Staaten vor. Von Ungarn, Bulgarien und Italien erwartete man Hilfe, wofür sie mit territorialen Entschädigungen aus dem zerstückelten Jugoslawien belohnt werden sollten. Zur Erleichterung der politischen Demontage des Staates ermutigte man die Kroaten und andere ethnische Gruppen der Region, gegen die von Serben dominierte Regierung zu rebellieren.

Wegen der von Hitler verlangten „blitzartigen Geschwindigkeit" sah die Wehrmacht wie bei allen Aufmärschen starke Panzerkräfte vor. Die Invasion in Jugoslawien und Griechenland wurde mit zwei deutschen Armeen, bestehend aus 32 Divisionen, zehn davon Panzer- und vier motorisierte, geplant. Die Dinge entwickelten sich jedoch so rasch, dass acht Divisionen gar nicht mehr zum Eingreifen kamen.

Die deutsche 2. Armee (Generaloberst v. Weichs) stand in Österreich und Ungarn und sollte gemeinsam mit der italienischen 2. Armee durch Slowenien und Kroatien vorrücken und Bosnien sichern. Der Hauptangriff auf Jugoslawien sollte von der Panzergruppe Kleist, der Speerspitze der 12. Armee General Lists, vorgetragen werden. Das XLI. Panzerkorps sollte auf direktem Wege von Timisoara in Rumänien nach Belgrad vorstoßen. Das XIV. Motorisierte Korps würde mit dem XI. Korps von Bulgarien aus nach Belgrad und Serbien vorrücken, das XL. Panzerkorps sollte ebenfalls von Bulgarien aus in Jugoslawisch-Mazedonien einmarschieren, um den Angriff auf Griechenland einzuleiten. Der Feldzug in Jugoslawien sollte mit den kampferprobten Einheiten der Wehrmacht zwölf Tage dauern, eine Bilderbuch-Demonstration der Blitzkrieg-Taktik.

Die jugoslawische Armee

Die jugoslawische Armee war nicht in der Lage, den deutschen Angriff abzuwehren. Jugoslawiens kleine Friedensarmee von 150.000 Mann ließ sich zwar auf 1,4 Millionen Mann aufstocken, doch viele der Reservisten waren nicht zur Stelle, als die Deutschen entlang der langen jugoslawischen Grenze losschlugen.

Am 6. April 1941 griffen die Stukas der IV. Luftflotte (Generaloberst Alexander Löhr) Belgrad an. Die Stadt wurde fast 48 Stunden lang kontinuierlich bombardiert. Zwangsläufig gab es schwere Verluste unter der Zivilbevölkerung (bis zu 17.000 Tote und Verwundete). Der deutsche Bodenangriff richtete sich zunächst gegen Südjugoslawien, als Panzereinheiten der 12. Armee ohne nennenswerten Widerstand in Mazedonien einrückten. Das Gros der jugoslawischen Ver-

UNTEN:
Staubige deutsche Gebirgsjäger marschieren durch die Stadt Larnia. Für die meisten deutschen Verbände war hartes Marschieren das Mittel, die britischen und griechischen Verteidiger zu umfassen.

OBEN:
Griechische Bauern und ein orthodoxer Priester überreichen deutschen Soldaten Blumen. Trotz des Zwecks des Bildes war die Verbrüderung zwischen Griechen und Deutschen gering.

bände war in Nord- und Zentraljugoslawien in Stellung gegangen, zeigte aber nur in wenigen Ausnahmefällen überhaupt Bereitschaft zum Kampf.

Der Vormarsch der deutschen 2. Armee war noch einfacher als erwartet, da ganze kroatische Regimenter ohne einen Schuss zu den Deutschen überliefen. Am zweiten Tag des Angriffs der 2. Armee konnte der deutsche Generalstabschef, General Halder, berichten: „Den Tag über eingegangene Meldungen vermitteln den Eindruck, dass die Front in Nordjugoslawien zusammenbricht. Die Luftaufklärung berichtet von Einheiten, die geschlossen ihre Waffen niederlegen oder in Gefangenschaft gehen. Eine Fahrrad-Kompanie nimmt eine ganze Brigade samt Stab gefangen. Ein feindlicher Divisionskomman-

RECHTS:
SS-Männer grinsen beim Vormarsch nach Griechenland in die Kamera. Die Waffen-SS errang während des Balkanfeldzugs eine Reihe von Triumphen, die propagandamäßig ausgeschlachtet wurden.

deur funkt seinem Vorgesetzten, dass seine Soldaten ihre Waffen wegwerfen und nach Hause gehen.“

Wieterheims XIV. Motorisiertes Korps (bestehend aus zwei Panzer- und einer motorisierten Division) stieß von Sofia nach Nis und über 500 km im Morava-Tal vor, um sich am 13. April nach weniger als sieben Tagen in Belgrad mit Reinhards XLI. Panzerkorps zu vereinen. Nach dem Fall der Hauptstadt und der Besetzung des größten Teil des Landes endete fast jeder organisierte Widerstand.

Die anderen Achsenmächte zogen zum Todesstoß heran. Die Italiener rückten an der dalmatinischen Küste am 17. April hinter den Deutschen triumphierend in das unverteidigte Dubrovnik ein. Eine ungarische Einheit erreichte Novi Sad, während bulgarische Infanterie hinter den deutschen Panzern in Mazedonien einmarschierte. Wie immer war der Kampf ausschließlich Sache der Deutschen gewesen, die am 17. März die jugoslawische Kapitulation annahmen.

Jugoslawischer Widerstand

Mit der Kapitulation gingen 6028 jugoslawische Offiziere und 337.684 Soldaten in Gefangenschaft. Doch über 300.000 konnten sich davonmachen. Viele dieser Leute waren Serben, die dann den Kern einer Widerstands-

UNTEN:
Ein deutscher Soldat führt einen neuseeländischen Offizier in Gefangenschaft. Das große nach Griechenland gesandte Kontingent australischer und neuseeländischer Truppen erlitt unter britischem Kommando große Verluste. Dies sorgte für manche Verstimmung bei den ANZAC-Truppen, die sich für eine hoffnungslose Sache geopfert fühlten.

OBEN:
Zwei deutsche schwere Bf-110-Jäger patrouillieren an der griechischen Küste. Die Bf-110 war ein gutes Erdkampfflugzeug und unterstützte den Vormarsch der Bodentruppen.

bewegung, teils als royalistische Tschetniks unter Oberst Draza, teils als kommunistische Partisanen unter Josip Broz, bekannt als Marschall Tito, bilden sollten. Die deutschen Verluste beliefen sich auf bloß 392 Verwundete, 151 Tote und 15 Vermisste, was die Geschwindigkeit des deutschen Feldzuges in Jugoslawien unterstreicht.

Hitler hielt sein Versprechen, Jugoslawien politisch zu liquidieren. Schon am 10. April verbreitete Radio Belgrad die Proklamation des freien und unabhängigen Kroatiens unter Führung des brutalen Ustascha Ante Pavelic. Die Ungarn beanspruchten die Wojwodina, ein Länderdreieck zwischen Drava, Donau und Tisza, in dem eine ungarische Minderheit lebte. Bulgarien besetzte einen Großteil von Jugoslawisch-Mazedonien; Italien übernahm die Kontrolle über Südslowenien, die dalmatinische Küste südlich von Split, Montenegro und den Kosovo. Die Deutschen behielten Nordslowenien und Serbien.

Die Auflösung Jugoslawiens setzte ethnischen Hass frei, der nur in der kurzen Zeit des jugoslawischen Königtums unterdrückt worden war. In einem Blutbad wurden während der Besetzung durch die Achsenmächte Millionen ermordet. Deutsche und Italiener agierten brutal, wurden aber von der Grausamkeit ethnischer Gruppen noch übertroffen. Kroatische Ustascha-Milizen töteten in drei Monaten 250.000 Menschen – meist Serben. Bosnische Muslime ermodeten bosnische Christen und monarchistische Serben kommunistische Serben. Das Morden in Jugoslawien endete erst, als das Land unter Tito kommunistisch wurde, doch der ethnische Hass und die Ressentiments blieben.

Unternehmen Marita

Während die Deutschen Jugoslawien überrannten, marschierten ihre Truppen auch in Griechenland ein. Die anglo-griechischen Truppen bauten zwar bessere Widerstandslinien als die Jugoslawen auf, trotzdem sollten sie ebenso den deutschen Streitkräften, die in Stärke und Material, Ausbildung und Führung überlegenen waren, unterliegen.

Der Schwerpunkt der griechischen Verteidigung im Norden des Landes war die Metaxas-Linie, die einen Angriff aus Bulgarien abwehren sollte. Der griechische Defensivplan ging davon aus, dass Jugoslawien seine Grenze zu Bulgarien selbst sichern könne. Deshalb endete die Metaxas-Linie an der bulgarisch-jugoslawischen Grenze. Damit blieb Griechisch-Mazedonien gegen einen Angriff aus den Bergtälern Jugoslawiens ungeschützt. Die Briten hatten erhebliche Bedenken gegenüber dem griechischen Vertrauen in die Metaxas-Linie, und General Maitland Wilson hätte die gemeinsamen Kräfte lieber hinter der Aliakmon-Linie in Stellung gebracht, weil sie kürzer und leichter zu verteidigen gewesen wäre. Das aber hätte bedeutet, dass man den wichtigen Hafen von Saloniki den Deutschen kampflos überlassen hätte. Deshalb verbot die griechische Verbundenheit mit der Stadt die Annahme des britischen Plans.

Zwar war die Aufstellung starker Verbände hinter der Metaxas-Linie strategisch falsch, doch das Hauptproblem der Alliierten war die mangelnde Luftunterstützung. Griechenland hatte im April 1941 so gut wie keine Luftmacht. Die RAF verfügte über 192 Maschinen, von denen aber nur 80 ständig einsatzfähig waren. Dies waren aber keine modernen, der deutschen Luftwaffe ebenbürtigen Kampfflugzeuge. Selbst die von England nach Griechenland geschickten Hurricans waren den Messerschmidt-Bf-109, die nach der Schlacht um England nachgerüstet worden waren, nicht gewachsen. Am besten zeigte sich die Luftüberlegenheit daran, dass die deutsch-italienischen Luftstreitkräfte 1100 Kampfflugzeuge aufbieten konnten.

Am 6. April 1941 um 5.15 Uhr eröffnete die deutsche 12. Armee den Kampf. Die fünf Infanteriedivisionen des XXX. Korps (General Ott) marschierten in Ostbulgarien auf, überschritten die Grenze, besetzten kampflos die Provinz Thrakien und schwenkten dann nach Westen, um den Teil der Metaxas-Linie anzugreifen, der entlang des Nestos verlief. Das XVIII. Gebirgsjägerkorps (General Böhme), bestehend aus zwei Gebirgsjägerdivisionen und der 2. Panzerdivision, sollte die Metaxas-Linie direkt von Norden aus angreifen.

Zäher griechischer Widerstand

Die Offensive wurde durch die Bomber des VIII. Fliegerkorps unterstützt. Als sich die Stukas auf die griechischen Verteidigungsanlagen stürzten, wurden sie von schwerem Flugabwehrfeuer überrascht, denn einzig die Metaxas-Linie hatte von allen großen europäischen Festungslinien Panzertürme mit 37-mm-Flakgeschützen. Außerdem waren die Besatzungen der Anlagen, anders als die schlecht ausgebildeten der Maginot-Linie, hoch qualifizierte Einheiten. Das deutsche XXX. Korps wurde unter hohen Verlusten zurückgeworfen, als es versuchte, den Nestos zu überqueren. Die deutschen Gebirgsjäger, die sich am Rupel-Pass vorarbeiteten, mussten sich ebenfalls zurückziehen. Lediglich das XVIII. Korps konnte gegen die Metaxas-Linie etwas Boden gewinnen, weil man

UNTEN:
Nach der Beschlagnahme eines Fischerbootes bereiten SS-Soldaten (der Leibstandarte Adolf Hitler*) die Überquerung des Kanals von Korinth vor. Dies war ein kühnes Manöver, das die britischen Verteidigungsstellungen im Süden Griechenlands umging.*

RECHTS:
SS-Oberstgruppenführer Sepp Dietrich, fotografiert während der Verhandlungen, die zur Kapitulation der griechischen Armee führten.

UNTEN:
Deutsche Truppen bei einer Zeremonie zur Feier der Niederlage der alliierten Kräfte am Balkan und der Eroberung Griechenlands. Der Feldzug war ein weiteres Beispiel deutscher militärischer Tüchtigkeit.

Schnellfeuerkanonen direkt auf die Schießscharten der griechischen Bunker richtete.

Der deutsche Durchbruch geschah jedoch nicht an der Metaxas-Linie, sondern durch die Umgehung durch die 2. Panzerdivision und des XL. Panzerkorps (General Stumme), die in Jugoslawisch-Mazedonien einmarschiert waren, ehe sie südwärts nach Griechenland schwenkten.

Deutscher Durchbruch

Die 2. Panzerdivision, die beim Vortreiben des Panzerkorridors in Frankreich eine wichtige Rolle gespielt hatte, rückte am 6. April in Jugoslawien ein, schaltete die Bregalnica-Division aus und nahm Strumica ein. Der weitere Vormarsch führte nach Süden ins Axios-Tal, wo man am 8. April ohne nennenswerten Widerstand die Grenze zu Griechenland überschritt. Ein Versuch, die deutschen Panzer bei Kilkis aufzuhalten, wurde weggefegt. In einem Spurt über 90 km erreichte und besetzte man den Hafen von Saloniki. Damit waren alle griechischen Truppen an der Metaxas-Linie vom restlichen Griechenland abgeschnitten, sodass ihr griechischer Befehlshaber, General Bakopoulos, am 9. April 1941 um 14.00 Uhr seinen 70.000 Mann befahl, die Waffen zu strecken.

Den Hauptstoß nach Griechenland führte das XL. Panzerkorps, das zuvor bei Skopje eine jugoslawische Armee vernichtet hatte. Die Hauptstoßrichtung verlief durch die Monastir-Schlucht, die durch das Hochgebirge

UNTEN:
Griechische Generäle werden in einem deutschen Stabswagen zur Kapitulationskonferenz gefahren. Griechenland sollte von deutschen und italienischen Truppen besetzt werden.

OBEN:
Ein verwundeter britischer Soldat wird nach der Gefangennahme von seinen Kameraden versorgt. Während des Griechenlandfeldzugs wurden mehr als 7000 britische und Commonwealth-Soldaten gefangen genommen.

nach Griechenland führt. Der Frühling hatte dieses Gebiet noch nicht erreicht, sodass die Deutschen mit Schnee und eisigen Temperaturen zu kämpfen hatten.

Die Speerspitze des deutsche Angriffs bildeten die 9. Panzerdivision und die SS *Leibstandarte Adolf Hitler,* eine verstärkte motorisierte Brigade, die am Kampf um Frankreich teilgenommen hatte. Diese Einheit erhielt am 10. April den Befehl, den Klidi-Pass zu erobern, der den Hauptzugang nach Griechenland bildet. Hier stießen die SS-Truppen auf gut ausgebildete Australier und Neuseeländer des britischen Expeditionskorps. Die deutschen Verluste stiegen an, aber nach zwei Tagen harten Kampfes waren die Verteidiger aus ihren Stellungen geworfen. Für die Deutschen war der Weg nach Griechenland frei.

Kurze Zeit danach wurde das Aufklärungsbataillon der *Leibstandarte* am Klisura-Pass von Griechen in heftige Kämpfe verwickelt. Bataillonskommandeur Kurt Meyer schickte zwei seiner Kompanien zu Flankenangriffen los, während er ein Sonderkommando auf der Hauptstraße zum Pass hinauf anführte. Während dieses Vorrückens beharkten die Griechen die SS mit Maschinengewehrfeuer. Meyer und seine Leute wurden dadurch festgenagelt und konnten sich nicht rühren. Meyer erzählte später, wie er das Problem durch „dynamischen" SS-Führungsstil löste:

Ich rufe [Untersturmführer] Emil Wawrzinek zu, er solle weiter vorgehen. Aber der gute Emil sieht mich nur an, als ob er an meinem Verstand zweifle. Maschinengewehrfeuer schlägt in die Felsen vor uns ein. Wie kann ich Wawrzinek dazu bekommen, den ersten Aufsprung zu wagen? In meiner Verzweiflung fühle ich die Rundung meiner Eierhandgranate in der Hand. Ich rufe die Gruppe an. Jeder schaut wie vom Donner gerührt zu mir herüber, wie ich die Handgranate entsichere, den Stift ziehe und sie genau hinter den letzten Mann rollen lasse. Niemals wieder habe ich einen so konzertierten Aufsprung erlebt wie in dieser Sekunde. Wie von Taranteln gestochen hechten wir um den Felsvorsprung in einen frischen Krater. Der Bann ist gebrochen. Die Handgranate hat unsere Lähmung gelöst. Wir grinsen uns an und arbeiten uns zur nächsten Deckung vor.

Rückzug der Alliierten

Das Aufklärungsbataillon überrannte den Pass, nahm am nächsten Tag Kastoria ein und machte dabei 11.000 Gefangene. Der Vorstoß des XL. Korps machte die Position der britischen und griechischen Kräfte an der Aliakmon-Linie unhaltbar. Um nicht umgangen zu werden, befahl der britische Kommandeur, General Maitland Wilson, den Rückzug seiner Truppen in neue Auffangstellungen. Ein Versuch, die Deutschen am Olymp aufzuhalten, musste aufgegeben werden, weil die Briten wieder Gefahr liefen, von den rasch vorrückenden Panzern eingekreist zu werden. Die nächste sinnvolle Widerstandslinie verlief durch den Isthmus in der Nähe von Thermopylai, wo Wilson hoffte, den deutschen Angriff zu stoppen.

Wieder waren die deutschen Panzerdivisionen am effektivsten. Die etwa 100 britischen Tanks bildeten dazu kein Äquivalent. Die Erfahrungen des 3. RTR (Royal Tank Regiments) zeigten, wie weit die Briten in diesem ungleichen Kampf zurücklagen. Vor

dem Verschiffen haten sie ihre ohnehin mittelschweren A13-Tanks gegen die älteren und langsameren A10-Tanks ausgetauscht, deren Raupen schon durch den Einsatz in der Wüste abgenutzt waren. Ein Regimentsoffizier, Bob Crisp, berichtete über die Unzuverlässigkeit der Tanks während eines Versuchs, einem deutschen Angriff zuvorzukommen:

Graupeln schlugen mir ins Gesicht, als der Tank durch aufgewühlten Schlamm pflügte. Ich befahl meinen Panzerkommandanten, keine Kurven zu fahren, solange sie nicht auf festem Boden waren. Trotzdem blieben etliche Tanks liegen, und als nach einer Nacht mit Frost die Meldung kam, der Alarm sei falsch gewesen, fuhren wir zurück und betrachteten, was uns der grundlose Ausflug gekostet hatte. Fünf Tanks mit gerissenen Raupen und zwei mit gebrochenen Kolben mussten zurückbleiben.

Alle Tanks des 3. RTR sollten in Griechenland zurückbleiben: Von den 52 Panzern fielen 51 aus – nur einer wurde durch Feindeinwirkung zerstört. Die britischen Panzermannschaften waren höchst frustriert.

Die Briten ziehen ab

Der deutsche Durchbruch nach Zentralgriechenland war für die Alliierten ein Desaster. Am 19. April trafen sich in Athen König Georg II., sein Oberkommandierender, General Papagos, sowie die britischen Generäle Wavell und Maitland Wilson. Sie waren sich einig, dass die Schlacht verloren war und dass sich das britische Expeditionskorps aus Griechenland zurückziehen sollte. Von da an wurde der Widerstand bei den Thermopylen und Theben nur aufrechterhalten, um Zeit für die Evakuierung der britischen und Commonwealth-Truppen nach Kreta und Ägypten zu gewinnen. Nach den Desastern von Norwegen und Frankreich wurden die Briten zum dritten Mal innerhalb eines Jahres vom europäischen Festland vertrieben. Dies war bitter für die Briten, viel bitterer jedoch für die Griechen, denen nun Jahre brutaler Besatzung durch die Achsenmächte bevorstanden.

Kurz nachdem die Entscheidung zur Evakuierung getroffen war, schwenkte das

OBEN:
Britisches Militär- und Marinepersonal inspiziert Verteidigungsstellungen auf Kreta, das nach dem Fall Griechenlands zum nächsten Kampffeld werden sollte. Für Deutschland war Kreta ein nützliches Sammelgebiet für Angriffe auf die Briten in Nordafrika und auf Malta.

OBEN:
Ein deutscher Ju-52-Transporter stürzt brennend über Kreta ab, während seine Fallschirmjäger zu Boden sinken. Die deutsche Invasion Kretas war ein riskantes Unternehmen, das leicht hätte schief gehen können.

deutsche XL. Korps westwärts durch den Pindos und schnitt die griechischen Einheiten ab, die den Italienern in Albanien gegenüberstanden. Am 21. April nahm die *Leibstandarte* Janina im Rücken der Griechen ein. Ein Kommandeur der griechischen Armee des Epirus, General Drakos, kapitulierte aus eigener Entscheidung in Lárisa, wo 16 griechische Divisionen ihre Waffen streckten und den Deutschen den Weg in Richtung Süden durch Westgriechenland freigaben. Nach dem Ende jeglichen organisierten Widerstandes verließen König Georg und seine Regierung am 23. April das Land.

Typisch für das Pech der Alliierten auf dem Balkan war am 6. April die Versenkung des Munitionsfrachters *Glen Fraser* im Hafen von Piräus durch Bomben. Die ungeheure Explosion, welche die Fensterscheiben in Athen, also in 11 km Entfernung, zu Bruch gehen ließ, zerstörte elf weitere Schiffe im Hafen und machte diesen damit unbrauchbar. Dieses Missgeschick blockierte den Nachschub für die Alliierten und erschwerte den Abtransport der Truppen, der nun von kleineren Häfen um Athen und vom Peloponnes aus erfolgen musste.

Die Evakuierung beginnt

Als die Briten noch an den Thermopylen in Stellung lagen, begann zwischen dem 22. und 24. April die Evakuierung. Unter Konteradmiral H.T. Baille-Grohman wurden die sich von den Thermopylen absetzenden Australier und Neuseeländer in den kleinen Fischerhäfen Rafina, Porto Rafti und Megara eingeschifft. Die Operation verlief planmäßig, als am 25. April ein Kommando Fallschirmjäger hinter der Hauptbrücke über den Kanal von Korinth landete. Die Verteidiger waren zu schwach, um die Brücke zu halten, konnten sie aber noch sprengen. Die Trümmer fielen genau in den Kanal. Am nächsten Tag besetzten die Deutschen Korinth. Inzwischen

LINKS:
Deutsche Gebirgstruppen fliegen in einer Ju 52 nach Kreta. Sie sollten die Fallschirmjäger, die Flugfelder auf Kreta besetzt hatten, damit die Ju 52 landen konnten, verstärken.

UNTEN:
General Bernard Freyberg, Kommandeur der britischen Truppen auf Kreta. Er war ein oft verwundeter Veteran beider Weltkriege und war als Kämpfer berühmt, konnte jedoch die Insel nicht vor der Eroberung durch die Deutschen bewahren.

hatte die *Leibstandarte* mit Behelfsbooten den Golf von Korinth bei Patras überquert. Verstärkt durch die 5. Panzerdivision rückte sie in den Peloponnes ein. Am 27. Mai marschierten deutsche Soldaten in Athen ein, und das Hakenkreuz wehte über der Akropolis.

Die Lage der Briten wurde zwar immer verzweifelter, doch die meisten konnten sich in den südlichen Peloponnes retten, ehe sie von Deutschen abgeschnitten wurden. Dort konnte die Royal Navy etwa 50.000 Briten, Australier und Neuseeländer aufnehmen. Nur in Kalamata brach die Einschiffung zusammen – 7000 Mann blieben am Ufer zurück. Die meisten von ihnen wurden ge-

UNTEN:
Ein deutscher Oberjäger der 7. Flieger-Division auf Kreta. Er trägt die charakteristische Fallschirmjägerbluse aus graugrün melierter Baumwolle, Hosen und den Stahlhelm im Tarnüberzug. Er ist mit einer MP-39/40-Maschinenpistole bewaffnet. Die Bluse war so geschnitten, dass sich beim Sprung keine Reißleinen darin verfangen konnten. Kreta war der letzte größere Fallschirmjägereinsatz seitens der Achsenmächte.

fangen genommen. Einigen gelang es, den deutschen Ring zu durchbrechen und mit Hilfe der örtlichen Bevölkerung der Gefangennahme zu entgehen.

Eine der wenigen Ermutigungen für die Briten in der ganzen Expedition bestand in der Haltung der Griechen, die ihnen in Sieg und Niederlage Beifall spendeten. Ein der 1. Panzerbrigade unterstellter Artillerie-Oberst beschreibt die Griechen beim Abzug seiner Leute: „Wir waren fast die letzte britische Einheit und die Deutschen waren uns auf den Fersen. Doch eine rufende und applaudierende Menge säumte die Straßen und umringte unsere Autos. Sie hielten uns fast auf, sprangen auf unsere Trittbretter, um die schmutzigen, müden Kanoniere zu küssen oder ihnen die Hände zu schütteln. Sie warfen uns Blumen zu und riefen: ‚Kommt wieder - ihr müsst wiederkommen – lebt wohl – viel Glück!'"

Verluste

Die Verluste der Briten und Commonwealth-Länder beliefen sich in diesem Feldzug auf über 12.000 Mann, von denen drei Viertel in Gefangenschaft gerieten. Wie in Dünkirchen musste alle schwere Ausrüstung (104 Tanks, 400 Kanonen und 8000 Fahrzeuge) zurückgelassen werden. 72 Flugzeuge der RAF wurden abgeschossen, weitere 137 am Boden zerstört. Zwei Zerstörer der Navy, vier Transporter und 21 kleinere Schiffe wurden versenkt.

Die sechsmonatigen Kriegshandlungen hatte die Griechen 15.700 Tote und Vermisste gekostet, 218.000 Mann wurden gefangen, von denen die Deutschen die meisten kurze Zeit später freiließen. Die Deutschen verloren 1684 Tote und 3752 Verwundete. Die Verluste der Italiener waren weit größer, viele beruhten auf Erfrierungen und Krankheiten in den griechischen und albanischen Bergen. Die gesamten Verluste lagen knapp über 100.000 (13.755 Tote, 63.242 Verwundete [inklusive Erfrierungen] und 25.067 Vermisste, die meisten von ihnen Tote).

Die britische Entscheidung, in Griechenland einzugreifen, hatte also zu einem militärischen Desaster geführt. Unter geringen Verlusten hatte Hitler seine Südflanke abgesichert und England einen weiteren demütigenden Schlag versetzt. Andererseits musste er sein Unternehmen Barbarossa um einen Monat zurückstellen. England erwuchs außerdem ein politischer Vorteil: Die USA waren über den deutschen Überfall schockiert, und es entwickelte sich wegen der Hilfe für Griechenland eine pro englische Stimmung im Lande. Der US-Kongress billigte den Leih- und-Pacht-Vertrag, und die amerikanische Militärhilfe für England setzte ein.

Von Interesse im östlichen Mittelmeer blieb nur das Schicksal Kretas. Hitler entschied, dass die Insel unter Kontrolle der Achse kommen müsse. Noch ehe der Sieg auf dem Festland feststand, hatte er schon seine Kommandeure beauftragt, das Unternehmen Merkur, die Eroberung Kretas, vorzubereiten.

Das deutsche Oberkommando war weiterhin wegen der Royal Navy im östlichen Mittelmeer besorgt. Deshalb entschied man sich dafür, die Eroberung Kretas mit einer groß angelegten Luftlandeoperation zu starten. Die Planung übernahm General Kurt Student, einer der Pioniere des Luftlandekrieges und Kommandeur des XI. Fliegerkorps, welches aus der 7. Luftlandedivision (13.000 Fallschirmjäger) und einer Verstärkung durch drei Regimenter der 5. und 6. Gebirgsjägerdivisionen (9000 Mann) bestand.

Den Schutz des Luftraums übernahm das VIII. Fliegerkorps unter General Wolfram v. Richthofen, dem 228 Bomber, 205 Sturzkampfbomber, 119 einmotorige und 114 zweimotorige Jagdflugzeuge neben 50 Aufklärungsflugzeugen zur Verfügung standen. Die erste Welle der Fallschirmjäger sollte in 493 Ju-52-Transportflugzeugen und 72 Frachtenseglern transportiert werden, die Gebirgsjäger würden in weiteren Wellen folgen. Eine Flotte wurde zusammengestellt, die der Royal Navy trotzen und unter starker Sicherung aus der Luft die Artillerie und die restlichen Gebirgsjäger nach Kreta bringen sollte.

Obgleich die Briten über die deutschen Pläne durch Entschlüsselung des Funks genau orientiert waren, hatten sie in anderer Hinsicht ein definitives Problem. Die Inselbesatzung bestand aus 28.000 britischen und Commonwealth-Soldaten und zwei unterzähligen griechischen Divisionen von zusammen etwa 10.000 Mann. Die meisten der Briten waren kurz zuvor vom Festland herübergebracht worden und hatten deshalb weder schwere Waffen noch ausreichende Ausrüstung. Neben Artillerie und Tanks fehlten ihnen auch geeignete Flugabwehrgeschütze, ein Mangel, der sie teuer zu stehen kommen sollte. Noch schlimmer war, dass das kleine Air-Force-Kontingent gnadenlos von der Luftwaffe gejagt worden war. Am 19. Mai

OBEN:
General Kurt Student (kniend mit Landkarte), Oberkommandeur der deutschen Luftlandetruppen, bespricht mit Stabsoffizieren die Lage. In den ersten paar Tagen waren die deutschen Erfolge auf Kreta äußerst dürftig.

setzten sich die verbliebenen vier Hurricane- und drei Gladiator-Maschinen nach Ägypten ab, um der Zerstörung zu entgehen.

General Bernhard Freyberg war zum Befehlshaber der Briten in Kreta ernannt worden, doch blieb ihm kaum Zeit, sich mit seiner neuen Aufgabe vertraut zu machen. Dieser häufig verwundete und hoch dekorierte Veteran aus dem Ersten Weltkrieg verteilte seine Truppen entlang der Nordküste der Insel, um sowohl gegen eine Landung aus der Luft wie von der See her gewappnet zu sein. Die verlassenen Flugplätze wurden zwar verbarrikadiert, aber nicht zerstört, einmal, weil den Briten wenig Zeit blieb, zum anderen, weil sie die Absicht hatten, sie bald wieder zu benutzen.

Der Luftlandeangriff

Die drei Flugplätze von Maleme, Retimo und Heraklion entlang der Nordküste Kretas waren die Angriffsziele Students. Am Morgen des 20. Mai wurden die ersten Fallschirmjäger nach schwerem Bombardement abgesetzt, um die Flugplätze einzunehmen und die nahe gelegenen Hafeneinrichtungen zu sichern. Dann sollten sie auf Verstärkungen von der See her warten.

Die Briten waren bereit und töteten trotz ihres Mangels an Flugabwehrgeschützen zahlreiche Fallschirmjäger entweder beim Landen oder noch in der Luft. Am Ende des ersten Kampftages standen die Deutschen kurz vor der Vernichtung, obwohl Student laufend weitere Truppen absetzte, um die versprengten Fallschirmjägereinheiten bei ihren Versuchen, auf den Flugplätzen Boden zu gewinnen, zu verstärken. Lediglich in Maleme im Westen der Insel hatten die Deutschen Fortschritte erzielt, und General Student entschied, am nächsten Tag die letzten Reserven abzusetzen. Doch dann zog der Kommandeur der Neuseeländer, die den Flugplatz verteidigten, am Abend seine Truppen zur Umgruppierung zurück, weil er die Deutschen um Maleme stärker einschätzte, als sie tatsächlich waren.

RECHTS:
Ein mit einer MP-38/40-Maschinenpistole bewaffneter deutscher Fallschirmjäger stürmt vorärts. Die MP-38/40 war leicht und hatte eine hohe Feuerrate. Sie wurde von den Fallschirmjägern gern benutzt, doch zeigte sich auf Kreta ihre geringe Reichweite auf dem offenen Gelände.

UNTEN:
Die deutschen Fallschirmtruppen waren Eliteeinheiten, deren Verwegenheit und Härte im Kampf Hitler sehr gefielen.

Die Luftaufklärung überzeugte Student am Morgen des 21., dass er Maleme verstärken musste. Tagsüber setzte er seine Reserven von Fallschirmjägern ab, und am Nachmittag flog er ein Gebirgsjägerbataillon ein. Der Flugplatz war nun gesäubert und fest in deutscher Hand, sodass man aus dem Brückenkopf heraus an einen Angriff gegen die britischen und Commonwealth-Truppen denken konnte, sobald genügend Verstärkungen und Kriegsgerät an Land waren.

Rückzug der Royal Navy

Auf See hatte die Royal Navy den deutschen Luftangriffen getrotzt und versucht, die über den Seeweg kommende Invasionsarmee abzufangen. Aber zunehmende Verluste durch die Luftwaffe zwang sie schließlich am 24. Mai zum Abzug aus den Gewässern nördlich Kretas, was den Deutschen eine sichere Seeverbindung zur Insel bescherte.

Am 25. Mai gelang es der 5. Gebirgsjägerdivision aus dem Brückenkopf von Maleme auszubrechen und über Galatas nach Chania nahe des Marinehafens von Suda Bay vorzu-

OBEN:
Alliierte Transportschiffe brennen nach einem deutschen Bombenangriff in Suda Bay. Wie in Griechenland war auch in Kreta die Luftbeherrschung für den Sieg über die Alliierten entscheidend.

dringen. Inzwischen hatten die Deutschen fast 20.000 gut bewaffnete Elitesoldaten, die von starken Luftstreitkräften unterstützt wurden, auf Kreta. Zusätzlich trafen täglich Verstärkungen ein, sodass Freyberg zum Schluss kam, dass die Insel verloren sei, und am 26. Mai die Evakuierung seiner Truppen empfahl, womit man am folgenden Tag begann. Die Truppen aus Heraklion konnten ohne Probleme evakuiert werden, doch die im Westen der Insel liegende Hauptmacht musste über die Berge zum Hafen von Sfakia, die Deutschen zu Land und in der Luft auf den Fersen.

Eine kostspielige Evakuierung

Die Royal Navy musste wohl oder übel wieder in die feindlichen Gewässer um Kreta, um die britischen Truppen aufzunehmen. Admiral Cunningham signalisierte seiner Flotte: „Wir können die Army nicht im Stich lassen!“ Als ein Stabsmitglied auf die Gefahren hinwies, erwiderte er prompt: „Die Navy braucht drei Jahre, um ein Schiff zu bauen. Es bedarf aber 300 Jahre, um eine Tradition wieder aufzubauen.“ Vier Tage lang nahm die Navy so viele Leute wie eben möglich an Bord, wobei sie schwere Verluste durch Angriffe der deutschen Luftwaffe in Kauf nahm. Drei Kreuzer und sechs Zerstörer wurden versenkt und 13 andere Schiffe schwer beschädigt, darunter der Kreuzer *Orion,* der durch eine einzige deutsche Bombe 260 Tote und 280 Verwundete zu beklagen hatte.

Die Verluste der britischen und Commonwealth-Truppen auf Kreta beliefen sich auf 1742 Tote und Vermisste, 2225 Verwundete und über 11.000 Gefangene. Die Royal Navy verzeichnete fast 2000 Tote, genoss aber die Ehre, fast 18.000 Mann gerettet und zurück nach Ägypten gebracht zu haben.

Die Deutschen hatten erhebliche Verluste, die mit 4000 Toten die Gesamtzahl des gesamten Balkanfeldzuges überstiegen. Das Ausmaß der Verluste schockierte die Deutschen. General Student schrieb, dass Hitler „über die Sache höchst ungehalten gewesen“ sei. Dieser teilte Student mit, Kreta habe bewiesen, dass die Tage der Fallschirmjäger vorbei seien. Von da an wurden die deutschen Fallschirmjäger nicht mehr zu Luftlandeoperationen, sondern nur noch in Bodeneinsätzen verwendet.

Hitler nutzte die Eroberung Kretas nicht als Ausgangspunkt für neue Eroberungen im Mittelmeerraum. Die rumänischen Ölfelder waren nunmehr zwar vor den Angriffen der britischen Luftwaffe geschützt, jedoch nur vorübergehend. Schon zwei Jahre später begannen amerikanische Langstreckenbomber vom Typ B-24 Hitlers kostbare Ölfelder in Rumänien zu zerstören.

KAPITEL ZEHN

TRIUMPH DES WÜSTENFUCHSES

Nach ihren dramatischen Erfolgen 1940 in Nordafrika hofften die Briten auf weitere Siege. Doch im folgenden Jahr erhielten sie einen neuen Gegner: Erwin Rommel, den „Wüstenfuchs".

Im Dezember 1940 überlegte Hitler, wie er seinem Verbündeten in Nordafrika helfen könne. Das X. Fliegerkorps richtete Ende des Monats Luftstützpunkte auf Sizilien ein, die eigentlich für den Schutz von Operationen der Achse im Mittelmeerraum vorgesehen waren. Die Vernichtung der italienischen 10. Armee im Winter 1940/41 durch Wavell machte aber eine direkte deutsche Intervention notwendig. Am 11. Januar 1941 gab Hitler die Direktive 22 heraus, die die Bildung und den Einsatz eines Sonderkommandos für Nordafrika anordnete. Dieses Kommando sollte die Briten am weiteren Vormarsch nach Tripolis hindern. Zu dieser Zeit hatte das Oberkommando des Heeres kein Interesse daran, Angriffsoperationen in Libyen zu starten, doch der Kommandeur dieser Einheit hatte andere Pläne.

Generalleutnant Erwin Rommel landete am 12. Februar in Tripolis. Seine eindrucksvollen Leistungen als Führer der 7. Panzerdivision in Frankreich hatten ihm die Bewunderung Hitlers und ein selbstständiges Kommando über die deutschen Bodentruppen in Nordafrika eingebracht. Nachdem er sich bei dem neuen italienischen Oberbefehlshaber in Libyen, General Gariboldi, vorgestellt hatte, verschaffte er sich umgehend durch Luftaufklärung persönlich ein Bild von der Situation der Achsenmächte in Nordafrika.

Leutnant Heggenreiner, ein deutscher Verbindungsoffizier zu den Italienern, hatte Rommel in einem Memorandum von der schlechten Kampfmoral der Italiener unterrichtet. Rommel vermerkte, dass Heggenreiner einige sehr unschöne Begebenheiten während des fluchartigen Rückzuges erwähnte. „Italienische Truppen warfen Waffen und Munition weg und klammerten sich an überladene Fahrzeuge, nur um nach Westen wegzukommen. Die Moral war in allen Militärkreisen in Tripolis auf dem Tiefpunkt. Die meisten italienischen Offiziere hatten schon ihre Bündel geschnürt und hofften auf eine baldige Rückkehr nach Italien." Wenn dies auch etwas übertrieben gewesen sein mag, zeigte Rommel in seinen Kommentaren doch die pessimistische Rechtfertigungsmentalität der Italiener.

Rommel übernimmt

Die italienische Armee in Libyen bestand jetzt aus fünf schlecht ausgerüsteten Divisionen, von denen eine, die Ariete-Division, über 60 leichte Tanks verfügte. Die Mutlosigkeit im italienischen Lager bezüglich des Wüstenkrieges war zu diesem Zeitpunkt so stark ausgeprägt, dass Rommel Probleme hatte, Gariboldi zum Aufbau einer vorgeschobenen Verteidigungslinie bei Sirte, direkt vor die Spitzen der Briten bei El Agheila, zu überreden.

GEGENÜBER:
Ein deutscher Soldat überwacht mit einem stereoskopischen Binokular das Gelände. Die Wüsten Nordafrikas waren für die deutschen Streitkräfte ein völlig neues Operationsgebiet, doch passten sie sich den neuen Bedingungen bemerkenswert schnell an.

OBEN:
Bei seiner Ankunft in Tripolis begrüßt Rommel mit seinem formellen Vorgesetzten, General Gariboldi, italienische Offiziere. Rommel verlor keine Zeit damit, sich seine Unabhängigkeit von der italienischen Befehlskette zu sichern.

Obwohl Rommel formell unter dem italienischen Oberbefehl Gariboldis stand, hatte er das Recht, sich direkt an das OKH zu wenden, wenn er seine Soldaten durch einen italienischen Befehl gefährdet sah. Noch delikater wurde die Kommandostruktur dadurch, dass Rommel die motorisierten italienischen Verbände befehligte. Und er arbeitete von Anfang an unabhängig, ignorierte die Anordnungen seiner italienischen Vorgesetzten und manchmal selbst die des OKH.

Zwei Tage nach Rommels Eintreffen wurden die Panzerkampfwagen des 3. Aufklärungsbataillons, einer Art Vorhut der 5. leichten Division (im Oktober 1941 in 21. Panzerdivision umbenannt), in den Docks von Tripolis ausgeladen. Dies war der Anfang des berühmten Deutschen Afrika-Korps (DAK), welches offiziell ab 19. Februar 1941 existierte. Der Rest der 5. leichten Division sollte Mitte April eintreffen. Die Rommel ebenfalls zugesagte 15. Panzerdivision würde dagegen nicht vor Ende Mai einsatzbereit sein. Aber schon Anfang März war ein kleinerer Kampfverband, der Offensivoperationen durchführen konnte, mit dem 5. Panzerregiment eingetroffen, die nun zusammen mit dem gut ausgerüsteten Aufklärungsbataillon über 105 mittelschwere und 51 leichte Tanks verfügte.

Zur Unterstützung der Bodentruppen stellte die Luftwaffe einen Jagdschutz, 20 mittlere Bomber und 50 Sturzkampfbomber. Weitere Hilfe konnte vom X. Fliegerkorps in Sizilien abgerufen werden. Innerhalb der nächsten Monate sollte Rommel weitere Luftstreitkräfte aus Europa erhalten. So war die Luftüberlegenheit der Deutschen über die Briten garantiert.

Erste deutsche Operationen

Mit den ihm zur Verfügung stehenden Kräften wollte Rommel die Stärke der feindlichen Stellungen um El Agheila testen. Am 24. Februar kam es zum ersten Kontakt mit den Briten, deren schwache Reaktion Rommel sagte, dass man eine breitere Offensive wagen könne. Die britische Position in der Cyrenaika war schlechter, als sie auf den ersten Blick schien. Die kampferprobten Einheiten der Offensive Wavells waren gegen unerfahrene ausgetauscht worden: Die 6. australische Division war durch die 9. ersetzt worden und die 7. Panzerdivision wurde abgezogen. Die Lücke ließ sich keineswegs mit der 2. Panzerdivision schließen, die in kritischer Unterbestzung über keine Erfahrungen im Wüstenkrieg verfügte. O'Connor war zum Middle East Command versetzt worden, und der neue Kommandeur, Lieutenant-General Philip Neame, konnte seinem Vorgänger nicht das Wasser reichen.

Zusammen mit der motorisierten italienischen Ariete-Division schlug das neue Afrika-Korps am 24. März zu. Die Briten wichen ungeordnet zurück. Daraus schlug Rommel Kapital, indem er in gleich drei Stoßkeilen vorrückte, was seine Gegner zusätzlich verwirrte. Um Einkreisungen zu vermeiden, setzten sich die Briten schleunigst nach Gazala ab. Die Gefangennahme der Generäle Neame und O'Connor wurde dadurch jedoch nicht verhindert. (Letzterer war zurückbeordert worden, als sich die Situation verschlechterte.)

Der Stabswagen mit Neame und O'Connor wurde am 7. April von einer deutschen Patrouille in der Nähe von Derna abgefangen. O'Connors Gefangennahme war für die Briten ein herber Verlust. Sein sarkastischer Kommentar darüber: „Es war ein Schock für mich. Ich hätte nie gedacht, dass mir so etwas passieren könne. Vielleicht etwas überheblich fuhren wir Meilen hinter unserer eigenen Front in einen Teil der Wüste, in den die Deutschen zu unserem Pech ein Aufklärungskommando geschickt hatten. Wir liefen ihm prompt in die Arme."

Das Afrika-Korps umzingelte am 11. April Tobruk, und Rommel befahl sofort einen Angriff, um den Hafen einzunehmen, ehe die Briten eine effektive Verteidigung aufbauen konnten. Die Angriffe misslangen, und die Achsenkräfte mussten sich auf eine konventionelle Belagerung einrichten, die 242 Tage dauern sollte. Unter dem Kommando des zähen australischen Major-Generals Leslie Morshead („Ming the Merciless") bestand die Garnison aus einer gemischten Streitmacht australischer Infanterie (9. Infanteriedivision sowie eine zusätzliche Brigade), unterstützt von britischer Artillerie, Flugabwehrgeschützen und Pionieren sowie einigen Matilda-Tanks des Royal Tank Regiments. Morshead unterstrich seine Einstellung, indem er erklärte: „Hier wird es kein Dünkirchen geben! Wenn wir hier herausmüssen, werden wir uns den Weg freikämpfen. Keine Kapitulation, kein Rückzug!"

Tobruk wird belagert

Der deutsche Misserfolg beim Versuch, Tobruk rasch zu überrollen, war für Rommel höchst ärgerlich. Er fand sich widerstrebend damit ab, die Verteidiger durch Artillerie und

UNTEN:
Im Dämmerlicht ziehen australische Truppen in den Kampf. Australische, neuseeländische, südafrikanische und indische Truppen hatten großen Anteil an den britischen Operationen in Nordafrika.

Luftangriffe niederkämpfen zu müssen. Für die Verteidiger wurden die deutschen Bomberangriffe zum ständigen Merkmal des Lebens in der Festung. Die Belagerung fand in einer Zeit des Aufstiegs der Luftwaffe statt, in der die RAF, anderswo in Anspruch genommen, keine Stützpunkte in Reichweite Tobruks hatte. Die Stuka-Angriffe waren bei den Bodentruppen besonders gefürchtet. Der Kanonier L. E. Tutt beschrieb seine Eindrücke bei einem solchen Angriff:

Eine unangenehme Unterbrechung des Tagesablaufs war der gelegentliche Stuka-Angriff auf die Stellung. Da kamen Tiefdecker-Maschinen, fast plump anzusehen. Sie schienen ziemlich langsam zu fliegen, bis sie in den Sturzflug abkippten. Sie kamen herunter wie ein Stein, behielten ihren Kurs bei, bis es so aussah, dass sie in ihr Ziel stürzten, und zogen mit einer solchen Abruptheit hoch, dass man schon die Tragflächen abbrechen sah.

Bei den Angriffen fühlte man sich als das einzige Ziel. Man konnte sehen, wie sich die Bomben aus den Halterungen lösten, etwas trudelten und sich mit zunehmender Geschwindigkeit ausrichteten. Wir wurden aufgefordert, auf die Maschinen mit unseren Gewehren zu schießen, was uns wohl nur moralisch helfen sollte. Ich sah einen von der Bofors abgeschossenen Stuka. Die Panzerung um den Piloten war für Gewehrkugeln viel zu stark.

Trotz intensivster Anstrengungen von Luftwaffe und Bodentruppen wankten die Verteidiger nicht, sondern wiesen alle Angriffe der Achse zurück. Das Leben in der Garnison war hart: Die ständigen Artillerie- und Bombenangriffe mussten in der Sommerhitze bei Wasser- und Verpflegungsmangel ertragen werden. Eine Reihe nächtlicher Seetransporte durch die Royal Navy hielt zwar die Versorgung mit Munition und dem Notwendigsten aufrecht, aber aller Luxus war gestrichen. Die rauhen Bedingungen erzeugten wie immer Bereitschaft zu erhöhter Kameradschaft, die die Männer miteinander verband und zu harten Gegnern machte.

Abzug der Australier

Im August forderte die australische Regierung die britische auf, die australischen Truppen aus Tobruk abzuziehen. Trotz der Probleme der Räumung einer belagerten Stadt auf dem Seewege konnte die Marine die Operation bis Ende September erfolgreich beenden. Für die britischen Kommandeure wurde die Haltung der Commonwealth-Regierungen zum ständigen Problem, weil diese das Recht hatten, ihre Kontingente jederzeit abzuziehen. Die Desaster der Australier und Neuseeländer in Griechenland und Kreta hatten bei beiden Regierungen sowie bei einigen ihrer Truppenkommandeure Zweifel an der britischen Führung aufkommen lassen. Dies war den Briten zu Ohren gekommen, sodass das Oberkommando beim Einsatz von Commonwealth-Truppen besonders umsichtig sein musste.

Die Australier wurden in Tobruk von der britischen 70. Division unter dem Befehl von Major-General R. M. Scobies ersetzt. Dieser übernahm auch das Kommando über die Garnison. Mit den Briten kam eine Brigade Polen, ein tschechisches Bataillon und danach zwei neuseeländische Bataillone. Diese Ver-

RECHTS:
Mit seiner 5-cm-Kanone konnte der deutsche PzKpfw III Ausf. G leichte Panzerwagen ausschalten. Er war weit wendiger als die schweren Tanks der britischen Armee. Vor ihrem Einsatz in Nordafrika wurden die deutschen Panzer speziell für die Tropen umgebaut.

Panzer III Ausf. G
Deutschland

stärkung war nicht nur als Ersatz für die Australier, sondern auch für einen Ausbruch zur Vereinigung mit einer britischen Entsatzarmee aus Ägypten vorgesehen.

Der Einmarsch der Achsenmächte in die Cyrenaika im Frühjahr 1941 hatte die Briten aus Libyen geworfen, sodass jeder Versuch, Tobruk zu entsetzen, zu einer größeren Schlacht mit den Deutschen, die sich an der libysch-ägyptischen Grenze verschanzt hatten, führen musste. Rommel hatte die 15. Panzerdivision und die italienischen Divisionen Trento und Brescia als Verstärkung erhalten.

Erwin Rommel

Rommels kühne Planung brachte ihm den Respekt seiner Offizierskollegen, sein Führungsstil die Bewunderung der Männer des Afrika-Korps ein. Major von Mellenthin, der die meiste Zeit des Afrika-Feldzugs hindurch einer seiner Stabsoffiziere war, lernte ihn gut kennen. Er beschrieb Rommels Qualitäten folgendermaßen:

Er war meines Erachtens der ideale Kommandeur für den Wüstenkrieg. Seine Gewohnheit, „von der Front" aus zu führen, sprach manchmal gegen ihn. Entscheidungen für die Gesamtarmee wurden manchmal über Gebühr vom lokalen Erfolg oder Misserfolg beeinflusst. Andererseits konnte er durch seine Anwesenheit an den Brennpunkten – und er hatte ein unheimliches Geschick, stets zum rechten Zeitpunkt am rechten Ort aufzutauchen – seine Pläne stets neuen Situationen anpassen, was bei den wechselhaften Ereignissen in der Libyschen Wüste außerordentlich wichtig war. Beim Planen einer Operation war er überlegt und sorgfältig. Auf dem Schlachtfeld entschied er spontan und verwegen, indem er die Chancen einer wagemutigen Aktion im Auf und Ab der Schlacht klug abwog. Was ich am meisten an ihm bewunderte, war sein Mut, sein Einfallsreichtum und seine unerschütterliche Zielstrebigkeit unter ungünstigsten Verhältnissen.

Rommel und seine Soldaten verstanden einander. Es war wie ein göttliches Geschenk, das man weder genau erklären noch analysieren kann. Wie die Schlacht auch lief, seine Männer folgten ihm loyal überall hin, wohin auch immer er sie führte und wie hart auch immer er sie antrieb.

Die Reaktion der Briten

Der Verlust Libyens war für die Briten eine böse Überraschung. Alle verfügbaren Kräfte wurden schnellstens an die Grenze verlegt, um einem Einmarsch der Deutschen nach Ägypten zu begegnen. Doch vor einer Einnahme Tobruks mit seinem wichtigen Hafen glaubte Rommel nicht nach Osten vorrücken

OBEN:
Ein Blick auf Sollum von der Libyschen Hochebene aus. Man sieht die Küstenstraße von Tripolis nach Alexandria. Auf Terrain wie diesem wurden die meisten der Kämpfe des Wüstenfeldzugs ausgetragen.

RECHTS:
Ein deutscher Soldat sucht neben einem MG-34, das der Flugabwehrfunktion angepasst ist, den Himmel ab. Unter Kampfbedingungen wurden die Tropenhelme der Soldaten beider Seiten bald durch praktischere Kopfbedeckungen ersetzt.

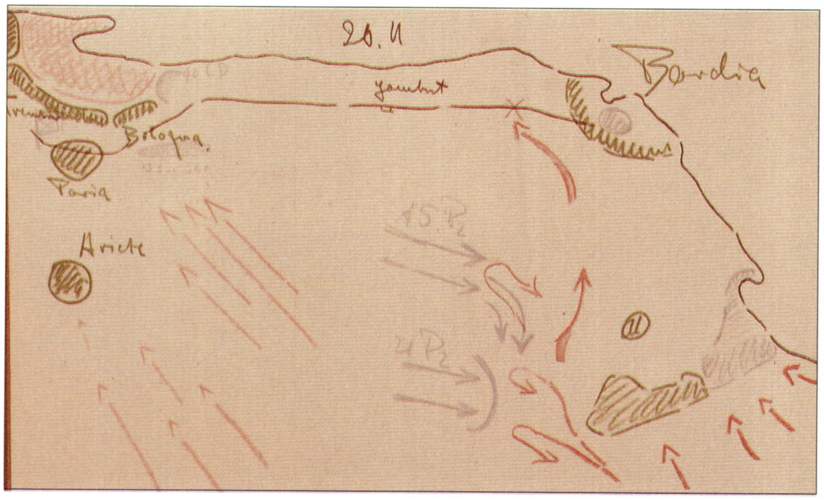

UNTEN:
Eine Lagekarte, die Rommel während der Operation Crusader, der britischen Offensive gegen Libyen, zeichnete.

zu können. Damit überließ er den Briten die Initiative. In London verlangte der Premierminister die entschlossene Wiedereroberung des verlorenen Territoriums und den Entsatz Tobruks. Bis Mai 1941 hatte Wavell das XIII. Korps (Lieutentant-General Sir Noel Beresford-Peirse), bestehend aus der 4. indischen Division, der neu aufgestellten 7. Panzerdivision und der 22. Gardebrigade, gebildet.

Wavell war mit dem Status seiner Truppen unzufrieden und hatte keinerlei Lust auf eine Offensive gegen das Afrika-Korps. Solches Zaudern gefiel Churchill, der weiterhin auf aggressive Aktionen drängte, nicht. Im Mai willigte Wavell schließlich ein und stellte zum Schutz des taktisch wichtigen Halfaya-Passes und der Stützpunkte um Fort Capuzzo und Sollum eine gemischte Truppe aus Panzern und Infanterie unter Brigadier Gott auf. Unter dem Decknamen Operation Brevity hoffte man hier auf einen Erfolg, aus dem sich eine libysche Offensive mit Entsatz Tobruks entwickeln könnte.

Nach einigen Anfangserfolgen wurden die Briten gestoppt. Der folgende deutsche Gegenangriff warf sie über die Grenze zurück.

Am 27. Mai eroberten die Deutschen den Halfaya-Pass zurück und bauten ihre Stellungen auf Rommels Drängen hin gegen einen späteren britischen Angriff aus. Am nächsten Tage funkte Wavell dem britischen Oberkommando eine detaillierte Liste, in der die Mängel an Waffen und Ausrüstung der Briten in Afrika aufgeführt wurden:

Unsere Tanks sind zu leicht gepanzert, um Angriffen feindlicher Kampfflugzeuge standzuhalten. Darüber hinaus sind sie ohne Geschütz den deutschen achträdrigen Panzerkampfwagen an Bewaffnung und Geschwindigkeit unterlegen. Das macht die Aufklärung zum Problem. Unsere Schützenpanzer sind definitiv zu langsam für den Kampf in der Wüste und haben erheblich unter den wirkungsvollen deutschen Panzerabwehrkanonen [8,8 cm] gelitten. Unsere Kreuzer-Panzer haben gegenüber den deutschen kaum Vorteile hinsichtlich Bestückung und Geschwindigkeit. Außerdem sind die technischen Ausfälle noch zu hoch. Wir können uns nicht wie gegen die Italiener mit ruhigem Gewissen bei zahlenmäßiger Unterlegenheit auf eine Schlacht einlassen. Dies macht eine angemessene Versorgung mit Panzerverstärkungen und entsprechenden Reserven erforderlich.

Wavells versäumte es verständlicherweise herauszustellen, dass eine Hauptursache des Versagens der Briten in der mangelnden Taktik zu suchen war, wozu sich noch der Mangel an Kooperation verschiedener Waffengattungen im Kampf gesellte. Die Deutschen hatten sich sofort auf die Wüstenbedingungen eingestellt. Die viel erfahreneren Briten waren hierin insgesamt schwerfälliger.

Schlechte britische Organisation

Die Briten verfügten über das 3,7-Zoll-Flugabwehrgeschütz, das – wie die deutsche „88er" – wirkungsvoll gegen Panzerfahrzeuge einsetzbar war. Doch im Gegensatz zu den Deutschen taten sie es nicht. Bei der Bergung von ausgefallenen oder beschädigten Panzern konnten die Briten ebenfalls von den Deut-

UNTEN:
Britische Stabsoffiziere bereiten in einem behelfsmäßigen Hauptquartier, einem unterirdischen Schacht nahe Bardia, Befehle vor.

OBEN:
Italienische Panzersoldaten erhalten vor ihren mittleren M13/40 von einem Offizier Anweisungen. Der M13/40 besaß am Turm eine 47-mm-Kanone, war im Kampf aber nicht besonders effizient, da er beengt und unzuverlässig war und bei Treffern durch Panzerabwehrgeschosse leicht Feuer fing.

schen lernen. Letztere verfügten direkt hinter der kämpfenden Truppe über Rettungs- und Reparaturkommandos, welche ausgefallene Panzer mit minimaler Verzögerung reparierten. Die Briten dagegen schickten ihre defekten Fahrzeuge grundsätzlich zu rückwärtigen Basen, von denen sie erst zurückkamen, wenn die Schlacht verloren war.

Operation Battleaxe

Im Juni bereiteten die Briten eine neue Offensive (die „Operation Battleaxe") vor. Der britische Plan sah einen Frontalangriff durch die 7. Panzerdivision auf den Halfaya-Pass und gleichzeitig einen Flankenangriff auf Fort Capuzzo und die Hafia-Kette vor. Die Briten hatten mit dem „Tiger"-Schiffskonvoi, der nach vielen Verlusten durch deutsche Angriffe nach Ägypten durchgekommen war, eine beachtliche Anzahl Panzer bekommen. Zum Pech für die Briten hatte Rommel die deutschen Linien mit eingegrabenen und getarnten 8,8-cm-Geschützen gesichert, welche die Panzerung der schweren Matilda-Panzer mit Leichtigkeit durchschossen. Und solche Panzer der 4. Brigade sollten die deutschen Linien angreifen. Die 7. Panzerbrigade war mit dem neuen mittleren Cruiser Mark IV, frisch aus der Fabrik, ausgerüstet. Den Mannschaften war keine Zeit geblieben, sich mit ihren neuen Fahrzeugen vertraut zu machen.

Am 15. Juni griffen die Briten mit der 4. indischen Infanteriedivision bei Halfaya an, während die zwei Brigaden der 7. Panzerdivision durch die Wüste vorstießen. Der Angriff auf Halfaya wurde zurückgeschlagen und die Briten mussten sich zurückziehen. Der deutsche Widerstand war überall entschlossen. Fort Capuzzo fiel kurzzeitig in die Hand der Briten, die aber durch einen Gegenangriff schnell wieder zurückgeworfen wurden. Rommel sah die Gelegenheit, das Gros des XIII. Korps gefangen zu nehmen, was jedoch misslang, weil sich die Einheit rechtzeitig zurückzog. Obwohl die britischen Verluste nicht allzu hoch waren – etwa 1000 Tote,

Verwundete und Vermisste –, wurden von den 180 eingesetzten Panzern etwa. 100 zerstört (Rommel gab seine Verluste mit 12 Panzern an). Dies war eine demütigende Schlappe.

Die gefürchtete „88er“

In der Operation Battleaxe wurde das 8,8-cm-Flakgeschütz zum ersten Mal in Nordafrika eingesetzt – die britischen Panzereinheiten sollten dessen hohe Wucht immer mehr respektieren. Rommel hatte die britischen Tanks in seine Panzerabwehrfalle gelockt und zerstört. Damit konnten die deutschen Panzer gegen die Reste der Briten vorgehen und dann die schlecht geschützte britische Infanterie nach Belieben auseinander nehmen. Diese Taktik haben die Deutschen im Wüstenfeldzug mehrfach angewandt. Den Briten ist dies selten gelungen.

Als Konsequenz aus der Niederlage wurde Wavell am 21. Juni durch General Sir Claude Auchinleck, einen hoch angesehenen Offizier der indischen Armee und einen der wenigen höheren Offiziere, deren Ruf im Norwegen-Feldzug nicht gelitten hatte, ersetzt. Der Kommandowechsel zog auch organisatorische Veränderungen nach sich, nicht zuletzt die Aufstellung der 8. Armee als Ersatz für die Western Desert Force. Neuer Kommandant sollte Lieutenant-General Sir Alan Cunningham werden, der erst kurz zuvor die Italiener in Abessinien besiegt hatte. Auchinleck und

LINKS:
Ausgeschaltete britische Matilda-II-Schützenpanzer. Der Matilda war zwar langsam und unterbestückt, jedoch schwer gepanzert, was ihn für die meisten damaligen Panzerabwehrkanonen der Achse unverwundbar machte. Doch die deutsche 8,8-cm-Hochgeschwindigkeits-Flugabwehrkanone durchschlug die Panzerung leicht, und während der Operation Battleaxe wurden viele Matildas von „88ern“ ausgeschaltet.

Cunningham standen ständig unter Churchills Druck, eine neue Offensive zu starten, doch waren sie nach den Desastern der beiden Operationen Brevity und Battleaxe entschlossen, zunächst eine überlegene Truppenstärke in der Wüste aufzubauen.

Deutsche Verstärkungen

Während dieser Kampfpause verstärkten und reorganisierten auch die Deutschen ihre Kräfte. Die 15. und 21. Panzerdivision wurden durch die mechanisierte 90. Leichte Division verstärkt, von der sich Teile schon in Afrika befanden. Sie bestand aus einem Regiment Panzergrenadieren und drei motorisierten Infanterieregimentern, eins davon mit Deutschen aus der französischen Fremdenlegion. Mit dem Eintreffen des italienischen XX. und XXI. Korps und der Savona-Division wurde die Panzergruppe Afrika gebildet, die das Afrika-Korps umfasste.

Während die Deutschen warteten, bereiteten die Briten ihren Angriff vor. Als Operation Crusader sah der britische Plan eine größere Panzeroffensive durch das XXX. Korps (Lieutenant-General Willoughby Norrie), das in einer Umgehungsaktion durch die Wüste die Panzer der Achse zerstören und Tobruk entsetzen sollte, vor. Das XIII. Korps unter Lieutenant-General A. R. Godwin-Austen sollte als Infanterieeinheit am Küstenstreifen entlang an den Stellungen der Achse um Halfaya und Sollum vorbei in Richtung Tobruk vorstoßen und sich mit dem XXX. Korps vereinigen.

Auchinleck hatte höchste Geheimhaltung angeordnet, sodass die Deutschen der Vorbereitungen der Offensive durch die 8. Armee nicht gewahr wurden. Am 18. November 1941 stießen die britischen Tanks in die Wüste vor. Ein Nachrichtenoffizier des XXX. Korps, R. H. Dahl, beschrieb den Anblick des Panzeraufmarsches: „Wir starrten auf die Fahrspuren der weit auseinander gezogenen Fahrzeuge, die – so weit das Auge reichte – ihre Fahnen aus Wüstensand hinterließen. Ich war von meinem ersten Eindruck von der Kraft des Krieges überwältigt."

Die Deutschen reagierten in ihrer Überraschung langsam und unsicher. Zunächst nahm Rommel an, dass es sich bei der Panzeroffensive nur um Aufklärung handle. Der Vormarsch des XXX. Korps verlief ungestört, bis man am 19. November auf die Division Ariete bei Bir el Gubi und die deutschen Stellungen um den Flugplatz bei Sidi Rezegh stieß. Hier wurde der britische Vormarsch gestoppt. Am folgenden Tag starteten die Deutschen – nun völlig im Bilde – mit der 15. und 21. Panzerdivision einen Gegenan-

UNTEN:
Ein italienisches Flugabwehrgeschütz in Nordafrika in Aktion. Die italienische Armee besaß einige gute Artilleriegeschütze, doch zu wenige davon. Auch mangelte es an Munition.

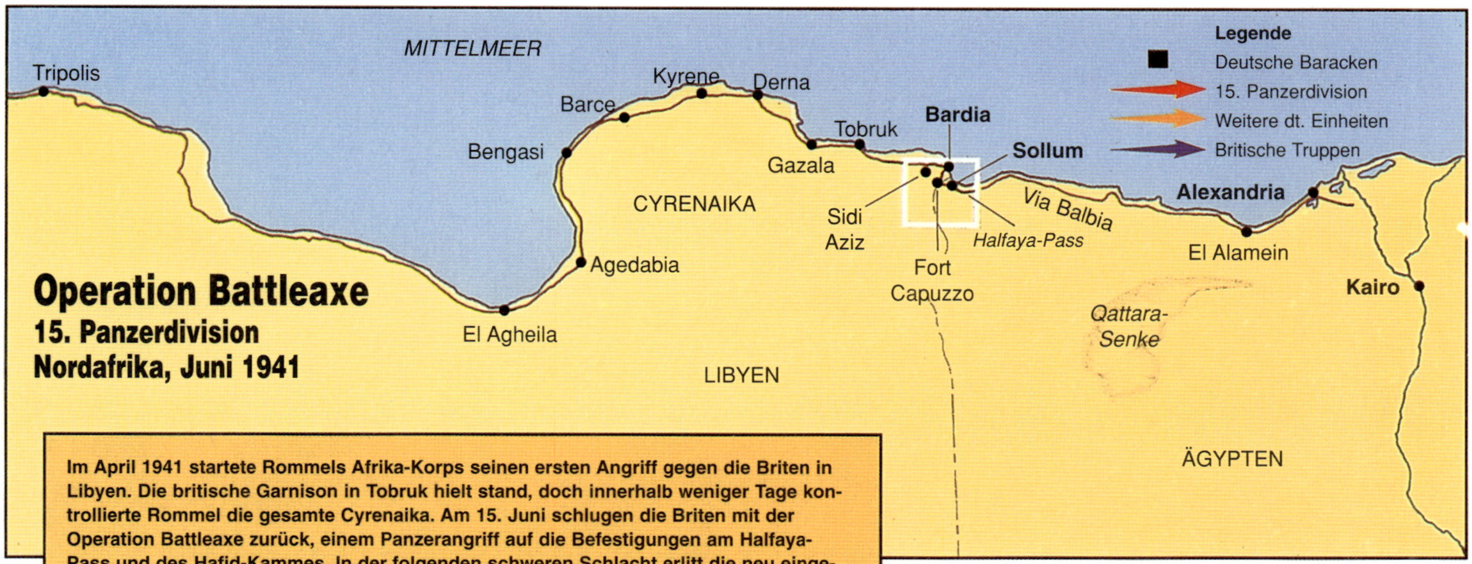

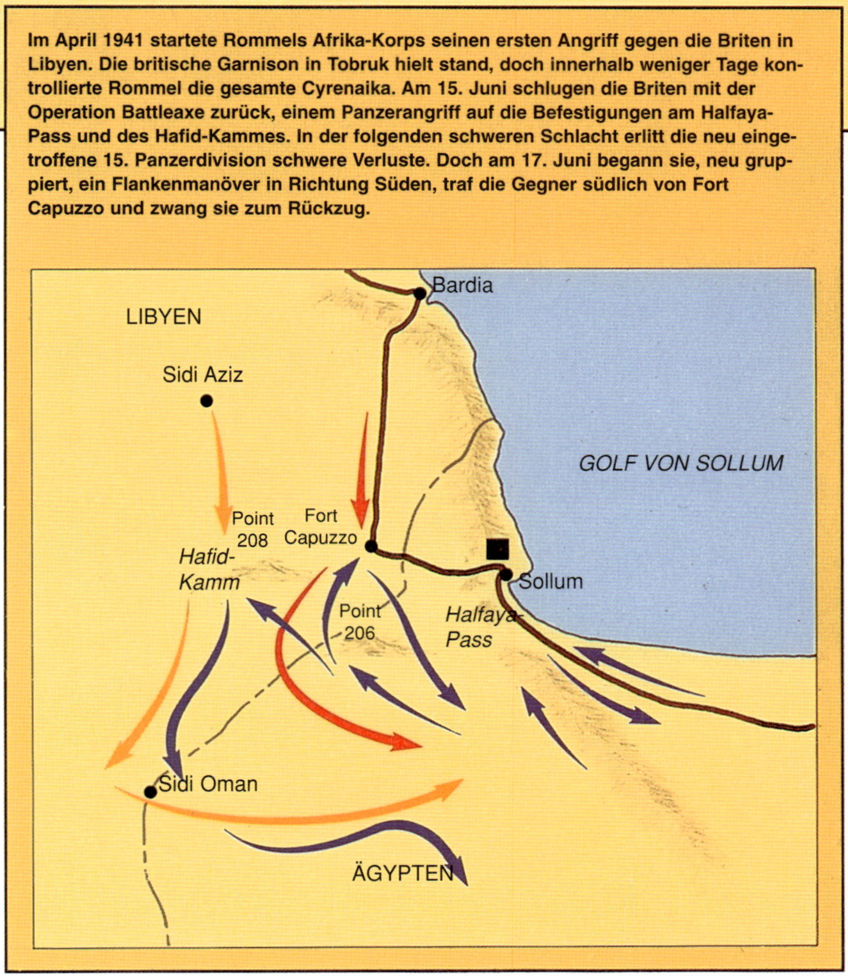

griff gegen das XXX. Korps. Es war ein außerordentlich unübersichtliches Gefecht, in dessen Verlauf das Kriegsglück ständig von der einen zur anderen Seite wechselte.

Die härtesten Gefechte gab es um Sidi Rezegh. Bob Sykes, ein Besatzungsmitglied eines leichten M3-Stuart-Tanks, sah sich in einem gewaltigen Panzer-Handgemenge, in dem beide Seiten um die Herrschaft über das Flugfeld kämpften:

Ich kann das Durcheinander dieses Panzerkampfes kaum beschreiben. Wir standen hier, dort, überall. Ich wechselte von Tank zu Tank, raus zum Atemholen und Nachschub fassen, und wieder rein. Ich weiß nicht, wer da Buch führte, aber wir verloren eine Menge Ausrüstung und Leute. Mit unseren leichten Tanks fuhren wir ständig raus und rein in die Schlacht, immer dorthin, wo die Luft am dicksten war. Mit unserer Taktik rammten wir den Rücken der deutschen Panzer, wo sie schwach gepanzert waren, und zerstörten auf diese Weise die Motoren. Der Lärm, die Hitze und der Staub waren unerträglich.

Wir bildeten die Deckung für das 8. RTR (Royal Tank Regiment), das mit schwereren Panzern vor uns stand, als der Feind plötzlich hinter

OBEN:
Rommel beobachtet durch einen Feldstecher den Vormarsch seiner Truppen. Hier sieht man ihn in einem Kübelwagen, doch benutzte er auch ein leichtes Flugzeug und sein persönliches Halbkettenfahrzeug, den „Greif", um sich über die Ereignisse an der Front zu informieren.

OBEN:
Australische Infanterie besetzt Frontstellungen im Umkreis Tobruks. Die Verteidigung und Entsetzung Tobruks bildete 1941 einen Schlüsselfaktor der britischen Strategie.

uns auftauchte und uns in eine wilde Schlacht auf einige hundert Meter verwickelte. Wir wehrten den Angriff schließlich ab und konnten dem 8. Royal Tank Regiment wieder helfen. Später wurde die Einheit überrollt und wir mussten wegen Sprit- und Munitionsmangels zurück.

„Crusader“ ist entschärft

In der zweitägigen Schlacht hatten die Deutschen den Vormarsch des XXX. Korps aufgehalten und seine Offensivkraft gebrochen. Der einzige Hoffnungsschimmer für die Briten lag nun im Vorstoß des XIII. Korps. Während die 4. indische Division die Truppen der Achse zwischen Sollum und Sidi Omar band, marschierte die neuseeländische Division zügig in Richtung Tobruk. Aber darin lag die Gefahr: Sollte das Afrika-Korps nach Norden abschwenken, wären die Neuseeländer vernichtet worden. Dies war ein kritischer Moment für die Briten.

Cunninghams anfänglicher Optimismus war restlos verflogen. Unter dem Stress des Kommandos erwog er sogar einen vollständigen Rückzug. Auchinleck flog von Kairo zur Besprechung mit seinen Generälen an die Front. Als er sah, wie angeschlagen Cunningham war, übernahm er selbst das Kommando. Obwohl die 8. Armee übel zugerichtet war, war sie nicht geschlagen. Auchinleck war klar, dass auch die Deutschen erhebliche Verluste erlitten hatten.

Während er noch dabei war, die britische Situation zu analysieren, nahmen die Dinge eine neue Wendung. Anstatt die Schlacht bis zur Vernichtung des XXX. Korps weiterzuführen, lenkte Rommel seine Truppen direkt nach Westen, um die Briten an der Grenze von ihrer Versorgung abzuschneiden. Rommels Vorstoß zur Grenze erwies sich als ein kostspieliger Fehler. Unter Auchinlecks Führung hielten die Briten stand. Die Truppen der Achse wurden zurückgeschlagen und mussten sich wegen Mangel an Nachschub zurückziehen, um zu vermeiden, dass das XIII. Korps nach Tobruk durchkam.

Cunningham wird ersetzt

Obwohl die Deutschen weiterhin ungeschlagen waren, wandte sich das Kriegsglück nun den Briten zu. Auchinleck entschied sich für die Fortsetzung der Offensive. Sein Vertrauen in Cunningham war verloren. Er entzog ihm am 26. November widerwillig das Kommando und übertrug es seinem stellvertretenden Stabschef Lieutenant-General Neil Ritchie.

Der Schwerpunkt der Kämpfe verlagerte sich zurück nach Sidi Rezegh und dem Tobruk-Belagerungsring. Der deutsche Vorstoß zur Grenze hatte dem XXX. Korps Zeit zur Erholung gegeben. Danach griff es wieder in die Kämpfe ein. In der ersten Dezemberwoche fochten die Deutschen verzweifelt, um die Briten aus ihren vorgeschobenen Stellungen vor Tobruk zu vertreiben. Am 7. Dezember gingen Rommel der Treibstoff und die Munition aus und er entschloss sich, seine weitgehend intakten Truppen lieber zurückzuziehen, als ihre Vernichtung im Zuge der weiteren Schlacht zu riskieren. Am 10. Dezember wurde Tobruk entsetzt. Im Rest des Monats zogen sich die Deutschen geschickt aus der Cyrenaika zurück. Die britische Verfolgung wurde durch schlechtes Wetter und Erschöpfung der Truppen gehemmt.

Die Streitkräfte der Briten und Achsenmächte waren etwa gleich stark gewesen, etwa je 110.000 Mann. Die Verluste der Briten waren geringer: etwa 18.000 gegenüber 38.000 bei den Achsenmächten, von denen viele beim Rückzug in Gefangenschaft gerieten. Die Operation Crusader hatte zum Entsatz Tobruks geführt, und Auchinleck hatte die Deutschen aus der Cyrenaika geworfen. Doch sein Sieg war nicht entscheidend, denn das Afrika-Korps hatte überlebt und war im Januar 1942 in der Lage, mit Verstärkungen wieder loszuschlagen.

Vor Beginn der neuen Offensive hatte Hitler am 2. Dezember 1941 die Direktive 38 herausgegeben, die eine einheitliche Kommandostruktur aller Achsenkräfte im Mittelmeerraum und in Nordafrika vorsah. Das zwischen Deutschen und Italienern aufgekommene Gezänk hatte die Schlagkraft der Achse gefährdet. Zur Beseitigung der Differenzen musste etwas geschehen, dem sich auch Rommel anschließen konnte. Generalfeldmarschall Albert Kesselring, einstiger Artillerist und Luftwaffenkommandeur, wurde zum Oberbefehlshaber Süd (OBS) ernannt.

Kesselrings Mandat

Kesselring sollte drei Ziele verfolgen: Einmal sollte er die Luft- und Seehoheit im Raum zwischen Süditalien und Nordafrika sicherstellen, um die Verbindungen zwischen Libyen und der Cyrenaika abzusichern, und insbesondere Malta ausschalten. Darüber hinaus

UNTEN:
Deutsche Sturmtruppen erwarten in Deckung das Signal zu einem weitern Angriff auf Tobruk.

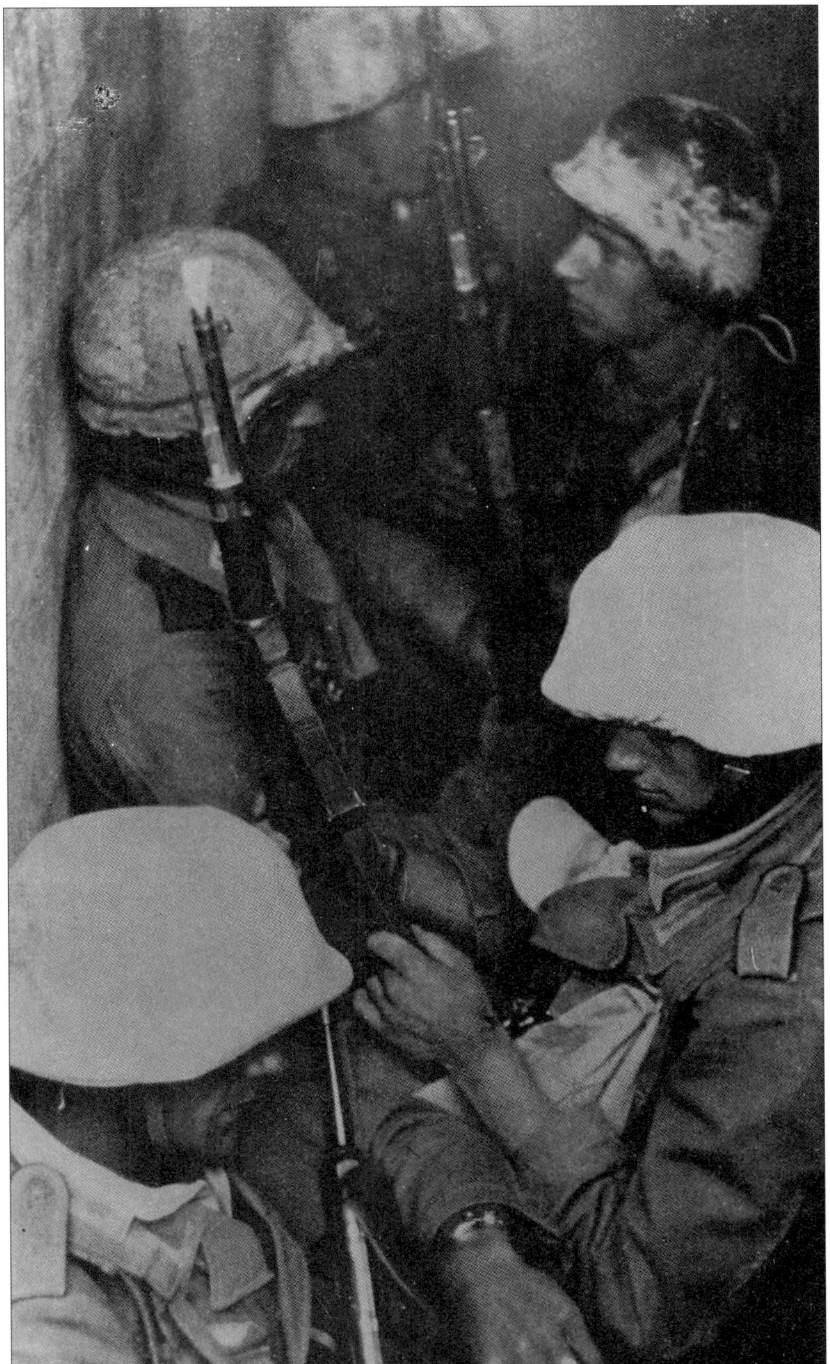

RECHTS:
Von seinem Posten auf den Docks Tobruks richtet ein britischer MG-Schütze sein Bren-MG gegen deutsche Flugzeuge. Zwar hatte ein einzelnes Bren wenig Chancen, ein Flugzeug herunterzuholen, doch konnte sein Feuer den Piloten von dessen Ziel abbringen.

sollte er mit den Achsenkräften in Nordafrika kooperieren und schließlich Bewegungen des Gegners im Mittelmeerraum zur Versorgung von Tobruk und Malta unter Einbindung verfügbarer deutscher und italienischer Seestreitkräfte unterbinden.

Kommandoprobleme der Achse

Hitlers Direktive war ein verspäteter Versuch, die Aktionen von Heer, Luftwaffe und Marine zu koordinieren und die Probleme der Deutschen im Kooperieren mit den Italienern zu lösen. Kesselring übernahm das Kommando über die Luftwaffe und Flugabwehr im Mittelmeerraum und erhielt zur Verstärkung das Fliegerkorps II (General Lörnzer) von der Ostfront. Es fehlten ihm aber die Möglichkeiten, alle militärischen Aspekte des Mittelmeerraums zu überblicken, wie es vergleichbare alliierte Komandeure wie Eisenhower oder Nimitz konnten. Daher vermochte er auch die Hauptschwachpunkte der Achse, vor allem die Versorgung Nordafrikas mit Menschen und Material, nicht zu beheben. Ebenso wenig konnte er Rommel einbinden, dessen Ablehnung fremder Autorität oft an Insubordination grenzte.

Trotz dieser Probleme waren die Deutschen im Winter 1941/42 im Mittelmeerraum den Briten gegenüber im Vorteil. Alliierte Geleitzüge waren von der Achse böse zugerichtet worden. Die Briten wurden durch den Abzug von kampferprobten britischen und australischen Einheiten in den Fernen Osten geschwächt, nachdem Japan am 7. Dezember 1941 in den Krieg eingetreten war. Wie Wavell vor ihm, sah Auchinleck plötzlich seine Armee ohne seine besten Einheiten über die gesamte Cyrenaika verteilt. Rommel erkannte die Situation der Briten völlig klar und entschied sich, die Offensive sofort und für den Gegner überraschend zu starten.

Rommel konnte fünf Panzer- bzw. motorisierte Divisionen mobilisieren. Auf britischer Seite sollte sich nach Abzug der 7. Panzerdivision nach Ägypten die unerfahrene und unterbesetzte 1. Panzerdivision den Deutschen entgegenstellen. Die 4. indische Division lag um Bengasi, viel zu weit weg, um die britischen Panzerspitzen zu unterstützen. Der deutsche Angriff begann am 21. Januar. Die britische 1. Panzerdivision wurde weggefegt, als die Achsen-Division in die Cyrenaika vorrückte, eine Wiederholung des Spektakels vom Frühjahr 1941. Die 4. indische Division setzte sich schleunigst von Bengasi ab, um nicht eingekesselt zu werden. Der Vormarsch der Achsenkräfte stoppte erst vor der britischen Abwehrlinie, die von Gazala an der Küste bis Bir Hakeim im Süden verlief. Von Anfang Februar bis Mitte Mai 1942 herrschte an der Front Ruhe, da beide Seiten ihre Kräfte für die nächste Runde des Kampfes ausbauten.

Die 8. Armee unter General Ritchie bestand aus zwei Korps. Wie im Jahr zuvor bei der Operation Crusader hatte das XXX. Korps unter Lieutenant-General W. Norrie mit seiner 1. und 7. Panzerdivision das Gros der Panzer, während das XIII. Korps unter Lieutenant-General W. H. E. Gott zumeist aus Infanterie bestand. Die Infanteriedivisionen wurden entlang der Widerstandslinie formiert, die aus einem System von „Igelstellungen" bestand und – mit Stacheldraht und Minen gesichert – eine Einheit von der Größe einer Kampfgruppe aufhalten konnte.

Die „Igelstellung" war eine britische Entwicklung zum Schutz der Infanterie in der Wüste vor angreifenden Panzern, ähnlich den Karrees, welche in der napoleonischen Ära die Infanterie vor umherschweifender Kavallerie geschützt hatten. Sie variierten in ihrer Größe, aber meistens konnten sie eine Infanteriebrigade, also drei Bataillone mit Artillerie und Pionierunterstützung, aufnehmen. Die Außenanlagen bestanden aus Schützengräben für die Infanterie und einigen aufwendig gebauten Unterständen für die Artillerie. Um die äußeren Gräben lag ein Ring aus Stacheldraht und davor ein dichter Minenring.

Fehlerhafte britische Taktik

Dass die Igelstellung zu einem Standardelement im strategischen Denken der 8. Armee wurde, spiegelte einen grundsätzlichen Fehler der britischen Militärdoktrin. Die Briten verwendeten in ihrer Armee wie andere Länder auch das Divisionskonzept. An sich umfasste eine Division Einheiten verschiedener Waffengattungen, die auf dem Schlachtfeld unabhängig als Ganzes operieren konnten, was bei den Briten aber selten geschah. In Wirklichkeit basierte die britische Armee auf dem Regiment als taktischer Einheit. Die Kooperation zwischen den Regimentern, die fast Stammesverbänden glichen, war gering und undurchsichtig. Kam es zum Äußersten, so brach die Kooperation regelmäßig zusammen.

UNTEN:
Treibstofftanks brennen im Hintergrund, als Tobruk angegriffen wird. Im Vordergrund sieht man Reihen erbeuteter Fahrzeuge, die in der Wüste abgestellt sind.

Das deutsche Konzept der Panzerdivision, bestehend aus Panzern, Panzergrenadieren, Artillerie, Panzerabwehr und anderen mobilen Waffeneinheiten, die sich gegenseitig unterstützten, haben die Briten nie verstanden. In der 8. Armee wurde die Trennung zwischen verschiedenen Waffengattungen strikt beibehalten, besonders die zwischen den Panzern und der Infanterie. Kurz nach der Gazala-Schlacht bedauerte Brigadier Howard Kippenberger, Kommandeur der 5. neuseeländischen Brigade, diesen Mangel an Kooperation: „Zu dieser Zeit herrschte in der ganzen 8. Armee, nicht nur in der Neuseeland-Division, ein ausgeprägtes Misstrauen, ja fast ein Hass auf unsere Panzer." Und dies, weil die Infanterie so wenig Vertrauen in die Hilfe durch die eigenen Panzer hatte, dass der Igel bei den britischen und Commonwealth-Truppen stets hoch im Rang blieb.

A. H. G. Dobson war im Igel der 150. Brigade stationiert und zeigte die wesentlichen Schwachpunkte der Gazala-Linie auf:

Das Hauptproblem war, dass die einzelnen Igel zu weit auseinander lagen, sodass es beim Angriff Ende Mai keine Koordination zwischen benachbarten Igeln gab. Der Igel der 69. Brigade muss wohl fünf Meilen nördlich und der französische Igel bei Bir Hakeim fünf Meilen südlich von uns gelegen haben. Diese Isoliertheit bedeutete, dass jeder Igel seine eigene Schlacht schlug, was zum Desaster wurde, wenn Rommel seine ganze Feuerkraft auf einen richtete – was unserer Brigade schließlich passierte.

Mit seinen Verstärkungen aus Europa und den erbeuteten britischen Hilfsgütern aus Bengasi plante Rommel die Wiederaufnahme der Offensive, um nicht nur die gesamte Cyrenaika zu besetzen, sondern auch nach Kairo, Alexandria und zum Suezkanal durchzustoßen. Rommels Plan war einfach und direkt, auf Schnelligkeit und Aggressivität ausgerichtet. Die Gruppe Cruewell, bestehend aus italienischer Infanterie mit deutscher Unterstützung, sollte zur Bindung der Verteidiger einen Frontalangriff gegen die britischen Infanteriestellungen vortragen, während Rommel die Panzer in weitem Bogen in den Süden von Bir Hakeim führen sollte. Nach Umfassen der britischen Linien sollten die Panzer der Achse weiter vorrücken, die britischen Panzerreserven vernichten und das Gros der 8. Armee von seinem Nachschub aus dem Osten abschneiden.

Rommel greift an

Am 26. Mai nachmittags griff die Gruppe Cruewell an, und im Schutz der Dunkelheit starteten die deutsch-italienischen Panzereinheiten ihr Umgehungsmanöver. Bestehend aus der 15. und 21. Panzerdivision, der 90. leichten Division und der Ariete-Division war ihre Stärke beachtlich.

Major J. Hackett, der später bei Arnhem von sich reden machen sollte, befehligte ein Bataillon von leichten Stuart-M3-Tanks der 8. Kings Royal Irish Hussars. Am Morgen des 27. Mai erhielt er Befehl, Berichte über Feindaktivitäten südlich des Bir-Hakeim-Igels zu überprüfen:

Ich bekam das C-Bataillon sehr schnell auf den Weg – sie waren ein fixer Haufen. Wir fuhren eine für diese gewellte Wüstengegend typische Neige hoch, und vor dem Kamm sagte mir der befehlshabende Offizier per Funk: „Melde dich, sobald du sie siehst." Ich kam über den Gipfel, und vor mir bewegte sich – so weit ich sehen konnte – die gesamte deutsche Armee auf mich zu. Ich funkte

RECHTS:
Der Crusader III war als erster der Crusader-Serie mit einer mächtigen 6-Pfünder-Kanone ausgestattet. Er hatte eine gute Radaufhängung und war einer der wenigen effizienten Tanks, die den Briten vor der Ankunft des amerikanischen M4-Sherman im Herbst 1942 zur Verfügung standen.

dem Oberst: „Ich werde sie beschäftigen. Ende", und gab mit der schwarzen Flagge (wegen unsicherer Funkübertragung) das Signal zum Angriff; im Eifer vergaß ich, sie wieder einzuholen. Da jeder Panzer mit Flagge als Leitpanzer gilt, zieht er das Feuer auf sich. Ich nehme an, mein Panzer war der erste der 8. Armee, der an diesem Tage abgeschossen wurde – etwa 3 Minuten, nachdem ich die schwarze Flagge gesetzt hatte.

Britische Konfusion

Trotz seiner Verwundungen kam Hackett zu seinem Regiment zurück und wurde ins Lazarett gebracht. Andere hatten weniger Glück. Viele britische Einheiten wurden in dieser Eröffnungsphase des verheerenden deutschen Angriffs überrannt. Einen Eindruck vom Schrecken und der Konfusion des Panzerkampfes vermittelt ein Bericht Harold Harpers, eines Unteroffiziers bei den South Notts Hussars, einer Artillerie-Einheit, die die 22. Panzerbrigade unterstützen sollte. Als die deutschen Panzer Bir Hakeim umrundeten, wurden zwei Panzerspähwagen dieser Einheit zur Erkundung ausgeschickt. Im ersten saß der Batteriechef, Major Garry Birkin, und im zweiten sein Bruder, Captain Ivor Birkin, zusammen mit Harper:

Wir waren 500 bis 600 Meter weit gekommen, als ich eine verstümmelte Meldung vom anderen Wagen erhielt, laut welchem irgendetwas fatal sein musste. Captain Birkin sprang heraus und stürmte hinüber zum zweiten Wagen, ich hinterher. Ich habe in meinem Leben nie wieder etwas Ähnliches gesehen. Major Birkin lag lang auf der Erde, offenbar tot. Ich ging zur Rückseite und öffnete die Luken des Wagens. Offenbar hatte ein panzerbrechendes Geschoß Major Birkin glatt in der Mitte durchschlagen, während er im Turm stand, und dann den zwei Funkern die Köpfe abgerissen.

Alles, was man sehen konnte, waren die zwei Jungens, die Mikrophone noch in der Hand, obwohl ihre Köpfe auf dem Boden rollten. Der dritte Funker, der die Meldung gemacht hatte,

OBEN:
Die Wüste machte den Transport schwierig. In den mit weichem Sand bedeckten Bereichen waren nur zwei- oder vierbeinige Transportmittel möglich. Hier verwenden britische Soldaten Maultiere zum Tragen von Ausrüstung.

RECHTS:
Mit aufgepflanzten Bajonetten stürmen britische Soldaten an einem ausgeschalteten deutschen Panzer vorbei.

UNTEN:
Dieser Leutnant der 15. Panzerdivision des Afrika-Korps trägt die Trupenuniform mit hohen Schnürstiefeln. Zu seinen Abzeichen gehören das Eiserne Kreuz Zweiter Klasse und das Panzersturmabzeichen in Silber. Hier ist zwar nur eine zu sehen, doch oft hatten die Einheiten in der Wüste zwei Wasserflaschen.

sprang vom Panzerspähwagen und lief entsetzt davon.

Die Liste des Schreckens dieser vom Pech verfolgten Mission sollte noch weitergehen. Während Ivor Birkin bei den Trümmern des ersten, zerstörten Spähwagens blieb – aufgewühlt vom Tod seines Bruders –, ging Harper zu seinem Wagen, um Birkin aufzunehmen und zur Berichterstattung zu seiner Einheit zurückzukehren:

Ich legte meine Hand auf den Fahrer, der jetzt alle Sehschlitze zugemacht hatte und blind fuhr. Wir hatten das wochenlang geübt: Wenn ich auf seine linke oder rechte Schulter drückte, schlug der Fahrer je nach Druckintensität das Lenkrad schwächer oder stärker ein. In dem Gewühl habe ich zu stark auf die Schulter des Jungen gedrückt, was zu einer scharfen Rechtskurve führte. In dem Moment kommt ein Grant-Panzer der Royal Gloucester Hussars aus der Staubwand, auf den wir frontal auffuhren und vier bis fünf Meter zurückprallten.

Das Nächste, das wir sahen, war unser Motor in Flammen. Wir mussten alle aus dem Wagen springen. Dabei stellten wir fest, dass wir versehentlich den dritten Funker aus Major Birkins Mannschaft überrollt hatten. Sein Bein war gebrochen, sodass wir ihn schleppen mussten. Alle vier und der Verwundete meldeten sich bei Captain Birkin, sozusagen als Gestrandete.

Wir sprangen auf einen vorbeifahrenden Tank der CLY [County of London Yeomanry] *und legten uns flach. Der Kommandant hatte keine Ahnung von uns und schoss weiter. Wir mussten ausweichen, so gut es ging, wenn der Turm und das Geschützrohr herumschwenkten. Einer der Jungs fiel hinunter. Ich dachte, wir hätten ihn überfahren, fand aber später heraus, dass er lebte. Die meisten von uns wurden durch Beschuss irgendwie verletzt. Ich hatte mir beim Aufprall auf den Grant einige Rippen gebrochen und bekam später noch ein Schrapnell ins linke Knie. Ich bemerkte es zunächst gar nicht, es passierte zu viel um uns herum.*

Durch Hämmern auf die Turmluke konnten Harper und seine Kameraden schließlich auf sich aufmerksam machen. Der Kommandant ließ sie zum Tross seines Regimentes zurückbringen. Ein paar Stunden später wurde Harpers Wunden auf einem Verbandplatz versorgt, als dieser von einer vorrückenden deutschen Panzereinheit überrollt wurde. Das medizinische Personal durfte sich weiter um die Verwundeten kümmern. Plötzlich landete ein leichtes Flugzeug in der Nähe des Verbandplatzes, aus dem ein hoher deutscher Offizier – in dem Harper sofort General Rommel erkannte – ausstieg. „Auf dem Höhepunkt der Schlacht", erinnerte sich Harper,

„nahm sich Rommel die Zeit, den britischen Gefangenen zu sagen, dass alles getan werde, ihr Los erträglicher zu machen, und dass er bedauere, dass man noch keine Lebensmittel heranschaffen konnte. Man würde es aber versuchen. Ich war beeindruckt."

Britische Fehler

Rommels Führungsqualitäten hoben sich positiv von dem glanzlosen Bild im britischen Lager ab. Die Reaktion der 8. Armee auf den deutschen Panzerangriff war langsam und unkoordiniert. Die Beziehungen zwischen Ritchie und den beiden Korps-Kommandeuren waren nicht allzu gut, und über die richtige Reaktion der Briten herrschten tiefe Meinungsverschiedenheiten. Auf Korps- und Divisionsebene gab es nur wenige Versuche gemeinsamen Operierens, sodass die vereinzelt vorgetragenen Gegenangriffe der Briten leicht abgewiesen wurden.

Trotz der Schlappen der Briten am ersten Gefechtstag war die Schlacht nicht notwendigerweise verloren. Rommel hatte seine Panzer weit hinter die Linien der 8. Armee geführt, doch die Moral der Briten hielt, und ihre unkoordinierten Gegenangriffe schränkten langsam die Offensivität der deutschen Panzer ein. Nach einigen Tagen harter, aber nicht entscheidender Panzerkämpfe begann sich Rommels Situation zu verschlechtern: Die britischen Panzer waren nicht beim ersten Ansturm zurückgewichen, dafür aber wurde den Deutschen Munition und Treibstoff bedenklich knapp.

Die Vernichtung der 150. Brigade

Rommel wollte einen Nachschubweg mitten durch die britischen Linien legen, hatte aber nicht mit der Tiefe der Minenfelder und mit dem Igel der 150. Brigade in der Mitte des geplanten Weges gerechnet. Wenn die Versorgungsader eingerichtet werden sollte, musste die 150. Brigade schnellstens eliminiert werden. Rommel verlegte seine Divisionen in eine Verteidigungsposition am Rand der Minenfelder und zerstörte die Igelstellung der 150. Brigade.

Die volle Angriffskraft des Afrika-Korps wandte sich gegen die glücklose 150. Brigade. Fast 72 Stunden widerstanden drei Infanterie-Bataillone, unterstützt von der Brigade-Artil-

UNTEN:
Ein Divisionsstab studiert an der Seite eines gepanzerten Kommandowagens Landkarten. Die Deutschen waren Meister der Kommunikation über Funk, was in den Weiten der Libyschen Wüste von unschätzbarem Wert war.

RECHTS:
Ein deutscher Soldat bei der mühsamen Arbeit, ein Schützenloch auszuheben. Auf offenem Gelände war die Infanterie durch Tanks wie auch durch Artillerie verwundbar. Gute Verteidigungsstellungen waren überlebensnotwendig.

GEGENÜBER:
Eine deutsche Fliegercrew ruht sich unter dem Triebwerk eines Bf-110-Jägers aus. Bei der Gazala-Schlacht half den Deutschen besonders bei Angriffen auf feindliche Stützpunkte wie Tobruk die starke Luftunterstützung.

lerie und Pionieren sowie einem Panzerbataillon dem deutschen Angriff. Die Überzahl der Angreifer und Munitionsmangel ließen den Verteidigern keine Chance. Am 1. Juni fiel der Igel. Rommel war vom britischen Widerstand zutiefst beeindruckt und schrieb später, dass seine Truppe „auf die härteste Gegenwehr gestoßen sei, die man sich vorstellen kann. Die Verteidigung wurde äußerst geschickt geführt, und wie immer kämpften die Briten bis zum bitteren Ende."

Die Vernichtung der 150. Brigade machte den Weg für den Nachschub der Deutschen zu ihrem Verteidigungsring, dem „Kessel", frei, von dem aus sie nun eine Offensive hätten starten können. Doch Rommel wartete darauf, dass die britischen Panzer in seine sorgfältig gelegte Panzerfalle laufen würden. Und freundlicherweise taten sie dies. Obwohl Ritchie mehrere Tage Zeit hatte, einen wirkungsvollen Gegenangriff zu planen und zu starten, geschah nichts. Eine Kombination aus Entschlusslosigkeit und Selbstgefälligkeit beherrschte die Entscheidungsprozesse der 8. Armee. Ritchie glaubte ernsthaft, dass er die Schlacht praktisch gewonnen habe, als er hörte, dass sich die Deutschen in die Kessel-Stellung zurückgezogen hatten. Doch ein sofortiger konzertierter Angriff auf diese Stellung blieb aus.

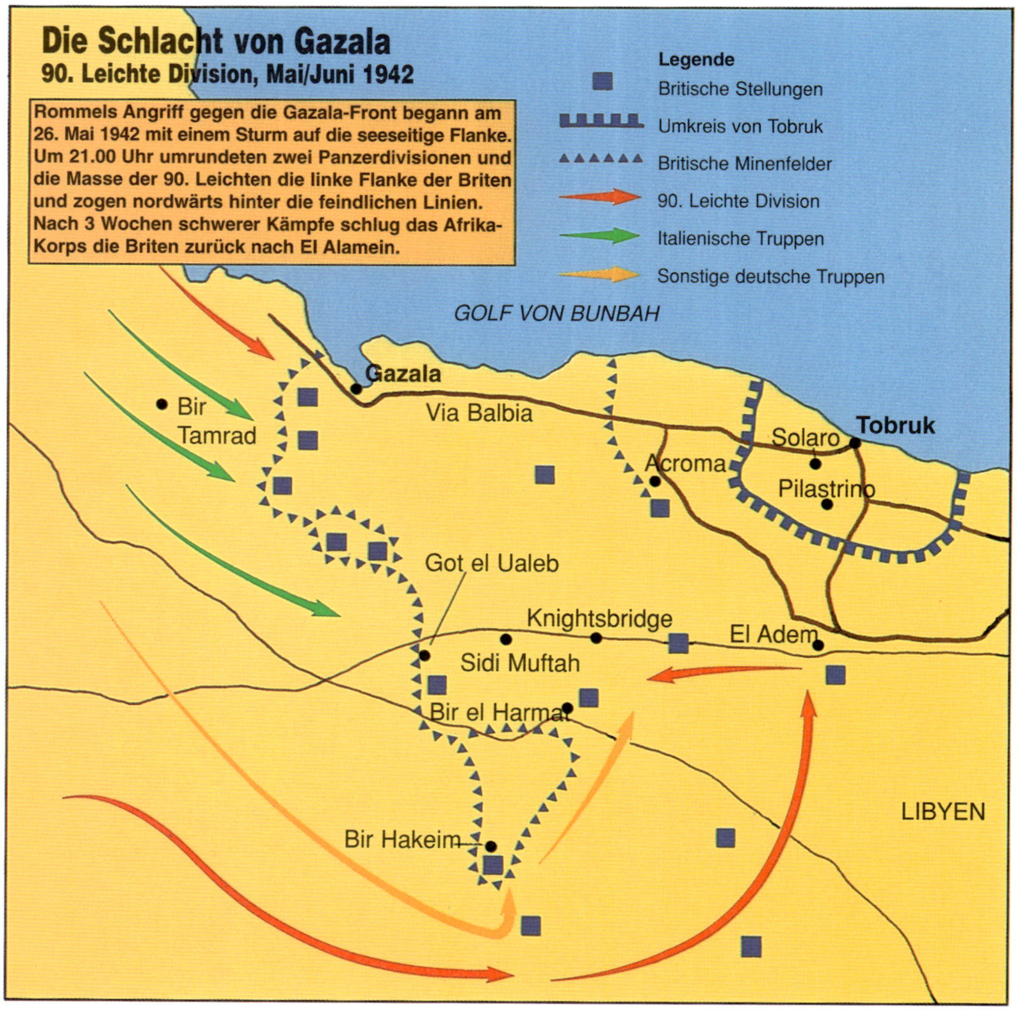

Während Rommel in den ersten Junitagen seine Position im Kessel ausbaute, bereitete die 8. Armee langsam ihren Gegenangriff vor. Am 5. Juni wurde die Operation Aberdeen gestartet. Sie war ein restloser Fehlschlag. Rommel war perfekt darauf vorbereitet und der Angriff schlecht geplant: Infanterie und Panzer operierten wieder unkoordiniert. Für Rommel war dies das Signal zum Ausbruch. Am Nachmittag des 5. Juni schossen sich die Panzer der 21. Panzerdivision ihren Weg in Richtung Knightsbridge-Stellung frei, während die Panzer der 15. Division durch Bir el Harmat nach Süden schwenkten. Die Briten fochten nun einen verzweifelten Abwehrkampf, um zu verhindern, dass die deutschen Panzer die gesamte Gazala-Linie aufrollten.

UNTEN:
Ein vorgeschobener deutscher Beobachtungsposten bei der deutschen Offensive von 1942.

Bir Hakeim

Nach der praktisch vollständigen Vernichtung der britischen Panzereinheiten wandte sich Rommel sofort nach Süden, um den Bir-Hakeim-Igel zu vernichten. Dieser wurde von einer Brigade des Freien Frankreich gehalten. Die Stellung war jetzt sehr exponiert. Unter Land- und Luftbombardement fochten die Franzosen, so gut sie konnten, bis ihre Stellung durch Nachschubmangel unhaltbar wurde. Am 10. Juni befahl man den Franzosen auszubrechen, was mit Hilfe von Entlastungsangriffen der verbliebenen Reste des XXX. Korps auch gelang. 2700 Mann der ursprünglichen 3600 Verteidiger konnten sich retten.

Die Reste der ursprünglichen britischen Gazala-Linie liefen nun Gefahr eingekesselt zu werden, als Rommel seine übermüdeten Truppen zum Vormarsch auf das strategisch wichtige Tobruk formierte. Im Norden an der Küste schaffte es die 1. südafrikanische Division, in der Nacht vom 13./14. Juni zu entkommen. Für die zwei Brigaden der 50. Division wurde es komplizierter. Die 69. Brigade schaffte es, auszubrechen und sich nach Osten auf der Küstenstraße zurückzuziehen.

Die 151. Brigade aber erhielt den ungewöhnlichen Befehl, sich westwärts in Richtung der Achsen-Stellungen zu bewegen, nach Süden abzuschwenken und dann um Bir Hakeim herum nach Ägypten zu marschieren. Obwohl die Brigade ihre meisten Fahrzeuge und schweren Waffen verlor, konnten sich über 90 % der Männer zu den britischen Linien durchschlagen. Dies war eine kleinere Heldentat des Wüstenkrieges, doch nur eine schwache Kompensation für die Tragödie, die sich nun entwickeln sollte, den Fall Tobruks.

Erneute Belagerung Tobruks

Die 8. Armee war nach drei Wochen harten Kampfes ausgebrannt und niedergekämpft. Am 16. Juni begannen die Briten ihren Rückzug an die ägyptische Grenze. Das bedeutete, dass Tobruk mit seinen etwa 35.000 Mann und riesigen Mengen an Versorgungsgütern wieder belagert wurde. Trotz der relativ starken Truppenkontingente von Südafrikanern, Indern und Briten unter dem Befehl von Major-General H. B. Klopper war die Situation eine andere als im Jahr davor, als der Hafen einer achtmonatigen Belagerung standhielt. Die Panzerabwehrwaffen waren praktisch völlig abgezogen (insbesondere Panzerabwehrkanonen waren Mangelware) und die gesamte Kommandostruktur war als Folge von Gazala in Auflösung.

Rommel unternahm unverzüglich seinen zweiten Versuch, Tobruk zu erobern. Unter dem Schutz eines furiosen Bombenangriffs bereiteten sich massive deutsche Panzereinheiten darauf vor, sich ihren Weg in die süd-

OBEN:
Die berühmte deutsche 8,8-cm-Flugabwehrkanone feuert während der Gazala-Schlacht auf feindliche Ziele. Während die Briten eine strenge Trennung zwischen Flugabwehrkanonen und anderen Arten der Artillerie aufrechterhielten, verbanden die Deutschen beide erfolgreich.

OBEN:
Rommel (links) bespricht sich mit seinen italienischen Verbündeten. Nach der Niederlage der Briten bei Gazala stieß er weiter, um sich die verlockende Beute Tobruk zu sichern, was die alliierte Moral ungeheuer schädigte.

östliche Ecke der Festung freizukämpfen. Der deutsche Stabsoffizier Major v. Mellenthin war Zeuge des deutschen Angriffs:

Um 5 Uhr stand ich mit Rommel auf der Böschung im Nordosten von El Adem. Der Kommandostand war hier eingerichtet, weil wir so mit Tagesanbruch einen exzellenten Überblick über die Stellungen um Tobruk bekamen. Um 5.20 Uhr überflogen uns die Stukas. Kesselring hatte Wort gehalten und hunderte dicht gestaffelte Bomber geschickt. Sie stürzten sich in einem der spektakulärsten Luftangriffe, die ich je sah, auf die Stellungen.

Eine große Staub- und Rauchwolke erhob sich aus dem angegriffenen Abschnitt. Während unsere Bomben in den Verteidigungsanlagen einschlugen, eröffnete die deutsche und italienische Artillerie ein perfekt koordiniertes Feuer. Der kombinierte Effekt der Bomben und Granaten war unglaublich, und wir wussten bald, dass die Moral des in diesem Abschnitt liegenden Mahratta-Bataillon dem nicht gewachsen war. Die Stukas waren den ganzen Tag im Einsatz und wurden auf den Flugfeldern von Gazala und El Adem neu mit Bomben versorgt.

Einige Stunden nach Beginn des Bombardements hatte man eine Bresche geschossen, und über 200 Panzer der Achse rasten durch die zerstörten Verteidigungslinien direkt zum Hafen. Trotz tapferer, aber isolierter Gegenwehr einiger Einheiten brach die Verteidigung fast sofort zusammen. Am Abend des 21. Juni war aller Widerstand erloschen. Der Fall Tobruks brachte Rommel fast 33.000 Gefangene und eine Riesenmenge von Versorgungsgütern ein. Der dankbare Führer ernannte ihn zum Generalfeldmarschall.

Der Verlust Tobruks war ein Desaster für die britische Waffenehre. Churchill nannte ihn eine Schande, und noch lange nach Kriegsende wurden Schuldzuweisungen für den Verlust dieses wichtigen Stützpunktes erhoben.

Die 8. Armee unter Druck

Die Probleme der 8. Armee waren bei weitem nicht vorbei. In den letzten paar Wochen hatte sie 50.000 Mann verloren, und als sie sich an die ägyptische Grenze zurückzog, wurde sie ständig von den Deutschen bedrängt. Rommel sah den Sieg vor Augen und trieb seine Männer ruhelos an: „Eine letzte Anstrengung und das Delta ist unser", war seine

Parole. Am 23. Juni hatte die schwer angeschlagene 8. Armee neue Stellungen bei Marsa Matruh bezogen.

Auchinleck übernimmt

Auchinleck fand, dass er selbst das Kommando über die 8. Armee übernehmen müsse, und enthob am 25. Juni Ritchie diskret von seinem Posten. Er sah, dass die Situation für die Briten um Marsa Matruh gefährlich werden konnte, und ordnete den schrittweisen Rückzug in bessere Positionen bei El Alamein an. Aber Rommel schlug schneller zu: Eine große Zahl britischer Soldaten wurde in der Festung Matruh eingeschlossen, und denen, die herauskamen, spielte das Afrika-Korps wieder übel mit.

Obwohl die 8. Armee böse geschunden worden war, blieben Disziplin und Kampfmoral auf dem langen Rückzug nach El Alamein gut. Natürlich fragten sich viele Soldaten, warum sie schon wieder von den Deutschen zurückgeworfen worden waren, doch ihr Kampfeswille war nicht geschwächt. Ein Kommentator nannte die 8. Armee tapfer, aber verwirrt. T. Stephanides, ein Sanitätsoffizier eines Arbeitsbataillons, erzählte:

Was mich am meisten beeindruckte, waren die Ordnung und Disziplin, die überall herrschten. Es war kaum zu glauben, dass dies ein eiliger, unvorhergesehener Rückzug war. Jedermann schien trotz des dichten und raschen Verkehrs heiter. Ich sah keine einzige Kollision. Die Militärpolizei regelte an verschiedenen Punkten den Verkehr, und alles lief glatt wie ein Uhrwerk, fast wie eine Menge, die einen bevölkerten Rennplatz verlässt.

Auchinleck beschloss, bei El Alamein Stellung zu beziehen. Seine Verbände waren zwar erheblich ausgedünnt, doch Rommels Kräften fehlte der Nachschub, der über hunderte von Meilen herangeschafft werden musste. Seine Leute waren der Erschöpfung nahe. Die beiden müden Gladiatoren wappneten sich für einen letzten Kampf. Der erste Angriff der

UNTEN:
General Auchinleck spricht bei einer Frontinspektion mit indischen Soldaten. Nach dem Desaster der Niederlage von Gazala übernahm Auchinleck selbst das Kommando über die 8. Armee und sorgte endlich für Ordnung.

GEGENÜBER:
Im Sommer 1942 erhielten die Briten große Mengen Kriegsmaterial aus den USA, was den Verlauf des Krieges zu ihren Gunsten wandelte. Hier sieht man amerikanische Grant-Tanks der 8. Armee auf dem Weg an die Front.

UNTEN:
Die Crew einer „88er" wartet nervös auf einen britischen Gegenangriff. Die Kanone ist für einen raschen Einsatz vorbereitet.

Achse erfolgte am 2. Juli. Rommel hatte vor, die Stellung von El Alamein genauso wie bei Gazala oder Marsa Matruh zu umgehen, doch sein Vormarsch wurde auf dem Ruweisat-Kamm verfolgt. Um die Briten zu umgehen, mussten die Panzer der Achse weiter nach Süden in Richtung der Sahara ziehen.

Überraschung bei Tell el Eisa

In der Zwischenzeit war die 8. Armee durch die 9. australische Infanteriedivision, die sich im Küstengebiet um El Alamein verschanzte, verstärkt worden. Am 10. Juli starteten die Australier, von britischen Panzern unterstützt, einen Überraschungsangriff auf die kleine Erhebung Tell el Eisa.

Die Schnelligkeit des australischen Vorstoßes überraschte die Achsenkräfte total. Die italienische Division Sabratha wurde vernichtet, und Rommel war gezwungen, seine Panzer von der Umgehungsaktion im Süden abzuziehen, um seinen bedrängten Truppen an der Küste zur Hilfe zu kommen. Auf Tell el Eisa eingegraben, traf die Australier die volle Kraft des deutschen Gegenangriffs. Charles Finlay, Brigade-Major der 26. Brigade – einer der Initiatoren des Überraschungsangriffs –, berichtete über die Operationen der Deutschen und über die alliierten Gegenmaßnahmen:

Zu Beginn des 12. Juli schickte man die gesamte 90. leichte Division in den Kampf. Brigadier Ramsay, Kommandeur der Artillerie der 9. Division, wurde die Artillerie von zwei südlicher liegenden Divisionen unterstellt, um die Deutschen zu beschießen. Und sie hielten richtig in sie hinein. Ich glaube, die verloren an jenem Nachmittag 22 Panzer. Damals griffen die Deutschen mit der untergehenden Sonne im Rücken an. In der Wüste konnte man sie kaum sehen. Die deutschen Panzer mussten sich ständig bewegen, um keine Granaten auf sich zu ziehen, während die Infanterie in ihren Mannschaftswagen zerfetzt wurde. Die Infanterie wurde von den Panzern getrennt und war nach Er-

reichen ihrer Ziele ohne Unterstützung. Da gaben die Deutschen ziemlich schnell Fersengeld.

Der Höhepunkt

Dass die Deutschen es nicht geschafft hatten, die 8. Armee zurückzuwerfen, zeigte, dass ihr Kriegsglück seinen Höhepunkt überschritten hatte. Auchinleck, der seine Truppen ausgezeichnet führte, übernahm die Initiative. Doch wurden alle Hoffnungen der Briten, die Achsenkräfte schnell von El Alamein zurückzuwerfen, durch exzellente deutsche Defensivtaktiken zunichte gemacht. Am 22. Juli war die Schlacht zum Stillstand gekommen. Beide Seiten gruben sich ein und bauten Befestigungen quer durch den Wüstenriegel von El Alamein im Norden bis zur Qattara-Senke im Süden auf.

Das Misslingen des Durchbruchs durch die britischen Linien trotz aller Anstrengungen hinterließ bei Rommel einen tiefen Eindruck. Sein üblicher Optimismus war durch die Vergeblichkeit der letzten Versuche, das Nildelta und den Suezkanal zu erobern, wofür

RECHTS:
Fremdenlegionäre des Freien Frankreich stürmen bei Bir Hakeim in einem Gegenangriff vor. Die Freien Franzosen operierten an der Südflanke der 8. Armee.

UNTEN:
Mitglieder einer „88er“-Crew suchen vor einem alliierten Angriff Deckung. Die Kanone war als Panzerzerstörer hochwirksam, doch ihr hohes Profil machte sie durch feindliches Feuer verwundbar, sobald sie entdeckt wurde. Die am Boden liegenden leeren Granatenhüllen zeigen die große Anzahl von Schüssen bei einem typischen Einsatz.

er anderthalb Jahre gekämpft hatte, verflogen. Am 17. Juli schrieb er tief pessimistisch an seine Frau: „Im militärischen Sinne sieht die Situation derzeit sehr schlecht für uns aus. Der Feind nutzt seine Überlegenheit besonders bei der Infanterie, um die italienischen Einheiten eine nach der anderen zu zerschlagen, und die deutschen Einheiten sind viel zu schwach, um allein zu bestehen. Es ist zum Heulen."

Rommels letztes Gambit

Trotz dieser Befürchtungen wusste Rommel, dass er eine letzte Anstrengung unternehmen musste, um die Briten zu vernichten, ehe ihn ihre Materialüberlegenheit unvermeidlich erdrückte, zumal die Nachschublieferungen für die britischen und Commonwealth-Truppen täglich zunahmen. Die besser ausgebildeten deutschen Truppen würden trotz ihrer höheren Kampferfahrung und ihrer besseren Ausrüstung bald durch die bloße Menge an Truppen und Material vernichtend geschlagen werden, vor allem nachdem die USA im Dezember in den Krieg eingetreten waren.

Die Briten ihrerseits wussten, dass sie den deutschen Angriffen standhalten mussten, bis genügend Verstärkungen ihrer Verbündeten die Front erreichten und eine neue Offensive mit dem Ziel, die Deutschen aus Nordafrika zu werfen, möglich war.

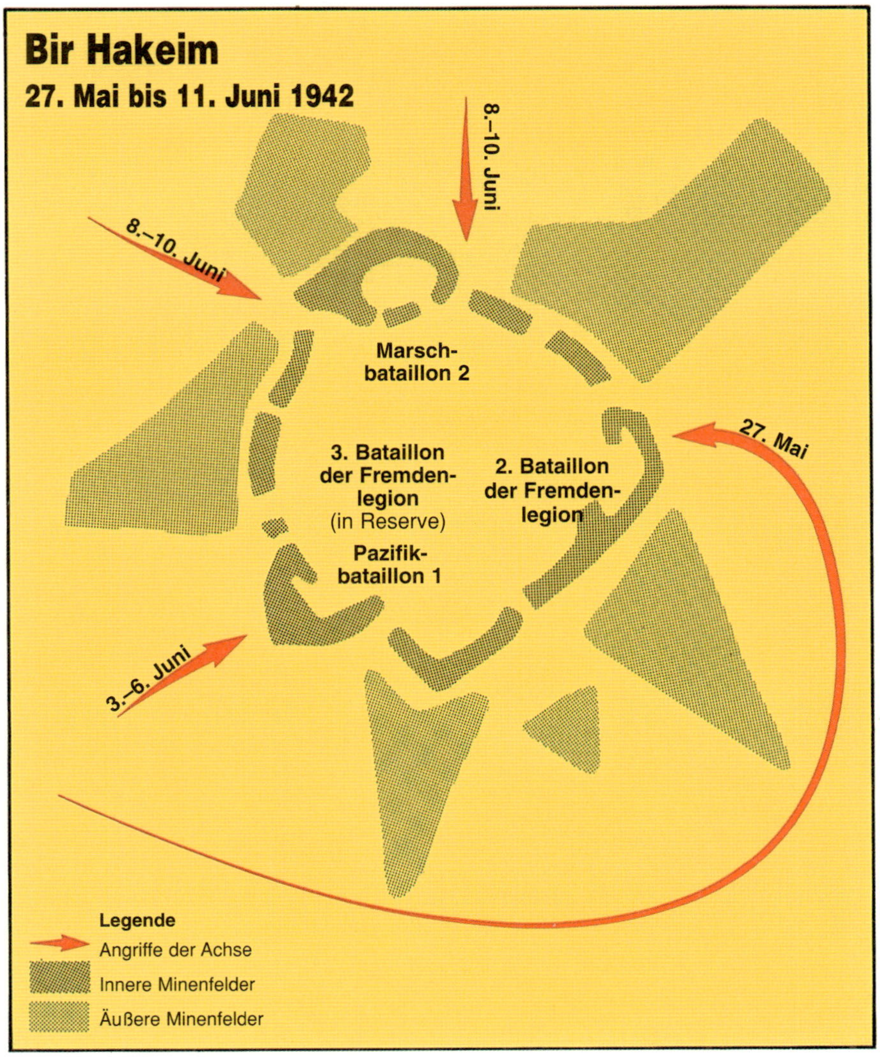

KAPITEL ELF

DAS BLATT WENDET SICH

In El Alamein stand Rommels Stern am höchsten. Beim Eintritt der USA in den Krieg zwang die rein zahlenmäßige Übermacht der Alliierten die Deutschen zurück nach Tunesien.

Die Niederlage der Achse in der ersten Schlacht von El Alamein führte zu einer Kampfpause, in der beide Seiten ihre Frontlinie für den nächsten Kampf verstärkten. Am 3. August 1942 kam Churchill nach Ägypten, um an der Kairo-Konferenz teilzunehmen und sich ein Bild davon zu machen, wie es der 8. Armee in der Wüste ging. Über das, was er sah, war er nicht erbaut. Die Fehlschläge im Sommer und die seines Erachtens andauernde Starrsinnigkeit General Auchinlecks machten einen Wechsel an der Spitze unvermeidbar.

General Sir Harold Alexander sollte am 6. August Auchinleck als Oberkommandierender im Nahen Osten ersetzen, und das Kommando über die 8. Armee wurde Lieutenant-General W. H. E. Gott übertragen. Bevor Gott seinen Posten antreten konnte, kam er um. Sein Flugzeug wurde von deutschen Jagdflugzeugen abgeschossen. Er wurde durch Lieutenant-General Bernhard Montgomery aus England ersetzt. Dieser war von schroffem Wesen und hatte nicht viel für die von ihm als „bad old ways" bezeichneten Strategien der Wüstengeneräle übrig. Entweder würden diese seine Denkweise akzeptieren oder sie würden gefeuert.

Ehe Montgomery der 8. Armee seinen Stempel aufdrücken konnte, wurde er beauftragt, El Alamein gegen einen letzten Kraftakt der Achse zu verteidigen. In dem als „Schlacht von Alam Halfa" bekannt gewordenen Waffengang wollte Rommel wieder sein erfolgreiches Konzept der Umgehung der britischen Südflanke mit seinen Panzern anwenden. Der britische Defensivplan, noch von Auchinleck und Major-General E. Dorman-Smith ausgearbeitet, sah dies voraus. Außerdem brachte den Briten ein guter Funk-Abhördienst wertvolle Informationen über Rommels Angriffsplan.

Alam Halfa

Man ließ die Kräfte der Achse in der Nacht vom 30. auf den 31. August ungehindert ihren Flankenangriff starten und lockte sie in Richtung der gut ausgebauten britischen Stellungen auf dem Alam-Halfa-Kamm. Auf ihrem Vormarsch wurden sie wiederholt von Bombern der RAF angegriffen. Außerdem bremste chronischer Spritmangel ihren Vorstoß. Entschlossener britischer Widerstand entlang des Alam-Alfa-Kammes brachte die Achsenoffensive zum Stehen. Rommels Panzer befanden sich nun in einer sehr exponierten Lage, sodass er den allgemeinen Rückzug anordnete. Am 6. September waren die Achsenkräfte wieder in ihren Ausgangsstellungen.

Alam Halfa wies Montgomery als einen geschickten Taktiker aus, der sich nicht vom Rommel-Mythus einschüchtern ließ. Auch

GEGENÜBER:
Wildcats und Seafires an Deck der HMS Formidable *bereiten ihren Abflug zur Unterstützung der Operation Torch, der alliierten Landungen im November 1942 in Nordafrika, vor.*

OBEN:
Bodenmannschaften bereiten eine Staffel von Hawker Hurricanes der RAF für eine Patrouille über der Libyschen Wüste vor. Ab September 1942 hatte sich das Gleichgewicht der Kräfte in der Luft bedeutend zu Gunsten der Alliierten verschoben.

glaubte er nicht, dass der Sieg gleich um die Ecke liege. Ein weiterers für die Briten gutes Zeichen für die Zukunft war die gute Kooperation zwischen Armee und RAF während der Schlacht. Mit zunehmender Stärke und Kapazität der Desert Air Force sah die Zukunft der Bodentruppen der Achse immer düsterer aus.

Churchill drängte wie üblich auf eine sofortige Wiederaufnahme der Offensive, doch Montgomery ließ sich nicht hetzen. Stets der methodische Planer, wollte er zuerst Moral und Training seiner Truppen für die nächste größere Schlacht aufbauen, die er für entscheidend für den Nordafrika-Feldzug hielt.

Montgomery machte vor seiner Ankunft viel Wind um die schwache Moral der 8. Armee, und seine verächtlichen, oft falschen Bemerkungen über Auchinlecks Führungsstil fielen auf ihn selbst zurück. Nichtsdestotrotz musste die Armee aufgerüttelt werden, und dafür war Montgomery sicherlich der richtige Mann. Trotz einer offenen Voreingenommenheit ist Montgomerys eigene Sicht – zitiert nach seinem „Rückblick auf die Lage der 8. Armee vom 12. August 1942 bis zum 23. Oktober 1942" – von mehr als temporärem Interesse: „Massives Missmanagement, fehlerhafte Befehle und schlechte Stabsarbeit waren die Ursache der ganzen Situation. Aber

RECHTS:
Wunschdenken: die Karte, auf der Rommel seine geplanten Vorstöße einzeichnete. Sobald er die Verteidigungsstellungen von Alamein durchbrochen hätte, wollte er nach Alexandria und Kairo ziehen.

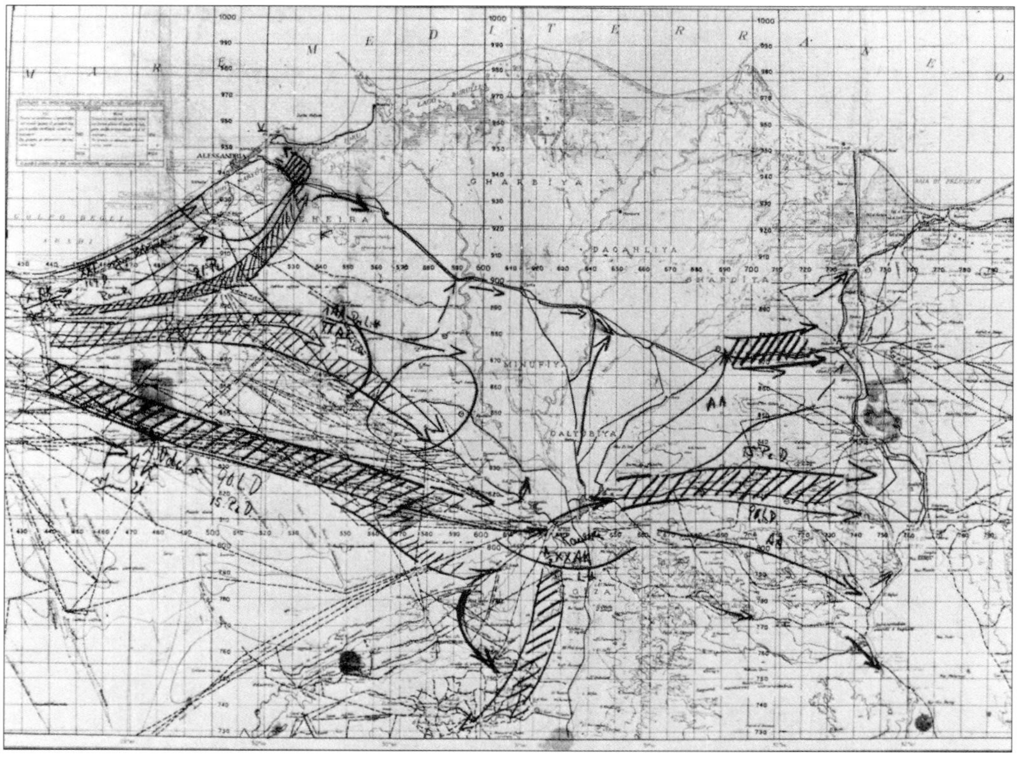

General Auchinleck muss der Vorwurf gemacht werden, einem unerfahrenen General wie Ritchie erlaubt zu haben, eine wunderbar kämpfende Armee so falsch zu führen, dass sich Auflösungserscheinungen breit machen konnten."

Wenn Montgomery auch übertrieb – er ignorierte völlig die Leistungen Auchinlecks bei der Operation Crusader und in der ersten Schlacht von El Alamein –, seine Vorwürfe enthielten ein Körnchen Wahrheit. In Bezug auf andere Aspekte der Leistungsfähigkeit der 8. Armee war er ähnlich streng:

Ich verfolgte den Ausbildungsstand sehr genau. Es wurde klar, dass die 8. Armee sehr schlecht ausgebildet war. Die Notwendigkeit dazu war nie betont worden. Deshalb unternahm niemand etwas in dieser Richtung. Die meisten Offiziere waren durch Können in der Schlacht hochgekommen oder weil sonst niemand da war, den man befördern konnte. Diese Offiziere eigneten sich nicht als Ausbilder.

Es gab im Mittleren Osten in den höheren Rängen wenige erstklassige Offiziere. Die meisten Spitzenpositionen waren mit zweitklassigen Männern besetzt. Auch hier trifft Auchinleck die Schuld. Er wollte nie gute Leute aus England haben, sondern lieber die zweitklassigen vor Ort, die er kannte.

Montgomerys Aufruf

Montgomerys Fähigkeit zur Selbstdarstellung hatte bei seinen Soldaten bald ihre Wirkung. Er besuchte wiederholt die Einheiten unter seinem Kommando, um in der 8. Armee einen neuen Geist zu schaffen. Sein Verhalten weckte gemischte, aber im Großen und Ganzen positive Gefühle bei den Männern. Der Frontsoldat wusste nun wenigstens, wer sein Kommandeur war und dass dieser entschlossen war, zu siegen. Darüber hinaus betonte Montgomery, dass er alles in seinen Kräften Stehende tun werde, die Verluste an Menschen so klein wie möglich zu halten. Ein Unteroffizier erlebte Montgomery mehrmals in dieser Zeit und meinte: „Erstmals in diesem Krieg hatten wir einen Kommandeur, der jedem von uns sagte, was los sei. Es war sehr ermutigend. Er sprach die gleiche Sprache wie seine Leute. Ich hatte großen Respekt vor ihm."

Montgomery hatte den Beginn seiner großen Offensive auf die Nacht vom 23. Oktober festgelegt. Während der sieben Wochen Vorbereitung – von der Abwehr der Offensive Rommels bei Alam Halfa bis zum 23. – gliederte er Verstärkungen ein und übte Kampfsituationen. Patrouillen und kleinere Operationen wurden durchgeführt, um den Feind einzuschläfern, die Unerfahrenen an den Kampf zu gewöhnen und etwas über die Aufstellung des Feindes zu erfahren.

Im australischen Sektor wurden diese Patrouillen bald zur Routine und laut J. R. Oates von der 5. Feldeinheit zum Lebensinhalt:

LINKS:
Frisch in Nordafrika eingetroffen, instruiert der britische Kommandeur Montgomery (links) einen Offizier der 22. Panzerbrigade. Montgomerys Führungsstil war zugleich schroff und inspirierend.

Diese nächtlichen Ausflüge ins Niemandsland und häufig auch in deutsch besetztes Gebiet waren recht einträglich. Wir brachten nicht nur dem Feind Verluste bei oder gewannen Informationen, sondern erbeuteten häufig auch Waffen und Versorgungsgüter. Mit Hilfe der Daten der Patrouillen machten die Pioniere einen Sport daraus, durch die feindlichen Linien zu schleichen, Minen zu stehlen und im feindlichen Gebiet wieder auszulegen.

Alliierte Überfälle

Neben Erkundungen führte die 8. Armee auch eine Reihe größerer Angriffe durch, einmal um das Stehvermögen der Achsenkräfte zu testen, zum andern, um bessere Ausgangspositionen für den Hauptangriff zu gewinnen. Im Norden war ein Unternehmen der Australier (Operation Bulimba) ein halber Erfolg, doch eine größere Aktion der 44. Infanteriedivision (Operation Braganza) wurde zum verlustreichen Fehlschlag ohne den geringsten Gewinn. Zumindest zeigten diese Überfälle den Briten, dass die Achsenkräfte keineswegs geschlagen, sondern immer noch eine große Gefahr waren.

Weiter im Süden lagen die „private armies", Spezialeinheiten, die an den Flanken der Hauptkräfte agierten. Ein britischer Offizier, der bei der Aufstellung dieser Einheiten dabei gewesen war, nannte die Wüste ein „Paradies für kleine Kommandounternehmen", weshalb in Nordafrika die meisten dieser Gruppen auf Betreiben Wavells und Auchinlecks entstanden waren. Der Grundgedanke dabei war, dass gut ausgebildete, hoch motivierte Männer komplizierte und meist gefährliche Missionen durchführen könnten, zu denen normale Truppen nie in der Lage gewesen wären. Die „private armies" spiegelten die britische Schwäche für besondere Einsätze wider, bei denen ein verwegener Offizier und die ihm ergebenen Männer selbst bei geringen Chancen siegen können.

Die erste und wohl effektivste dieser Organisationen war die *Long Range Desert Group* (LRDG) des britischen Offiziers Major Ralph Bagnold, der die Libysche Wüste schon vor dem Krieg intensiv erforscht hatte. Die LRDG war für Aufklärungsaktionen weit hinter den feindlichen Linien geschaffen worden. Bagnold hatte von Wavell die Genehmigung erhalten, völlig frei zu operieren. Er rekrutierte dazu freiwillige Neuseeländer, die ihre Waffen und Ausrüstung auf dem Transport verloren hatten. Später gesellten sich zu ihnen Rhodesier, dann Gardesoldaten und schließlich Milizregimenter.

Mit umgebauten Chevrolet- und Ford-Lastern operierte die LRDG von einer Oasenkette tief in der Wüste aus. Patrouillen zogen westwärts durch ganz Libyen bis an die tunesische Grenze. Die Aktionen konnten eine ganze Woche dauern. Die Männer mussten also nicht nur wissen, wie man in der Wüste überlebt, indem man sich etwa am Sonnenstand orientiert, sie mussten auch sonst sehr findig sein. Selbstdisziplin musste den Drill der konventionellen Militärdisziplin ersetzen. Von jedem wurde erwartet, dass er allein zurechtkam.

Die Professionalität der LRDG hob sich positiv von der anderer „Privatarmeen" ab,

RECHTS: *Männer der Long Range Desert Patrol mit einem speziell für Wüstenbedingungen umgebauten Laster. Die Long Range Desert Group war Meister der Navigation in den Weiten der Libyschen Wüste. Sie spielte bei der Informationsgewinnung über deutsche und italienische Bewegungen eine wertvolle Rolle.*

RECHTS:
David Stirling, der Gründer des SAS, war einer der dynamischsten Führer von Spezialeinheiten in Nordafrika.

die meist von begeisterten Amateuren aufgebaut und geführt wurden. Die Kommandos im Nahen Osten bestanden aus Kommando 8 und 11, der so genannten *Layforce,* benannt nach ihrem Chef, Oberst R. Laycock. Die Layforce arbeitete mit wechselndem Glück. Ihre Hauptaufgabe waren amphibische Angriffe zur Zerstörung feindlicher Einrichtungen entlang der Küste. Die Kommandos hatten etwas Erfolg, wenn das Risiko gering und die Mittel sorgfältig auf ein bestimmtes Ziel abgestimmt waren. Die größeren, zeitlich unbegrenzten Aktionen waren selten erfolgreich, totale Fehlschläge häufig. Eine solcher war etwa der Angriff auf Rommels Hauptquartier im November 1941. Der Leiter des Kommandos, Lieutenant-Colonel G. Keyes, kam dabei um (er erhielt posthum das Victoria-Kreuz), und viele seiner Leute wurden gefangen genommen. Falsche Informationen und gefährlich übertriebener Optimismus hatten das Unternehmen von Anfang an scheitern lassen.

Ein junger Offizier namens David Stirling, der sich von seinen Verwundungen erholte, kam zum Schluss, man könne mit Fallschirmjägereinsätzen hinter den feindlichen Linien etwas ausrichten. Ritchie und Auchinleck gaben ihr Einverständnis, und Mitte 1941 rekrutierte Stirling Freiwillige aus den Resten der Layforce. Stirling und seine Leute gaben sich den Namen L Detachment Special Air Service-(SAS-)Brigade, um dem deutschen Nachrichtendienst vorzutäuschen, es sei eine Luftlandebrigade gebildet worden.

Der erste Einsatz des SAS war ein Fallschirmjägerangriff auf zwei Flugfelder der Achse am 16. November 1941. Das Unternehmen endete als Fiasko, weil Höhenwinde die Leute verstreuten, wodurch das Kommando 70 % seiner Kräfte verlor. Die Überlebenden sammelte die LRDG auf. Stirling sah die Effektivität der LRDG und ließ das Konzept der Fallschirmeinsätze sofort zugunsten von Landeinsätzen mit schwer bewaffneten, von der LRDG geleiteten Jeeps fallen.

Der SAS hatte aber auch einige beachtliche Erfolge, indem er sich auf feindliche Flugplätze spezialisierte. In einem Fall leitete der zweite Chef des SAS einen Einsatz, bei dem 40 italienische Flugzeuge zerstört wurden. Stirling durfte seine Truppe ausbauen. Er hatte regen Zulauf von unterschiedlichsten Leuten wie von den französischen Fallschirmjägern, von der Griechischen Heiligen Schwadron, der Special Boat Squadron und aus der Special Interrogation Group (bestehend aus deutschen Nazigegnern).

Wüstenspähtrupps

Captain Pleydell, ein Sanitätsoffizier des SAS, empfand die Zugehörigkeit zu dieser ungewöhnlichen Truppe als interessante Abwechslung zu den Routinearbeiten:

Das Leben war frei und ungezwungen, erforderte aber Disziplin bei den Übungen und Einsätzen. Bei dem Unternehmen, bei dem ich dabei war, machte unsere Gruppe im Süden der Kampflinie weite Umwege, wandte sich dann nach Norden bis in Schussnähe eines Flugfeldes oder Ähnlichem. Die Tarnung hatte so perfekt zu sein, dass man einen versteckt selbst aus der Nähe nicht entdecken konnte. Langsam fliegende feindliche Flugzeuge konnten unseren Spuren bis zu unseren Verstecken folgen und waren deshalb stets eine Bedrohung. Es war ein kriegerisches Versteckspiel!

Neben den mehr organisierten Privatarmeen waren in Libyen auch Einzelkämpfer tätig. Einer der schillerndsten dieser Typen war Wladimir Penjakoff, ein Mann russisch-belgischer Abstammung, der nach dem Dienst in der französischen Armee im Ersten Weltkrieg als Ingenieur in Ägypten arbeitete. Mit Beginn des Zweiten Weltkrieges wurde er Offizier der englischen Armee und unternahm spezielle Operationen hinter den feindlichen Linien. Ursprünglich arbeitete „Popski", wie ihn die Briten nannten, mit libyschen Arabern,

UNTEN:
Lieutenant 'Tiny' Simpson, ein Angehöriger der Long Range Desert Group. Er trägt den schweren Wollpullover, der sich im Krieg bei den Angehörigen britischer Spezialeinheiten großer Beliebtheit erfreute. Sein Barett ist das des Royal Tank Regiment. Die LRDG trug eine Mischung von britischen und Commonwealth-Bekleidungsstücken, zu denen später amerikanische Ausstattungsstücke hinzukamen, als diese leichter erhältlich wurden.

OBEN:
Ein britischer Versorgungszug fährt als Teil der Vorbereitung für El Alamein unter Montgomerys wachsamem Auge nach vorne. Der Transporter an der Spitze trägt einen M4 Sherman, der zu jener Zeit zu den effizienteren Panzerfahrzeugen der Alliierten zählte.

vergrößerte aber seine Organisation mit Hilfe der LRDG zu „Popskis Privatarmee", die Sabotageakte gegen Einrichtungen der Achse plante. Eine der erfolgreichsten Operationen führte zur Vernichtung von etwa 400.000 Litern Benzin, das die deutschen Panzer so dringend benötigten.

Montgomerys Hochmut

Anders als seine Vorgänger hatte Montgomery keine hohe Meinung von den Spezialeinheiten, die in der Wüste herumliefen. Insbesondere war er gar nicht begeistert davon, dass ihm der SAS seine besten Männer und Unteroffiziere abwarb. John Hackett sollte nach seiner Verwundung bei Gazala als Verbindungsoffizier zwischen dem Oberkommando und den Privatarmeen fungieren. Er empfand ihre Anführer als „einen Haufen sehr kapriziöser Primadonnen. Ich sollte den höheren Offizieren die Spezialoperationen verständlich und schmackhaft machen, was schwierig war, da die Privatarmeen keine leicht zu kontrollierenden Haufen waren."

Bei einem Versuch, Freiwillige zu werben, trafen sich Hackett und D. Stirling gerade vor der Schlacht von El Alamein mit Montgomery. Dieser war von Stirlings dringenden Bitten nicht beeindruckt. Laut Hackett entgegnete Montgomery: *„Was lässt Sie glauben, Stirling, dass diese Leute unter Ihrem Kommando besser kämpfen als unter meinem? In keinem Fall werden sie für die Schlacht [El Alamein] bereitstehen."* Ich konnte mir nicht verkneifen zu antworten: *„Ja, vielleicht nicht für diese Schlacht, aber für die nächste und alle folgenden.*

Dies war zu viel für Monty. Er schlug auf die Karte bei El Alamein und erklärte: „Es wird keine weitere Schlacht in Afrika geben. Dies wird die letzte sein. Mein Auftrag ist, Rommel zu vernichten, und ich habe vor, ihn zu vernichten, und zwar hier!" – wobei er auf El Alamein zeigte. David erwiderte: „Oh ja, General, aber schon der letzte General erzählte uns etwas Ähnliches und der davor auch."

Natürlich bekam Stirling seine Freiwilligen nicht. Die Anekdote zeigt den Unterschied zwischen dem Soldaten der Spezialeinheit und dem professionellen General. Wenn die Privatarmeen auch gute Arbeit an den Flanken leisteten, so wusste Montgomery doch, dass der Wüstenkrieg nur durch eine Vernichtung der Achsenkräfte in einer größeren Schlacht zu gewinnen war. Und diese würde bei El Alamein gewonnen oder verloren, wie er Hackett und Stirling zuvor erklärt hatte.

Weitere Vorbereitungen

Im September und Oktober bauten die Achsenmächte ihre Verteidigungslinien weiter aus, während die Briten ihre Offensive vorbereiteten. Die Deutschen verstärkten die Italiener mit ihrer eigenen Infanterie in der Abwehrlinie. Ausgebrannt und krank von der ständigen Anspannung im Wüstenkampf verließ Rommel zeitweilig Afrika, um sich in Deutschland zu erholen. Das Kommando übernahm dann General Georg Stumme, ein Veteran des Balkankrieges und der Ostfront.

Vorbereitungen der Achse

Die Panzerverbände der Achse wurden als mobile Reserve zurückgezogen, während fünf Infanteriedivisionen – inklusive der frisch eingetroffenen deutschen 164. Division und der italienischen Folgore-Luftlandedivision – an festen Stellungen entlang der Kampflinie in Position gingen. Die Italiener wurden mit fronterfahrenen deutschen Fallschirmtruppen der Ramacke-Brigade, die als Bodentruppen fungierten, verstärkt.

Unter Leitung Oberst Heckers, Rommels Pionierchef, hatte die Achse eine beeindruckende Verteidigungslinie aus einer Reihe verbundener Stützpunkte aufgebaut, die durch fast 500.000 Minen gesichert waren, von denen 14.000 Anti-Personen-Minen waren. Diese waren speziell gegen Räumkommandos für die Panzerminen gerichtet. Die Beweglichkeit im Schlachtfeld von El Alamein war durch die Küste im Norden und die Qattara-Senke im Süden eingeschränkt. Minen wurden dadurch für die Verteidiger besonders wertvoll. Die Kommandeure der Achse hofften, dass ihre Zahl ausreichen würde, vor dem Eintreffen eigener Reserven jeden alliierten Vormarsch aufzuhalten.

Sechs Divisionen bildeten die mobile Reserve. Rückwärtig im Süden lagen die 21. Panzerdivision und die Ariete-Division, im Norden die 15. Panzerdivision und die Littorio-Panzerdivision. Die 90. leichte Division und die motorisierte Triest-Division wurden als Infanterie-Reserven entlang der Küstenstraße positioniert.

Erstmals im Wüstenkrieg hatten die Briten eine deutliche Überlegenheit an Menschen und Material: 195.000 Mann gegenüber 104.000 (50.000 davon Deutsche); 1029 Panzer gegenüber 489 (211 davon deutsche); 2311 Geschütze aller Typen gegenüber 1219 (644 davon deutsche) und 530 Flugzeuge gegenüber 350 (150 davon deutsche).

In der Vergangenheit hatten die Wüstenkommandeure stets versucht, die Südflanke ihrer Gegner zu öffnen, doch bei El Alamein ging dies nicht. Deshalb musste Montgomery frontal im Norden angreifen. Der Abhördienst der Achse wurde mit fingierten Funksprüchen getäuscht, nach denen eine große Panzerformation im Südabschnitt stünde, während sich die Hauptangriffsdivisionen im Norden rigoros tarnen mussten, um die Truppenkonzentrationen in diesem Gebiet zu verschleiern. Montgomery hatte sich für eine Zermürbungstaktik entschieden, in der sich die zahlenmäßige Überlegenheit der Briten bei eingeschränkter Beweglichkeit der deutschen Panzer auswirken sollte.

Das Eintreffen von Verstärkung hatte es Montgomery erlaubt, die 8. Armee in drei anstelle der üblichen zwei Korps aufzuteilen.

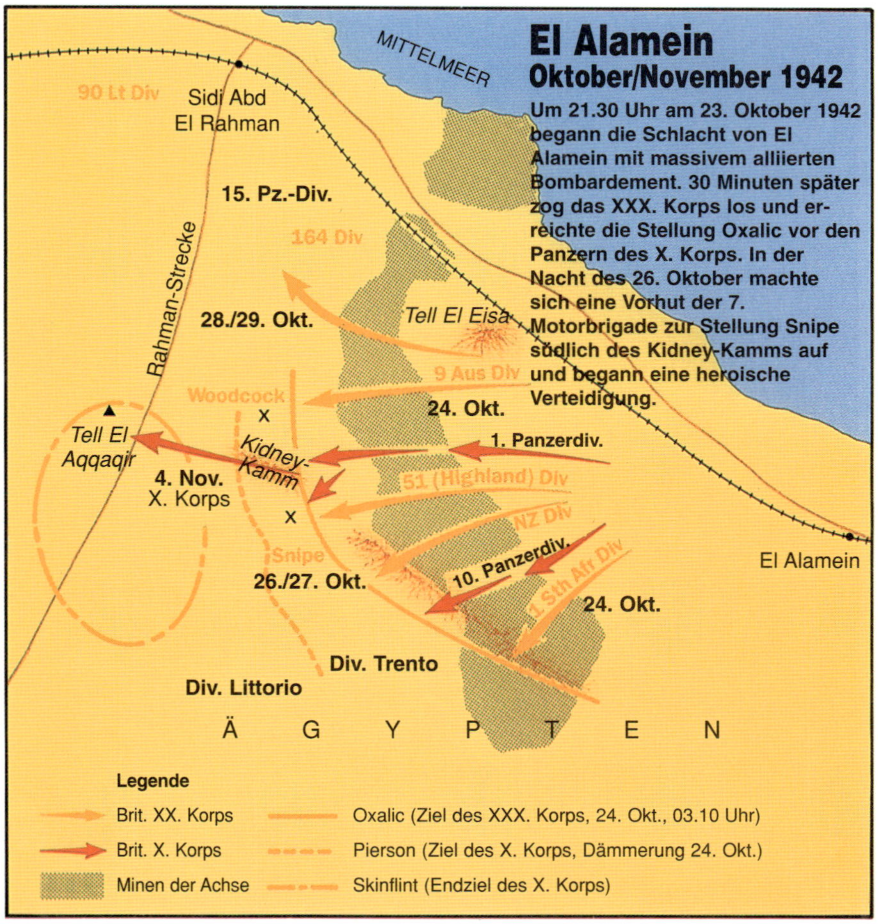

UNTEN:
Veteranen des Afrika-Korps rücken zu Stellungen entlang der Alamein-Linie vor. Ihre Erschöpfung zeigt sich deutlich. Die Deutschen würden bald in der Defensive sein und die Macht der überlegenen alliierten Ressourcen kennenlernen.

OBEN:
Panzerwagen einer neuseeländischen Einheit treiben Gefangene der Achse zusammen. Die meisten der von den britischen und Commonwealth-Truppen bei Alamein gefangenen Soldaten waren Italiener, die keine Fahrzeuge für den Rückzug vom Schlachtfeld besaßen.

Das XXX. Korps (Lieutenant-General O. Leese) umfasste die Hauptangriffsverbände – die 9. australische, die 51. (Schotten), die 2. neuseeländische und die 1. südafrikanische Division, die sich durch die feindlichen Linien kämpfen sollten – und die 4. indische Division, die auf dem Ruweisat-Kamm Stellung bezog.

Der Schlachtplan der Alliierten

Durch die Minenfelder der Achsentruppen mussten zwei Korridore getrieben werden, durch welche die Panzer des X. Korps (Lieutenant-General H. Lumsden), bestehend aus der 1. und 10. Panzerdivision, vorrücken sollten. Anstatt weiter vorzumarschieren, sollte das X. Korps Verteidigungsstellungen entlang der Infanterie beziehen, um die Gegenstöße der feindlichen Panzer aufzufangen.

Im Süden lag das XIII. Korps (Lieutenant-General B. Horrocks), bestehend aus der 7. Panzerdivision, der 44. und 50. Infanteriedivision und einer Brigade französischer Infanterie. Sie sollten durch zusätzliche Angriffe im Süden die feindlichen Reserven, insbesondere die 21. Panzerdivision, in diesem Sektor binden, während die eigentliche Schlacht im Norden geschlagen werden sollte.

Am 23. Oktober bezog die 8. Armee ihre Ausgangspositionen. Zum Schutz der vorausziehenden Infanterie entschied sich Montgomery für einen Nachtangriff. Major-General D. Wimberley, der Kommandeur der 51. Highland Division, beschrieb die Augenblicke vor dem Angriff:

Als wir vorwärts fuhren, war es unglaublich still. Kaum ein Schuss oder eine Granate brach die Stille. In Erinnerung des Kriegs von 1914 bis 1918 fühlte man, dass diese Ruhe nicht echt sein konnte. In dieser dem Sturm vorausgehenden Stille stand ich in einer der Lücken im Stacheldraht und beobachtete meine Schotten. Zug um Zug zogen sie vorbei, schwer beladen mit Hacke und Schaufel, Sandsäcken und Granaten, den Offizier an der Spitze, den Dudelsackpfeifer neben sich.

Um 21.40 Uhr eröffnete die 8. Armee das Feuer. Der Artillerieangriff – der größte des Wüstenkrieges – war gewaltig. Seine Wirkung bestand nicht nur darin, vorgeschobene Geschützstellungen der Achse zu vernichten, sondern auch ganz wesentlich in der moralischen Unterstützung der vorrückenden Truppen. Ein Panzersoldat, Bob Sykes, erinnerte sich gut an den Artillerieangriff:

Wir saßen herum und redeten, bis es dunkel wurde. Es gab ein paar Schüsse hier und da, dann herrschte Totenstille. Weit im Norden flammt ein Scheinwerfer senkrecht auf, dann noch einer. Dann erhellte sich der Nachthimmel unter dem größten Artilleriefeuer, das ich je erlebt habe. Der Lärm war mehr als ohrenbetäubend. Alles schien sich zu drehen.

Pioniergruppen gingen sodann ins Niemandsland vor, um mit neuen Minensuchgeräten Wege durch die Minenfelder der Achse freizulegen. Neben den Pionieren operierten „Skorpion"-Tanks, die man mit Dreschflegeln an rotierenden Trommeln an der Stirnseite der Panzer bestückt hatte, die die Minen auslösen sollten. Trotz der größten Anstrengungen der britischen Pioniere war der Vormarsch langsam. Viele Minen blieben intakt und verursachten Verluste an Menschen und Panzern.

Die ersten Phasen von Alamein

Nun folgte die Infanterie mit aufgepflanzten Bajonetten. Im Nordsektor sollte Leeses XXX. Korps durch die Korridore in den Minenfeldern vorrücken, der rechte für die 9. australische und die 51. schottische Division, der linke für die 2. neuseeländische Division. Der Vormarsch verlief anfangs zügig, doch der zunehmende Widerstand der deutschen und italienischen Verteidiger machte es unmöglich, die für die erste Nacht gesteckten Ziele zu erreichen. Trotzdem hatte Mongomery die Genugtuung, dass seine Truppen der feindlichen Infanterie erhebliche Verluste zugefügt hatten. Die italienische Division Trento war schwer angeschlagen, und zwei Bataillone der deutschen 164. Infanteriedivision waren in der ersten Nacht vernichtet worden.

Da es der britischen Infanterie nicht gelungen war, die zwei Korridore durch die Minenfelder zu bahnen, sahen sich die Panzer von Lumsdens X. Korps an der feindlichen Front und weiter hinten im Niemandsland festgekeilt. Montgomery befahl Lumsden durchzubrechen, doch der Versuch misslang unter schweren Verlusten. Montgomery befahl dem XXX. und X. Korps, ihre Angriffe mit größter Anstrengung erneut vorzutragen, doch inzwischen hatten sich die Verteidiger vom ersten Ansturm erholt. Ihr zunehmender Widerstand brachte den britischen Angriff zum Halten.

Im südlichen Sektor trug das britische 8. Korps seine Ablenkungsangriffe wie geplant vor. Die 7. Panzerdivision blieb in Bereitschaft. Die Last des Angriffs trug die 44. und 50. Infanteriedivision. Die Italiener hielten dem XII. Korps stand und fochten mit großer Entschlossenheit. Die Briten bezahlten geringfügigen Geländegewinn mit schweren Verlusten. Der Angriff der Freien Französischen Brigade bei den Wüstenerhebungen von Qaret und Himeimat im Süden kam auch nicht weiter. Obwohl Horrocks' XIII. Korps keinen Geländegewinn verzeichnen konnte, hatte es seine Hauptaufgabe erfüllt, nämlich den Aufbruch der 21. Panzerdivision und der Division Ariete aus ihren Positionen im Süden zur Unterstützung des Nordsektors zu verzögern.

An der anderen Seite der Minenfelder waren die Achsen-Kommandeure vom britischen Angriff ziemlich geschockt. Einige Generäle waren unterwegs, und der Befehlshaber, General Stumme, erlitt einen Herzinfarkt und fiel von seinem Wagen, als er in der Nacht des Angriffs über das Schlachtfeld fuhr. Sein Tod war ein schwerer Schlag für die

UNTEN:
Eine 25-Pfünder-Haubitze der britischen 8. Armee feuert auf feindliche Stellungen. Trotz der alliierten Luftüberlegenheit ist das Geschütz vorsichtshalber mit Tarnnetzen bedeckt.

Achse, und etliche Zeit ging verloren, ehe der Chef des Afrika-Korps, Generalleutnant Ritter v. Thoma, das Kommando übernehmen konnte. Als Rommel von dem Angriff hörte, eilte er an die Front zurück. Am 26. Oktober leitete er wieder die Gegenangriffe gegen die Briten im Nordsektor.

Wegen der zunehmenden Stärke der Gegenangriffe der Achse verlegte Montgomery Einheiten aus dem XIII. Korps zur Unterstützung der Truppen im Nordsektor. Obwohl der Durchbruch nicht gelungen war, blieb Montgomery der Ansicht, dass sich die Zermürbungsschlacht, die sich entwickelt hatte, wegen seiner Zahlenüberlegenheit für ihn positiv auswirken müsse, solange seine Leute durchhielten. Er schickte die 7. motorisierte Brigade nach vorn, um den Ansturm der Deutschen zwischen den Australiern und Schotten aufzufangen. Eine der Einheiten der Brigade – das 2. Bataillon oder die „Rifle-Brigade" – vollführte von einer kleinen Erhebung, dem so genannten „Snipe-Kamm", aus einen heroischen Abwehrkampf. Major-General R. Briggs, Kommandeur der 1. Panzerdivision und zeitweilig der 7. Brigade, erinnert sich an den Kampf des Bataillons:

Der erste Gegenstoß kam am 27. um 3 Uhr morgens. Den Tag über wurden acht Angriffe auf das geprüfte, aber standhafte Bataillon gestartet. Das Abwehrfeuer der zwölf 6-Pfünder-Panzerabwehrkanonen wurde meist erst eröffnet, wenn die feindlichen Panzer auf etwa 140 m heran waren. Das Ergebnis war mörderisch.

Inzwischen verfolgte ich den Verlauf der Schlacht über meine Kopfhörer und hörte Rufe nach Panzerunterstützung. Ich dirigierte die Panzer zwar in die Nähe, aber jede Bewegung durch das Tal hätte sofort zu heftigem Abwehrfeuer und somit zum Verlust meiner Panzer geführt.

Es gab einen weiteren Faktor, den nur ich kannte und nicht preisgeben durfte. Ich hatte gerade gehört, dass die 21. Panzerdivision vom Süden heraufkam, um sich uns gegenüber mit der 15. Panzerdivision zu vereinigen. Ich wusste, dass kurzfristig jeder Panzer gebraucht würde, um es mit den beiden Divisionen aufzunehmen, was auch einige Stunden später zutraf. Ich konnte zwischen einer Vernichtung der Rifle-Brigade und dem Erhalt meiner Panzerstellung wählen. Widerstrebend musste ich mich dafür entscheiden, die Infanterie ihren Kampf allein ausfechten zu lassen.

Der befehlshabende Offizier, Colonel Vic Turner, wurde frühzeitig am Kopf verletzt, machte aber trotzdem fast bis zum Ende verbissen mit. Das ihm verliehene Victoria-Kreuz war laut Field Marshal Alexander eins der am meisten verdienten des ganzen Krieges. Nach der Schlacht verschaffte ich mir einen Überblick, was an Panzern und Geschützen im Umfeld der Stellung herumlag. In ein paar Stunden des Kampfes hatte diese Einheit 35 Panzer abgeschossen und 20 weitere irreparabel beschädigt.

Montgomery befiehlt einen Halt

Die Verluste der Rifle-Brigade waren trotz massiven Beschusses relativ gering. Die 8. Armee hatte die deutschen Gegenangriffe aufgehalten, doch keinen Vorteil erzielt. Montgomery befahl, die Offensive zu unterbrechen, um seine ziemlich weit verstreuten Einheiten neu zu gruppieren.

Diese Entscheidung Montgomerys kommentierte Churchill mit Ärger und Unge-

UNTEN:
Britische Soldaten suchen den Boden sorgfältig nach Minen ab. Beide Seiten setzten ausgiebig Minen ein. Diese kanalisierten die Kämpfe in engen Sektoren der Front und hinderten den Feind am Umgehen der Verteidigungslinien.

duld. Dieser glaubte, Montgomery führe „eine halbherzige Schlacht". In Wahrheit bereitete der Kommandeur der 8. Armee seine Kräfte auf den letzten Sturm, die Operation Supercharge, vor.

Churchills Unmut wäre geringer gewesen, wenn er die Mutlosigkeit, die der britische Angriff im Lager der Achse erzeugt hatte, gekannt hätte. Rommel schrieb am 29. Oktober in düsterer Stimmung an seine Frau:

Die Dinge entwickeln sich sehr bedenklich. Wenn Du den Brief erhältst, wird entschieden sein, ob wir standhalten können oder nicht. Ich habe nicht viel Hoffnung. Nachts liege ich mit offenen Augen, wegen der Last auf meinen Schultern unfähig zu schlafen. Am Tage bin ich todmüde. Was wird passieren, wenn es hier schief geht? Diese Gedanken quälen mich Tag und Nacht. Ich sehe keinen Ausweg, wenn so weit kommt.

Rommel, einst ein optimistischer Truppenkommandeur, wurde durch die Offensive niedergedrückt, während seine Truppen von der 8. Armee erdrückt wurden. Rommels Hoffnung auf einen Sieg – nicht nur in Afrika, sondern im Ganzen – schwand. Für ihn war der Krieg verloren.

Operation Supercharge

Die neue britische Offensive startete am 2. November mit höchster Entschlossenheit. Italienische Panzerabwehrkanonen schossen selbst noch auf 18 m auf die britische Panzer. Die 9. Panzerbrigade an der Spitze des Angriffs, wurde übel zugerichtet: 70 ihrer 94 Tanks gingen verloren. Die 1. Panzerdivision dagegen konnte dem Feind erhebliche Verluste zufügen. Den Luftraum über El Alamein beherrschte die Desert Air Force, wodurch jede Bewegung der Achse bei Tageslicht zum Risiko wurde. Obwohl ihre Linien in der Nacht vom 2. auf den 3. November noch standhielten, gab Rommel die Schlacht verloren. Er hatte nur noch 35 einsatzfähige Panzer, und die ohne Sprit. Also bereitete er den allgemeinen Rückzug vor.

Den ganzen 3. November über hielten die Achsentruppen noch ihre Stellungen, da Hitler befohlen hatte, ungeachtet aller Folgen standzuhalten. Doch die Angriffe der 51. und 4. indischen Division durchbrachen die Stellungen der Achse. Am 4. November startete Rommel seinen langen Rückzug nach Tripolis. Montgomery schickte Teile der Neuseeland-Division und der 1., 7. und 10. Panzerdivision zur Verfolgung los. Die Briten gingen sehr vorsichtig vor, und Rommel konnte unter anderem aufgrund des schlechten Wet-

OBEN:
Generalfeldmarschall Albert Kesselring, Kommandeur der Streitkräfte der Achsenmächte im Mittelmeerraum, wird seinem Spitznamen „Lächelnder Albert" gerecht. Die Lage der Truppen der Achse war allerdings verzweifelt.

UNTEN:
US-Truppen waten nahe Oran an Land. Die Torch-Landungen veränderten das strategische Bild in Nordafrika und zwangen die Achse zum Rückzug in die Defensive nach Tunesien.

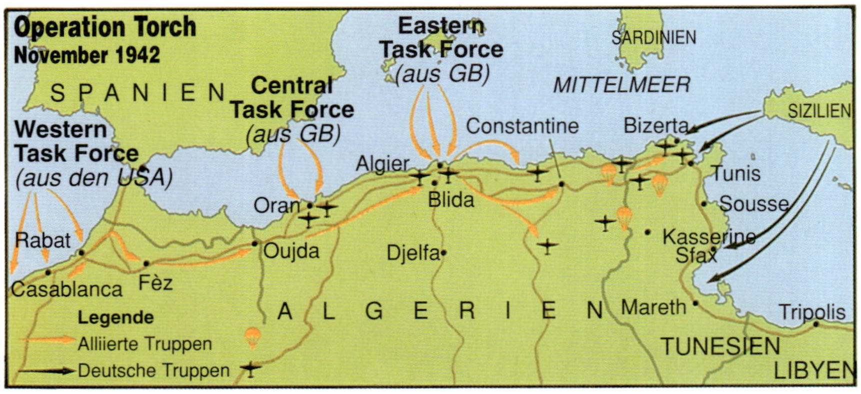

ters entkommen. Allerdings wurden Gruppen ohne Motortransporter oder Sprit (meist Italiener) eingekreist und innerhalb weniger Tage gefangen genommen.

Operation Torch

Montgomery hatte einen großen Sieg errungen. Die Achsenmächte beklagten 20.000 Tote oder Verwundete, weitere 30.000 gerieten in Gefangenschaft. Die 8. Armee verzeichnete 13.500 Opfer. Nun folgte die Landung der Alliierten in Marokko und Algerien, was für die Achsenmächte einen Zweifrontenkrieg in Nordafrika bedeutete. Rommel konnte sich mit der 8. Armee nicht auf einen neuen Kampf einlassen. Er musste sich wohl oder übel nach Tunesien zurückziehen, wohin Hitler verspätet Verstärkungen schickte.

Auf ihrem Rückzug durch Libyen erschwerten die Truppen der Achse den Briten den Vormarsch. Nachhutgefechte mussten ausgetragen, Minenfelder geräumt und Sprengfallen beseitigt werden. In El Agheila setzten sich die Deutschen erneut vom 23. November bis zum 13. Dezember fest, mussten dann aber nach Tripolitanien zurückweichen. Während sich die Achsenkräfte zu ihren Nachschublagern zurückzogen, wuchs ihr Widerstand. Die Briten mussten massive Angriffe starten, um die Deutschen aus ihren Stellungen bei Wadi Zem Zem und dem Hügelland um Homs zu vertreiben. Der geordnete britische Vormarsch erlaubte den Deutschen nur noch Verzögerungsaktionen.

Am 23. Januar 1943 marschierten die Briten in Tripolis ein und erreichten damit das über Jahre gesteckte Ziel der 8. Armee. Rommel zog sich inzwischen weiter nach Westen zurück und überschritt am 4. Februar die Grenze nach Tunesien. Dort verschanzten sich seine Truppen schnellstens in den neu errichteten Stellungen der Mareth-Linie. Der Wüstenkrieg war damit vorbei, doch in den Bergen Tunesiens sollte der Kampf weiter gehen.

Wie die Schlacht von El Alamein das Blatt in der Libyschen Wüste wendete, so veränderte die alliierte Landung das Gesicht des Krieges in Nordafrika. Die kombinierte angloamerikanische Expedition, die Operation Torch, bestand aus drei großen amphibischen Angriffen an den Küsten Marokkos und Algeriens. Die Amerikaner stellten das

RECHTS:
General Dwight D. Eisenhower, zum alliierten Oberkommandeur in Nordafrika ernannt, inspiziert britische Truppen. Die Amerikaner begannen bei der Durchführung von Operationen eine immer größer werdende Rolle zu spielen.

LINKS:
Commonwealth-Truppen bei Säuberungsoperationen in Nordafrika. Sie sind mit SMLE-Gewehren bewaffnet, die schon im Ersten Weltkrieg benutzt wurden, doch immer noch eine ausgezeichnete Waffe darstellten.

Gros der Soldaten. Der britische Beitrag bestand aus See- und Luftstreitkräften sowie Spezialeinheiten. Die alliierten Befehlshaber hielten es für klug, die Briten im Hintergrund zu halten, da den Franzosen der Beschuss von Mers-el-Kebir durch die Royal Navy von 1940 noch im Magen lag.

Die Western Task Force (Major-General G. S. Patton) landete – direkt aus den USA kommend – in Marokko und sollte sich auf die Einnahme von Casablanca konzentrieren. Die Central Task Force (Major-General L. Frendendall) und die Eastern Task Force (Major-General C. Ryder) fuhren von England und durch die Straße von Gibraltar nach Algerien. Frendendalls Männer sollten Oran besetzen, während Ryders Truppen die schwierigste Aufgabe zufiel, nämlich mit Algier den Sitz der französischen Kolonialregierung einzunehmen und nach Tunesien vorzurücken.

Die französische Vichy-Regierung hatte nach Frankreichs Kapitulation als Scheinpartner der Achse die Kontrolle über die nordafrikanischen Kolonien Marokko, Algerien und Tunesien aufrechterhalten, doch es herrschte dort eine ausgesprochen antideutsche Stimmung, welche sich die Alliierten zunutze machten. Der Widerstand gegen die alliierten Landungsoperationen war planlos, begrenzt und letztlich ineffektiv. Einmal an Land, unterdrückten die Alliierten den Widerstand der Vichy-Franzosen und vereinbarten am 10. November einen Waffenstillstand.

Einheiten der Eastern Task Force, die mit anderen alliierten Verbänden in die 1. Armee eingegliedert worden waren, stießen – von Fallschirmtruppen unterstützt – nach Tunesien vor. Der Plan war, Tunis einzunehmen und dann nach Süden zu schwenken, um Rommels Truppen den Weg nach Tunesien abzuschneiden.

Die Operation Torch traf die Deutschen unvorbereitet. Sie reagierten jedoch äußerst schnell. Hitler und das OKH hatten bislang das Geschehen in der Libyschen Wüste als nebensächlich angesehen. Mit „Torch" (Fackel) änderte sich dies schlagartig: Hitler war entschlossen, Nordafrika um jeden Preis zu halten. Eilends wurden Verstärkungen als Vorhut der 5. Panzerarmee Generaloberst Hans-Jürgen von Arnims nach Tunesien geschickt. Diese Ankunft deutscher Truppen durchkreuzte die Pläne der Alliierten. Ende November kamen alle mobilen Operationen – nicht zuletzt auch wegen des schlechten Winterwetters in den Bergen des Atlasgebirges – zum Stillstand. Die Alliierten fanden sich damit ab, sich auf eine Volloffensive im nächsten Frühjahr vorbereiten zu müssen.

Das raue Gelände und das Winterwetter machten die Bedingungen für die Alliierten schwierig, doch als noch problematischer sollte sich die Komplexität der neuen Befehlsstruktur erweisen. Es war dies das erste Mal, dass britische Truppen und solche der Vereinigten Staaten gemeinsam operierten. Es

RECHTS:
Britische Versorgungslaster passieren ein ausgebranntes deutsches Ju-52-Transportflugzeug. Die Deutschen setzten zur Versorgung ihrer Truppen in Tunesien eine große Zahl dieser Transportflugzeuge ein. Viele davon wurden von alliierten Jagdflugzeugen abgeschossen.

gab einige neuralgische Punkte im Austausch zwischen den Kommandeuren beider Nationen, die die unterschiedlichen strategischen Prioritäten und militärischen Traditionen widerspiegelten. Und trotzdem arbeiteten die beiden Truppen alles in allem überraschend gut zusammen, anders als bei den Deutschen und Italienern, wo das schlechte Verhältnis jede Operation belastete.

Zwiespältig war die Position der Franzosen in Nordafrika. Nach anfänglichem Mißtrauen ließen sie sich für die Sache der Alliierten gewinnen, besonders nachdem die Deutschen ihr Image der Unbesiegbarkeit eingebüßt hatten. Die französischen Verbände wurden langsam unter alliiertem Kommando integriert, auch wenn einige französische Kommandeure ungern unter den Briten dienten.

General D. D. Eisenhower wurde zum obersten Befehlshaber der Alliierten ernannt, wenngleich einige taktische Aufgaben im Bereich britischer Kommandeure blieben: General Alexander kam von Kairo, um die neu geschaffene 18. Heeresgruppe zu übernehmen, während Lieutenant-General Sir Kenneth Anderson die Führung der 1. Armee, einer multinationalen Truppe aus Briten, Amerikanern und Franzosen, übernahm. Aus dem Süden zog Montgomerys 8. Armee heran. Sie hatte Rommel durch Libyen nach Tunesien gedrängt, wo dessen Truppen entlang der Mareth-Linie neue Stellungen ausbauten.

Die Niederlage von Kasserine

Ehe die Alliierten bereit waren, ihre Offensive zu starten, schlugen die Deutschen zu. Am 14. Februar 1943 bahnten sich deutsche Panzerverbände unter Rommel ihren Weg durch die Berge und schlugen das unerfahrene II. US-Korps vor dem Kasserine-Pass. Von Arnim konnte auch im Norden die Alliierten aus ihren Stellungen werfen. Rommel wollte diesen Sieg dazu nutzen, tief in die alliierten Linien einzubrechen, wurde aber von seinen Vorgesetzten daran gehindert. Nach einigen Tagen waren die alliierten Linien abgesichert und der deutsche Vormarsch gestoppt.

Rommel verfügte nicht mehr über die Handlungsfreiheit wie im Wüstenkrieg. Seine Meinung, die Deutschen sollten sich völlig aus Afrika zurückziehen, brachte ihn in direkten Widerspruch zu Hitler. Rommel verzweifelte an der Entwicklung in Nordafrika und seine folgenden Aufzeichnungen vermitteln einen Eindruck von den Problemen der Achsenkräfte Anfang 1943:

Wir hatten immer noch keine strategischen Entscheidung des deutschen oder italienischen Oberkommandos über die Zukunft des Krieges in Afrika. Sie hatten die Dinge bisher nicht realistisch betrachtet – sie wollten es auch gar nicht. Wir waren nur überaus beeindruckt von der Menge an Material, die man plötzlich für Tunesien freimachen konnte, Mengen, die in keinem Verhältnis zu dem standen, was wir bisher bekommen hatten. Das Ausmaß der Gefahr war zuletzt doch nach Rom durchgedrungen. Aber die Briten und Amerikaner hatten in der Zwischenzeit ihre Materialtransporte vervielfacht und bauten ihre Luft- und Seeherrschaft ständig aus. Eines unserer Schiffe nach dem anderen ging im Mittelmeer verloren, und es wurde klar, dass keine noch so große Anstrengung die Versorgungslage entscheidend verbessern konnte. Wir steckten bis zum Hals im Dreck und hatten nicht mehr die Kraft, uns selbst herauszuziehen.

Das Missmanagement, die operativen Fehler, die Vorurteile, die ständige Suche nach

Sündenböcken: All dies erreichte nun seinen Höhepunkt. Und wer dafür bezahlte, war der einfache deutsche oder italienische Soldat.

Rommel verlässt Afrika

Trotz Rommels Prophezeiungen setzte die Achse ihre Angriffe fort. Am 6. März wurde bei Medenine vor der Mareth-Linie eine zweite begrenzte Offensive gegen die 8. Armee eröffnet, doch der Angriff wurde ungeschickt vorgetragen. Die britischen, gut mit Panzerabwehrwaffen ausgerüsteten Wüstenveteranen schlugen ihn zurück. Viele für die Deutschen wertvolle Panzer wurden zerstört. Erschöpft und frustriert verließ Rommel am 9. März für immer Afrika. Das Kommando übertrug er von Arnim. In der Zwischenzeit hatte General Giovanni Messe den Befehl über alle Streitkräfte der Achse in Nordafrika übernommen. Seine Entscheidungen hingen jedoch von deutscher Zustimmung ab.

Montgomerys Angriff auf die befestigte Mareth-Linie begann am 20. März. Der britische Plan sah einen Hauptstoß auf die Linien rechts neben dem Zentrum vor. Ein weites Umgehungsmanöver sollte gleichzeitig auf der linken Seite vom Neuseeland-Korps (ursprünglich die 2. Division) ausgeführt werden, um Reserven von der Hauptschlacht abzuziehen. Ein gut abgestimmter deutscher Panzervorstoß stoppte jedoch den britischen

OBEN:
Ein Zug indischer Truppen rückt auf Bren-MG-Trägern durch eine Stadt in Nordafrika vor. Die Bren-Träger waren nicht gepanzert. Sie wurden sowohl zum Führen der Soldaten in den Kampf wie auch als Transporter eingesetzt.

LINKS:
Die Versorgung mit Wasser war in der Wüste stets ein Hauptproblem. Hier werden Fässer mit Süßwasser, die von Alexandria aus entlang der Küste transportiert worden waren, von Männern der Royal Navy zu wartenden Soldaten an Land gebracht.

Angriff. Montgomery verlagerte daraufhin den Schwerpunkt seines Angriffs an den linken Flügel, indem er seine 1. Panzerdivision zur Unterstützung der Neuseeländer entsandte. Schweren Luftangriffen durch die Desert Air Force ausgesetzt und von Einkesselung bedroht, zogen sich die Truppen der Achse gekonnt an neue Stellungen bei Wadi Akarit zurück. Die Panzerverbände verloren dabei viele Tanks.

Weiterer Rückzug der Achse

Montgomery trug in der Nacht vom 6. auf den 7. April einen zentralen Angriff auf die Stellungen von Wadi Aka vor, wobei er eine Bresche in die Linien der Achse schlagen konnte. General Messe sah sich einer weiteren Bedrohung an der rechten Flanke durch das aufgefrischte II. US-Korps (nun unter General Patton) ausgesetzt. Er brach den Kampf ab und setzte sich nordwärts nach Enfidaville ab. Die Achsenkräfte waren nun in einen Kessel um die Häfen Bizerta und Tunis gedrängt.

Die 8. Armee marschierte nordwärts, die 1. Armee griff von Westen her an. Am 22. April schlugen die Briten im Zentrum los, während die Amerikaner entlang der Küste vorgingen. Die Truppen der Achse hielten ihre Bergstellungen verzweifelt, besonders bei Longstop Hill, wo die britische 78. Division vier Tage harten Kampfes brauchte, um sich gegen die Verteidiger durchzusetzen. Als der Angriff der 8. Armee stoppte, sandte Montgomery Truppen zur Unterstützung der 1. Armee, die aus den Bergen auf Tunis vorstoßen sollte.

In der ersten Maiwoche gingen die Alliierten in der Küstenebene vor. Am 5. Mai nahm die britische 1. Infanteriedivision Dschebel Bou Aoukaz ein. Am Tag darauf vertrieb die 4. indische Division die Achsenkräfte aus der Schlüsselposition von Medjez el Bab.

Tunis wird eingenommen

Der Weg für die Panzer war nun frei. Am 7. Mai fuhr die britische 7. Panzerdivision, die *Desert Rats,* triumphierend in Tunis ein. Weiter im Norden nahmen die Amerikaner Bizerta, sodass die Achsenkräfte nur noch auf der Halbinsel von Cape Bon einen Stützpunkt besaßen. Aber der alliierte Durchbruch hatte die Führung der Achse restlos überrollt. Organisierten Widerstand gab es nicht mehr. Am 12. Mai wurde von Arnim gefangen genommen. Am folgenden Tage kapitulierte Messe mit den Resten der Achsenkräfte.

Hitlers leichtsinnige Strategie der massiven Verstärkung des tunesischen Brückenkopfes trug nun bittere Früchte. Neben 115.000 Italienern marschierten 125.000 deutsche Soldaten in die Gefangenschaft. Diese Riesenzahl Gefangener war eine besondere Genugtuung für die Briten, die mehr als drei Jahre lang gekämpft hatten, um diesen Augenblick zu erleben. In den siebenmonatigen Kämpfen in Tunesien verzeichneten die Alliierten etwas mehr als 40.000 Tote und Verwundete, die meisten davon Briten.

Am 13. Mai 1943 sandte General Alexander sein berühmtes lakonisches Telegramm an Churchill: „Sir, es ist meine Pflicht, Ihnen mitzuteilen, dass der Krieg in Tunesien vorbei ist. Jeder feindlicher Widerstand hat aufgehört. Wir sind die Herren der nordafrikanischen Küsten."

UNTEN:
Das Sternenbanner flattert im Wind, während eine US-Infanterieeinheit marschiert. Dem kombinierten Gewicht der britisch-amerikanischen Kriegsmaschine waren die Streitkräfte der Achse nicht gewachsen.

Register